江副浩正

EZOE Hiromasa

馬場マコト・土屋洋

日経BP社

江副浩正

馬場マコト・土屋洋

目次

装丁＝奥村靫正／TSTJ

序章　稀代の起業家

二〇一四年十月、株式会社リクルートホールディングス（以下リクルートと略す）が東証一部上場を果たした。その上場後わずか三年で、売上高は五十四パーセント増の一兆八三九九億円（一七年三月期）となる。売上高に占める海外比率は四割を超えており、その評価も加わって時価総額は上場時の二・五倍に達する。この勢いで、同社は二〇年までに人材領域で、三〇年までには販促領域でも世界のトップ企業をめざすという。

こうした急成長ぶりは、低迷が長く続く日本経済のなかでひときわ光彩を放つ。その原動力は国内外での積極果敢な企業活動である。「日経ビジネス」一七年十月十六日号で、峰岸真澄社長は、それを支えるのは旺盛な起業家精神であり、この企業文化そのものがリクルートの競争力だとする。そして、その企業文化の原型をつくったのは、創業者の江副浩正《えぞえひろまさ》（一九三六―二〇一三）であり、いまのリクルートは、江副から二つのものを受け継いできた結果だと彼は語る。

「一つは企業と個人をマッチングさせるというビジネスモデルそのもの。情報誌というメディアを通じて、科学的にその効果を実証するというプラットフォームを作ったことです。もう一つは、携わる従業員の力でビジネスモデルを磨き続けられる文化を作ったことです。我々の経営理念にある『個の尊重』に、それが表れていると思います。個人の力によってサービスを生み出し、それを磨き続ける。これこそが醸成されてきたリクルートの企業文化です」

江副との親交が深かった孫正義と大前研一は以前、江副とリクルートをこのように評していた。

孫正義（ソフトバンク社長）

「私は現在ヤフーのほかインターネットや通信の事業に力をいれて取り組んでおりますが、江副さんはその面においても先駆者です。江副さんが住宅情報オンラインネットワークのサイトを立ち上げられたのは、いまから二十年以上も前で、日本で初めてのインターネットサービスでした。また、リクルートは日本の第二種通信事業者の第一号事業者となって、通信インフラの事業にも積極果敢に進出されました。ソフトバンクが通信事業に進出するずっと以前のことです。日本のベンチャー起業家のトップランナーとして、将来を見据えた新しい事業、これまで人のやっていないことに強い関心を抱き事業化されていく江副さんの経営姿勢に、私のみならず多くの日本の起業家が畏敬の念を抱き、また目標として励みにしてまいりました」（〇一年）

大前研一（評論家）

「リクルートは例の事件で企業イメージがずいぶん傷ついたが、いまでは日本で最も注目される人材育成所となっています。つまり、若い人々は競ってリクルートに就職し、そこで大いにもまれて三十代半ばで他に出て活躍したいと願っているのです。（略）今の時代に合った感覚と起業家精神を持った人材がこのリクルート社から輩出しているのです。（略）日本で最もダイナミックな人材を育てているリクルートの人事システムは偶然ではなく、企業の『染色体』とも呼んで良いほど創業の時以来の思想、理念などがここに色濃く反映していることが分かりました。若い社員にインタビューすると、江副さんのことを悪く言う人はいませんでした。なぜなら、創業の精神は今の会社にも生き続け、そして、今や若者が最も入りたいと思う将来性豊かな、かつ大企業病にならないその社風、体質が全て江副さん以来の伝統である、とはっきり思っているからです」（〇一年）

彼ら以外にも、江副を偉大な先駆者、経営者として仰ぎ、私淑する経済人は数多い。

江副浩正の名は、一般にはリクルート事件と併せて語られることが多い。昭和のバブル期に起こった政界、財界を巻き込んだ疑獄事件である。江副が自身の経営する不動産会社リクルートコスモスの店頭登録に際して未公開株を政界、官界、経済界の有力者に譲渡した。このことの違法性が問われ、江副ほか関係者が贈収賄罪で起訴され、有罪となった。カネがらみ、権力がらみの事件は大衆の興味をそそり、報道は過熱した。そのあおりを受け、当時の竹下内閣が倒れるという事態にまで至ったのである。その結果、江副浩正の名は、ロッキード事件にも比肩する一大事件の主人公として昭和史に、そして人々の記憶に刻まれることになった。

この鮮烈な記憶が、起業家としての江副浩正の実像を覆い隠しているのかもしれない。いまだに、強烈な逆光によって江副浩正の正体はくらまされ、「東大が生んだ戦後最大の起業家」「民間のあばれ馬」とたたえられた江副のすごみを本当に理解する者は数少ない。

リクルート事件から三十年、ようやく事件は風化し始めたのかもしれない。そして同時に、江副が打ち立てた「情報産業」という言葉も革新的なビジネスモデルも、いまやすっかり「当たり前」のものになった。

それでも、一部の人たちのなかで江副浩正は、いまだに煌々《こうこう》たる光芒《こうぼう》を放っている。江副の事業を継承した峰岸真澄は「江副からＤＮＡを受け継いだ」と胸を張る。いまや世界でも傑出した起業家の一人となった孫正義は、江副を「日本のベンチャー起業家のトップランナー」と評し畏敬する。冷徹なコンサルタントであり続ける大前研一はリクルートを「日本で最も注目される人材育成所」とみなし、江副が残した最後の著書『リクルートのＤＮＡ 起業家精神とは何か』は累積発行部数十万部を超え、なお売れ続けているという。

平成の初頭に江副がビジネス界から離れて三十年近い。この間の日本経済は、長い停滞期を過ごしてきた。こうした逆境にあっても、先に挙げた孫正義など、個性的な存在感を示す人たちがいる。澤田秀雄、堀江貴文、藤田晋、井上高志、宇野康秀、江幡哲也、小笹芳央、鎌田和彦、坂本健、島田亨、島田雅文、杉本哲哉、須藤憲司、経沢香保子、廣岡哲也、藤原和博、船津康次、町田公志、村井満、安川秀俊、渡瀬ひろみなどがそうだろうか。

実は、彼ら彼女らには共通項がある。江副を信奉する人であり、江副の薫陶を受けた人であり、リクルート出身者であり、そのDNAを受けついでいる人たちなのである。

地下鉄表参道駅のB1出口を出て交差点で左折、しゃれた店が並ぶ骨董通りを十分ほど歩くと首都高速三号渋谷線に突き当たる。左手奥に曹洞宗大本山永平寺別院長谷寺《ちょうこくじ》があり、その瓦ぶきの門をくぐると左手に墓地が広がっている。中央に進めば、やや奥にその人の墓がある。「江副浩正」と彫られた墓石はまだ新しい。背後には青空が広がり、右には根津美術館の森、左には観音堂越しに六本木ヒルズが望める。都会の真ん中にありながら騒がしさは遠く、静寂が支配する不思議な場所だ。その江副の墓は、いつもはなやいでいる。墓参する人は尽きず、供花が絶えることはない。江副を恩人と慕い、師と崇める人がそれだけいるということなのだろう。そのなかには、墓前にたたずみ天の声を待つ、経営に行き詰まった経営者も混じっているかもしれない。

江副浩正は生涯を通して起業家だった。

六〇年、江副は東大卒業と同時に大学新聞広告社（いまのリクルートホールディングスの前身）を興す。その二年後にはわが国最初の情報誌となる「企業への招待」を創刊した。採用広告だけでつくられたこの就職情報誌は、多くの学生と企業の支持を得て採用・就職活動のスタンダード・メディアとなっていった。続けて江副は、中途採用者向けに「週刊就職情報」（七五年）、女性向けに「とらばーゆ」（八〇年）を刊行した。従来の新聞広告中心の中途採用市場に就職情報誌を持ち込むことで、転職希望者に利便性と採用市場の活性化をもたらすことに成功したのである。

その後は進学、住宅、旅行、車、結婚など、様々な分野でわが国最初の情報誌を刊行、そのいずれをも成功させ、それぞれの業界の流通革新をリードした。

八〇年代の初めには、高速通信回線とコンピュータの融合する時代の到来を確信、紙の情報誌はいずれネット媒体に取って代わられることを鋭く予見した。日本でインターネット利用が本格化する二十年前の話である。リクルートが情報産業へ飛躍する布石として、通信回線事業の自由化をにらみ回線リセールやコンピュータの時間貸しの事業化に乗り出した。この二つの事業には二千億円を投じたが、やがて行き詰まって撤退する。負けっぷりも豪快であった。

こうして江副は、情報誌事業を中核に据え、テスト・教育、不動産、リゾート、通信・コンピュータ事業と、独自性のある新規事業を次々に興し、その多くをわが国におけるトップクラスの事業に育て上げていったのである。

八八年、リクルート事件で江副は会長職を退任する。その三年後にはリクルート株を売却、完全にリクルートを離れた。

昭和の最後の日まで戦後の日本を駆け抜けた起業家は、静かに表舞台を降りた。

それ以来、裁判報道を例外として、江副の名前はマスコミから消えた。一三年二月八日七六歳で亡くなるその日まで、江副が何を考えどう生きたのか、それを知る人はほとんどいない。

実は、彼はその死の日まで、事業での再びの成功を願い、もがいていた。新たな目標を定め、組織をつくり、果敢に挑んでいたのである。起業家の血はたぎり続けていたのだ。百六十センチ、四十五キロの小柄な体のどこにそのエネルギーが隠されていたのだろうか。

その、江副浩正の実像を明らかにすることが本書の目的である。彼だけが見ていた世界、めざしたもの、そこに挑む彼の思考と行動。その中に、私たちを鼓舞し、思考と行動に駆り立てる何かがあるに違いないと信じるからである。

第一章　東京駅東北新幹線ホーム

死体検案書

氏名	江副　浩正	①男　2女	生年月日　明治 昭和（○）大正 平成　11年6月12日　（生まれてから30日以内に死亡したときは生まれた時刻）午前 午後　時　分
死亡したとき	平成25年2月8日　午前 午後（○）3時20分		
死亡したところ及びその種類	死亡したところの種別	①病院　2 診療所　3 老人保健施設　4 助産所　5 老人ホーム　6 自宅　7 その他	
	死亡したところ	東京都 千代田 区 神田駿河台 1 丁目 8 番地 番 13 号	
	死亡したところの種別施設の名称	駿河台日本大学病院	

				発病（発症）又は受傷から死亡までの期間	
死亡の原因	I	(ア) 直接死因	肺炎		約8日間
		(イ) (ア)の原因	重症頭部外傷		
		(ウ) (イ)の原因			
		(エ) (ウ)の原因			
	II	直接には死因に関係しないがIの傷病経過に影響を及ぼした傷病名等	肝硬変		不詳
	手術	①無　2有		手術年月日	平成 昭和　年　月　日
	解剖（主要所見）	1) 重症頭部外傷 a) 後頭部の打撲傷、同左部を起点とする線状骨折 b) やや薄層の急性硬膜下血腫、外傷性くも膜下出血 c) 高度の脳腫脹と融解 d) 病的脳動脈瘤／解離なし 2) 二次性肺炎 3) B型ウイルス性肝硬変			

死亡の種類	1 病死及び自然死 外因死　不慮の外因死 { 2 交通事故　③転倒　転落　4 溺水　5 煙、火災及び火焔による傷害　6 窒息　7 中毒　8 その他 } その他及び不詳の外因死 { 9 自殺　10 他殺　11 その他及び不詳の外因 } 12 不詳の死

外因死の追加事項	傷害が発生したとき	平成（○）・昭和 25年1月31日　午前 午後（○）4時28分頃	傷害が発生したところ	東京 都（○）道 府県　千代田 区（○）市 郡町村
	傷害が発生したところの種別	1 住居　2 工場及び建築現場　3 道路　④その他（駅構内）		
	手段及び状況	東京駅構内で転倒		

生後1年未満で病死した場合の追加事項	出生時体重　グラム	単胎・多胎の別　1 単胎　2 多胎（　子中第　子）	妊娠週数　満　週
	妊娠・分娩時における母体の病態又は異状　1無　2有［　］3不詳	母の生年月日　昭和 平成　年　月　日	前回までの妊娠の結果　出生児　人　死産児　胎（妊娠満22週以後に限る）

その他特に付言すべきことがら

上記のとおり検案します。　検案年月日　平成25年2月9日
東京都文京区大塚四丁目21番18号　本書発行（死因決定）年月日　平成25年3月21日
東京都監察医務院
（氏名）　東京都監察医　齋藤一之

この謄本は原本と相違無いことを認証します。　（日本工業規格A列4番）
平成25年3月28日
東京都監察医務院長　福永龍繁

二〇一三年一月三十日二十時前。江副浩正は、運転手に東京駅の八重洲口まで送ってもらうと、東北新幹線の改札に向かった。最近ではめっきり歩幅が狭くなり、歩行もおぼつかない。その頼りない足取りで、小さなボストンバッグを手に駅構内をゆっくりと歩いていく。途中、コンビニで缶酎ハイを買い込んだ。そして、二十時十六分発のはやぶさ三十五号に乗る。のどがいがらっぽいのか、時折ごほごほとせき込みながらも缶酎ハイに手を伸ばす。

ボストンバッグから「会社四季報」新春号を取り出し、開く。この号は重要だ。三月期決算企業の中間決算情報と当期の業績計画が同時に掲載されている。その二つを並べ比べると、数字があまりにも乖離《かいり》している企業が必ず見つかる。その裏にはきっとなにかある。それを「会社四季報」から読み解いていくのだ。

最近はコンピュータを使った株売買が主流だが、江副にはそこがわからない。「会社四季報」の数字を読み込み、だれも目をつけない事業の萌芽や、破たんにいち早く注目する。そして、事業家江副浩正の直感で投機銘柄を割り出し、思い切り仕掛けるのだ。それが株の醍醐味。なのに、コンピュータに判断を任せるなど信じられない。

やがてある薬品化学業のページで手が止まった。薬品会社の第二四半期の決算報告と第四四半期の事業計画の数字が、あまりにもかけ離れている。何かあるに違いない。けれども、株価は安定している。誰も気づいていない経営破たんの芽をこの会社は抱えているに違いない。江副の直感が危険信号を打ち鳴らす。また、缶酎ハイをごくりとやる。これだ。思い切り「売り」から入ろう。そう決めた。江副の決断はいつも早い。

誰にも邪魔されない、二時間ちょっとの至福の時を江副は過ごした。

そしてはやぶさ号は盛岡駅に滑り込んだ。ホームに降り立つと冷気が江副の全身を包む。さすがに寒い。ブルッと震える。風邪か。それとも、少し酔ったのか。あるいは、車内で発見した、薬品会社の不自然な数字に思わず体が興奮してしまったのか。

駅を出ると、背を曲げながらよちよちと歩いた。タクシー待ちのロータリーまで雪に足をとられないよう、さらに狭い歩幅で歩く。老いた孤愁の姿が、雪の闇夜に浮かぶ。そこには、かつてマスコミが江副に与えた「東大が生んだ戦後最大の起業家」「素手でのし上った男」「民間のあばれ馬」などのキャッチフレーズのどれ一つとて、ほうふつさせるものはない。

江副の乗ったタクシーは凍りついた高速道路の闇を安比《あっぴ》高原に向かって進む。暗闇のなかで振り返る。まだ新幹線も通っておらず、日本のチベットといわれたこの地に江副は注目した。無謀だといわれるなかで、この安比をヨーロッパアルプスのどこにも劣らぬ冬季リゾート地として開発しようと決意したのだ。そのよき相談相手となったのが、グラフィック・デザイナーとして世界に名を馳せる亀倉雄策《かめくらゆうさく》である。二人で熱く語り合い、計画を練り、山をいっきに削り取ってアルペンコースを作った。ゲレンデのすぐそばには、コンドミニアム方式のホテル。二人で興した安比高原は、開発面積千五十九万坪、山手線内側の三分の二の広さを誇る日本有数の一大リゾートタウンとなった。

株の世界に没頭する新幹線の二時間。亀倉とともに過ごした思い出に浸る一時間。江副にとって、東京と安比は、あっという間にたどり着く、短い距離だった。そして車は、ホテル安比グランドの車寄せに滑り込む。

到着が二十三時を回ったにもかかわらず、佐々木覚美《かくみ》が笑顔で迎えてくれた。

彼女と初めて出会ったのは、江副が開発したゴルフ場としては二つ目となるメイプルカントリークラブがオープンしたときのことだから、もう二十七年もの長いつきあいになる。

堤清二が経営の立ちいかなくなった太平洋クラブを買い取り、全国でメイプルカントリークラブを展開することになった。岩手県下にもそのゴルフ開発用地が一カ所あった。年は違うが、東大卒の起業家として、同じ時期に実業界にデビューした堤だ。彼が乗り出せば、江副が手掛けた安比高原のゴルフ場は県下ナンバーツーになるのは目に見えていた。日ごろから「二位に甘んじるな。それは己の死を意味する」と公言してきた。結果、着手したどの事業分野でも一位の座を守り続けてきた江副としては、とても我慢できることではなかった。自ら堤のもとに乗り込むと深々と頭を下げ、堤に頼み込んだ。

「どうか岩手県に限って、メイプルの権利を私に譲っていただけませんか」

八六年秋、メイプルカントリークラブのプレオープン前日になった。堤の手前、さすが東京で仕事をしていても、明日の天気が気になった。現地の様子はどうか、秘書に問い合わせるよう頼んだ。

「夕焼けがとてもきれいだから、明日は快晴ですとフロント係が言っています」

秘書からの風情ある返事を聞くなり、江副は受話器を奪い取るとたずねた。

「あー、江副だけど。君はだれ」

「佐々木覚美と言います」

「かくみ、どんな字を書くのかな」

「覚悟の覚に、美しいです」

「そう、そんなに夕焼けがきれいなの。だから明日は快晴ね。覚美は頭がいいね。ありがとう」

翌日、朝早く東京から乗り込んだ江副は、フロントに入るなりたずねた。

「覚美はどこ?」

なにか怒られるのだろうかと、困った顔で立ちすくむ二十三歳の佐々木に頭を下げた。

「ありがとう。こんな快晴だ。覚美の風情ある予言のおかげで、本当にきれいな快晴になった」

以来、都会人にはない朴訥《ぼくとつ》さと「覚悟の美しさ」を感じさせる立ち居振る舞いが気に入り、何かといえば「覚美、覚美」とかわいがってきた。

八九年二月十三日にリクルート事件で逮捕されてからの百十三日間、密室での過酷な尋問が続いた。神経が異常をきたしていくのが自分でもわかった。耐えきれず、言われるままに調書に署名すると釈放された。しかし、二カ月たっても傷ついた神経は回復しない。医師の勧めで安比に移った。そのとき、今日のような笑顔で迎えてくれた彼女の顔を見て、思わず吐露したものだ。

「覚美、僕は死にたいよ。これまでお世話になった方々の人生を僕は変えてしまった」

「死んでどうなるんです。変えてしまったみなさんの、その人生を見届ける責任が江副さんにはあるんじゃないですか。生きて全うしてください」

以来二十余年、覚美の言葉を糧に生きてきた。

「体温計あるかな。せきが止まらない」

覚美が体温計を探してきてくれる。三十六・八度。大したことはなさそうだ。江副はコンドミニアムの自分の部屋に入った。この空間が一番落ち着く。平熱に安心し、江副はすぐに眠りに落ちた。

翌一月三十一日、部屋のブラインドを開けると、あいにくの曇り空だった。ゲレンデから前森山頂上まで続く千三百メートルのスロープも、途中から曇って頂上は見えない。朝は芋粥《いもがゆ》を作ってもらった。これなら食が細い江副でも、ご飯茶わん一杯は食べられる。芋が体にいいと聞いて、ここのところ一カ月は芋ばかり食べていた。

太平洋戦争の開戦から一年、大阪に住んでいた少年江副が、父、良之《よしゆき》の実家がある佐賀市城内に疎開した日に食べた芋の味が忘れられない。幼いながらも九州の芋と大阪の芋の味の違いに驚く。そのうまさが、親元を離れ知らない町に来たさみしさをわずかながらも薄めてくれた。

舌が少年期の思い出を求めるのか、目の前に広がるゲレンデを見ながらサンルームテラスで味わう芋粥は、なにものにも代えがたい口福だった。

体も温まった。今日も思い切りロング滑降に挑もう。江副は、九時にゲレンデに立ち、ゴンドラに向かった。安比スキースクールの高橋正造コーチが、一緒にゴンドラに乗り込む。スキーはいくつになっても到達点がない。日々が勉強だと思う。プロの目で欠点をその都度、指摘してもらうことが大切なのだ。

亀倉がそうだった。いつもプロコーチとともに滑り、その指摘に熱心に耳を傾けた。九七年五月、そのシーズン最後のスキーを楽しむ亀倉は、安比のコブに足をとられて転倒した。むち打ち症になり、東京築地の聖路加国際病院に転院したのち、忽然《こつぜん》と八十二歳で逝《い》ったのである。

世界に名だたるデザイン界の巨匠は、死の直前まで、そのスキー技術を高めようと真摯に学び続けた。そして自らが造ったコースで死ぬ。自分もかくありたいと願うが、これればかりはいかんともしがたい。

ゴンドラが頂上に着いた。江副は千三百メートルを滑り下りる。その後を、高橋がぴたりとついた。ここのところ室内でも転倒を繰り返し、歩道で転んで救急車騒ぎを起こしていた。なのに、スキー板を履けば足元はぴしりと定まり、千三百メートルを滑降できるのだ。江副は、世界の名スキーヤー、トニー・ザイラーを招いて造ったザイラーコースに回ると、そのダイナミズムを心の底から楽しんだ。

再びメインゲレンデに戻った江副は、高橋に言った。

「もう一本行こう」

「すいません、今日はこれで勘弁してください。腰が痛くて。疲れました」

高橋が「疲れた」と言うときは、すなわち江副の滑りが危なっかしいときだった。転ばないよう、ケガをしないよう、高橋はいつも江副に万全の気を配っている。

本人は気付いていないが、この日の江副の足元はいつになくおぼつかなかった。これ以上滑ると危ないと見た高橋は、自ら疲れたと申し出て危険を回避したのである。

ゲレンデを早々に引き上げると、ロビーで覚美と出くわした。

「今朝はもうあがりですか。珍しく早いですね」

「正造君が疲れたと言うものだからさ。僕より若いのにね。でも、たまにはやさしくしてやろうかと思って、素直に言うこと聞いたよ。覚美、盛岡まで送ってよ」

部屋に戻ると、携帯電話を取り出した。江副の株運用を任せる証券会社社長の水谷文彦を呼び出す。

「スキーはいかがでした」

「天気が心配だったけれど幸い崩れずに、いい滑りができました。で、新しい銘柄をちょっと仕掛けたいと思って、お願いの電話です」

江副は、昨夜の新幹線のなかで注目した、薬品会社の名前を告げた。

「ほう」

声の感じで、意外な銘柄を告げられ驚く水谷の様子が、手に取るように伝わってくる。しかし、なぜと聞き返したり、止めたりしないところが水谷のいいところだ。

ダイエーの中内切《いさお》にリクルート株を売却した後、大手の証券会社は、江副をババ抜きのババ扱いし、信用取引もままならなくなった。困り果てた江副の前に現れたのが水谷だった。

「社長からぜひお役に立つようにとの命を受けました」

名古屋に本社のある証券会社社長とは「日本青年社長会」(YPO)で知り合った仲だ。ちょっといわくありげな銘柄に手を出すとき、江副の名前がでては困るときなどには、決まって水谷の世話になった。以来、二十年近く江副の資産運用管理は、ほぼ水谷に任せてきた。

江副が必要とする情報だけを的確に流してくれる。その情報をもとに、「会社四季報」を丹念に読み込み、独自の勘で江副がこれと見立てた銘柄の仕掛けにはとことんつきあってくれる。先代社長の引退時、その社長が後継を水谷に指名したときには、自分のことのように喜んだ。男の子をもたぬ江副は、水谷がわが子であったらと何度も思ったものだ。

その水谷は、江副の発した思いもよらぬ銘柄に、なぜと詮索するでもなく、まして止めることもなく、冷静に尋ねてくる。

「で、何株ほど」

少し興奮気味に、江副は株数を告げた。

「わかりました。弊社だけでは扱いかねる株数ですが、何とかします」

水谷の返事に安心しながら、あといくつかの銘柄の売り買いを江副はその場で立て続けに指示した。

水谷との電話を切ると、十二時に、江副は覚美の車で、盛岡に向かった。

「そうそう、言うのを忘れていました。三ヶ田さんの息子の泰良《たいら》君が先週、岩手の中学総体の複合で優勝しましたよ」

安比スキー場の開業と同時にリクルートの社内にスキー部を創設し、江副自らが部長に就いていた。そのスキー部の三ヶ田礼一が九二年の冬季アルベールビル・オリンピックで、ノルディック複合団体で金メダルを獲得したのである。日本スキー界のレベルの高さを世界に認知させ、リクルート社内を興奮の渦に巻き込み、地元の子供たちに大きな希望を与えた。

その金メダリストの子供が中学生になり、親と一緒の道を選んだ。早くもその力量を表したという。江副には、それがことのほかうれしかった。

「そうか、それはよかった。息子もオリンピックをめざすのか。これは協力しないとな」

そんな話をしているうちに、盛岡に着く。覚美がロータリーに車を入れた。よろよろと駅に降り立った江副は、手にしたバッグをひょいと上げる。

「また来週。それでは」

たった一泊の旅だったが、誰も気づいていない新たな仕掛けの銘柄を見つけ、いい滑りができた。その満足感をかみ締めながら、江副は十三時七分発のやまびこ四十八号に乗り込んだ。もう車中で「会社四季報」を広げることもなく、缶酎ハイを二缶も空けた。江副にしては珍しいことだった。

午後三時を回る。その日の株商いが終わった。江副はデッキに出ると、水谷に電話した。

「いかがでしたか」

「ご指示いただきました、本日の商いは、無事すべて終わりました」

江副のその日の売買は、不動産投資信託の返済売り、ゼネコン株の返済買い、そして薬品株と地方電力株の新規売りだった。

「ありがとう、ご苦労さま。また明日も頼みます。それでは」

それが生涯最後の言葉になるとは知らぬまま、江副は電話を切った。席に戻り、しばらく寝入る。十六時二十四分、やまびこ四十八号は東京駅のホームに滑り込んだ。酔ったのだろうか、網棚にボストンバッグを置き忘れたことに江副は気が付かない。列車からホームに降りるとき、足がもつれた。少しバランスを崩すが、踏みとどまるとホームから改札口に向かって歩き始める。

一歩を踏み出す。また一歩。だが、体はそれに逆らうように、そのまま後ろに倒れた。ホームに後頭部がたたきつけられる。十六時二十八分、脳骨が割れる音が鈍く響いた。

江副の後ろを歩いていた乗客が叫ぶ。駅係員があわてて駆け寄って来る。だが、そのときにはすでに、江副に意識はなかった。

駿河台日本大学病院（現・日本大学病院）に向かう救急車。救急隊員が倒れた男の素性を知ろうと持ち物を調べる。だが、身を明かすものは出てこない。同じころ、網棚に残されたボストンバッグからは百万円を超える現金が出てきて、別の騒ぎになっていた。

やがて遺留品から、倒れた男が江副と判明した。

病院に運び込まれて、そのまま眠り続けた江副浩正は、一三年二月八日、十五時二十分、息を引きとった。享年七十六だった。

第二章　浩正少年

佐賀市立赤松国民小学校時代の江副浩正（右）。江副浩正著『かもめが翔んだ日』より転載。

江副浩正の父、良之は生涯を数学の教師として生きた。佐賀の教員養成所を出た良之は、まず今治実科高等女学校で教壇に立った。一番美しく、成績のいい教え子に菊川マス子がいた。良之は一年で今治を去り、昭和の初めからは信州の飯山中学の教壇に立った。そして七年後、大阪府立茨木中学校に移った良之は、心斎橋の大丸百貨店で買い物中に店員として働いていたマス子と再会、結婚した。

一九三六年六月十二日、江副浩正は江副良之、マス子の長男として、大阪市天王寺区上本町八丁目で生まれた。

江副が生まれる四カ月前に、日本を根本から揺るがすことになる、二・二六事件が起きている。三一年に起きた満洲事変、満洲国建国と、くすぶり続けていた戦争の火種を大きくし、軍の強大な力をみせつけ、戦争に向かっていっきに傾斜していくことになる事件だ。

そして浩正一歳のときに、以後八年続くことになる、日中戦争の戦端を切る盧溝橋事件が、七月七日に起きる。

江副誕生の同日、川端康成の『雪国』が発刊されている。その日は、昭和初期のみずみずしい情緒にひたる最後の日だったのかもしれない。以後、日本は殺伐とした「戦争」の時代をひた走る。この時代に生を受けただれもがそうだったように、江副は生まれながらに「戦争」で性格を形づくられる宿命を背負っていた。

浩正出産と同時に、母マス子に悲劇が起きた。浩正には一歳上の姉がいたが、浩正と入れ替わるようにして、浩正誕生の一カ月後に亡くなる。そのショックと産後の肥立ちの悪さからマス子は精神を侵され、病に伏せり続けた。

良之は学校で教壇に立つほか、公文式に対抗する数学の学習運動、数学振興会の普及にその生涯をかけた。夜間そこに学びに来る社会人女性との数々の仲も、マス子の精神状態を追い詰める原因となった。結果、盧溝橋事件が起きたころ、母マス子は離縁されて生家の地、愛媛県今治市に帰る。幼き江副に、母の記憶はないが美しい人だったという。頭のいい人だったという。母マス子の美貌と頭脳を、浩正は生まれながらに授かっていた。

父、良之は〇三年佐賀市に生まれた。男女の食事の場所を区別するくらい、男尊女卑の風潮が色濃い地だ。鍋島藩藩士の末裔《まつえい》の父は、なにごとも、男のあるべき姿として、鍋島藩に長く伝わる書「葉隠《はがくれ》」の精神を第一にした。

「二つ二つの場にして、早く死方《しぬかた》に片付くばかり也。別に子細なし。胸すわって進む也」

死ぬか生きるかのとき、死ぬと覚悟していれば腹がすわって前に進むことができると言い、冬も裸で寝て、生涯を無遅刻無欠勤で通した。

近所の子供とけんかをして浩正が泣いて帰ると、怒鳴りつけた。

「涙を流したまま家に入るやつがいるか、外に出て涙を拭いて入り直せ」

突然おなかが痛くなり、泣き続けた。怒号が飛んだ。

「痛いと思うから痛いんだ。痛くない。泣くな」

浩正はなんとか泣きやんだ。しかし痛みはとれない。また泣いた。

「泣くな。わからないのか。男は泣くな」

それでも下痢は続き、倒れた。近所の警察病院に運び込まれると、疫痢《えきり》にかかっており、そのまま二カ月は絶対安静とのことだった。

父の厳しさは度を越していた。だが、甘えたい母はいない。寂しさのなかで浩正は、大阪・天王寺の五条幼稚園に通った。救いは近所に住む、父の数学教師の仲間、加藤吾朗の奥さんチヨノの優しさだけだった。そして日本は四一年十二月八日、太平洋戦争に突入していった。

「大本営発表。帝国陸海軍は、今八日未明、西太平洋において米英と戦闘状態に入れり」

日ごろ感情を表さない父さえが興奮し、街中が戦勝気分に酔いしれる。数限りないちょうちんの灯が揺れるなか、誰からともなく渡された日章旗の小旗を手に浩正も祝賀行進の列についた。

そして一年が過ぎ、開戦一周年記念行列で、街は昨年以上に沸き立った。その揺れる灯をみつめながら、良之が浩正に言った。

「疎開だ。お前は佐賀へ疎開だ。そこで小学校にあがる」

来春には、大阪天王寺の小学校に入学すると思っていた。浩正は、初めて聞く疎開という言葉の意味が分からず、思わず聞き返した。

「疎開？」

「戦争が激しくなる。子供に大阪は危ない。政府が疎開をするよう勧めている」

佐賀市城内一丁目。父の生家の祖父の家に預けられた。八人兄弟の父の末妹の叔母が面倒をみてくれる。四三年四月、浩正は佐賀市立赤松小学校の一年生になった。

住所が示す通り、貧しい鍋島藩は昔から、藩主も下級武士も同じ城内に暮らした。内堀の県庁横には髪結いの店があり、裁判所の隣には魚屋があった。多くの城下町と違い、町全体が混然としていた。練兵場横にある祖父の家から疎水を抜け、内堀を渡り本丸通りから十分で、二の丸跡に出る。鍋島藩では鯱《しゃち》の門の横に寺小屋を建て、藩の子弟の教育に当たらせていた。その寺子屋が明治以降そのまま赤松小学校となる。建物は古く、冷たい風が破れたガラス窓から吹き込むなかでの授業だ。父が疎開を勧め、たくさんの子が都会を去り田舎暮らしを始めるからと言ったが、都会からやってきたのは浩正だけで、佐賀の子になじめず、寂しい小学校生活だった。

「わさん、どっからきたこ？」

何よりもまず、言葉が通じない。萎縮し、臆病になる。そこに「父に捨てられた」との、漠然とした不信感が覆いかぶさった。そして、いつも独りぼっちだった。

救いは芋だ。大阪で食べる芋よりも、佐賀の芋は数段うまかった。

「あなた江副浩正君ね、ついていらっしゃい」

二年生のもうすぐ夏休みになろうとする午後、学校の門を出ると美しい人に声をかけられた。鯱の門から鍋島藩城址跡公園に入ると、その人は振り向いた。

「私、浩正のお母さんよ。四国から会いに来たの」

浩正はどぎまぎしてなにも話せない。母の頬を伝わる涙を見るとなお言葉に詰まった。

「寂しいだろうけれど、がんばって。あなたを思いながら編んだのよ、着てね」

母は風呂敷包みを残すと去っていく。開けると手編みのセーターと三十六色のサクラクレヨンの箱が出てきた。戦争で何もかもが少なくなっていくなか、その三十六色の色合いはまばゆく、浩正の心をときめかせた。近くにあった小石に赤いクレヨンを塗る。その上に青を重ねる。小石はたちまち紫に変わる。黄色の小石に青を重ねた。緑の小石ができあがる。佐賀に来て以来、初めて浩正の心が晴れた。次は何色の小石にしようか。

そこで気がついた。来週、父が佐賀に様子を見にやってくる。クレヨンとセーターを見つけられて、叱られたらどうしよう。急いで母からもらった荷物をしまうと、城址跡公園を後にした。お堀端を歩く。どうしよう、このお土産。

県庁の前に出ると大楠《くす》の木がある。風呂敷包みを抱えて、その楠の木に登った。父に見つかったら大変なことになる。浩正は、母にもらった荷物をお堀に向かって投げ込んだ。それは、青藻がはびこる水面にしばらく浮かんでいたが、やがてゆっくりと沈んでいった。

母はやさしかった。それなのに、その人の思いに応えられなかった。涙があふれた。荷物はやがて沈み切り、水面は再び青藻でおおわれた。振り向くと、涙で曇ったその向こうに、有明海が光っていた。

それから寂しくなると浩正は、県庁前にやってきて楠の木に登ることにした。太陽が雲間から差し込むと、有明海がいっせいにきらめく。その輝きは母の笑顔に見えた。

戦争が激しくなり、福岡、大阪、東京で暮らしていたいとこたちが、疎開で祖父の家に集まってきたのは、浩正が小学校三年生になってからだ。

「戦争が激しくなる。子供に大阪は危ない」

それにしても、父の言葉は何だったのだろう。みんなが疎開を始めたのは、それから二年も後のことだ。赤松小学校にも大阪弁を話す子が増え、寂しい思いは少し安らいだ。

代わりに、ひもじさが一段と増した。食べ物がなにもかもなくなってきた。人が増えた祖父の家では、庭の畑では間に合わず、納戸の床をあげて、その土間にさえ薩摩芋やジャガイモを植える状態だ。

そして軍人の叔父が戦死し、その娘たちが泣きながらやってきて、祖父の家では泊まるところもなくなった。浩正は叔母たちの家を転々とした。どこも食べるものには窮し、疎開の子はますますひもじい思いのなかで過ごさなければならなかった。佐賀にも空襲警報が連夜鳴り、暗闇のなかで浩正は、ただただ身を縮ませる。楠の木に登っては、有明海の輝きを見つめる日々が増えていった。

四五年三月十日、東京大空襲、続いて十三日大阪大空襲。六月一日再び大阪大空襲。

「浩正、この人はお前のお母さんだ。お母さんと呼びなさい」

大阪の空襲が激しくなり、女と幼子を伴い佐賀に現れた父が浩正に言う。そうだったか。子供心にもおかしいと思っていた。疎開のからくりはこれだったか。

腹を大きくした新しい女、咲子を天王寺の家に入れるため、四二年、浩正の小学校入学を機に父は子を佐賀に追い出したのだ。

政府が疎開を検討しだすのは四二年、全国で本格的に学童疎開が始まるのは四四年。道理でやってきた佐賀で、都会の子は浩正一人だった。ぼんやり思っていたことだが、やはり父は疎開を盾にして自分を切り捨てたのだ。「戦争」に、いや「父」に裏切られた。浩正は悔しさに震えた。

「なぜ呼ばない。お母さんと呼びなさい」

「いいわよ。すぐにお母さんと呼べるわけはないじゃない。それより弟の洋二をよろしくね」

祖父の家はさらに人が増え、ますます食べ物に窮し、朝顔の花弁の蜜までも吸った。

「本日、正午から重大放送があります。城内江副の家に集まってください」

召集令状をだす委員をしていた祖父は、町内の人間を自宅に集めさせるよう、浩正に言いつける。ぞくぞくと町の人たちが、本家の広間に集まってきた。

祖父がラジオのスイッチを入れた。放送を聴き、みんな畳に額を打ちつけ泣き崩れている。浩正はわけがわからず、祖父の顔を見るだけだ。

佐賀の町にも進駐軍がやってくる。あんなにほしいと願っていたあめやチョコレートを進駐軍の兵士は、トラックの荷台から、笑いながら投げ配った。

「ギブ・ミー・チョコレート」

悔しさのなか、甘い誘惑に勝てず初めて浩正が喋った英語だ。もらったチョコレートを新しくできた弟と分け合って食べる。うまかった。代わりに英語が嫌いになった。

ようやく「お母さん」と呼ぶことになれた義母咲子と義弟洋二の三人で、疲れ果て、佐賀から大阪に帰った。浩正が前に住んでいた天王寺の家は四五年の大阪大空襲で焼け、父は大阪豊中市末広町にある借家に住んでいた。

一人ではなかった。女がいた。

焼け出されて住んだ狭い部屋で、五人の奇妙な生活が始まった。

浩正は豊中の克明小学校に転校し通い始めた。音楽の成績が一番悪く、次が体育で、両方とも可だった。

父は、朝学校に出かけると、夜も数学振興会で社会人を教える毎日だ。酒は自分ではたしなむ程度なのだが、これが無類の振る舞い酒好きで、特に女性には目がなく最終電車まで帰らない。新しい女きくゑは阪急百貨店の美術部に勤め、夜になると帰ってくる。毎夜、咲子ときくゑのケバ立った時間が過ぎる。二人を見ないようにして、浩正はただひたすら教科書を読んだ。

「あなたには悪いけれど、私はこの家を出ていくから。理由はわかるわね」

黙って咲子にうなずく、浩正の目から涙がこぼれた。

「これだけ成績がいいんだ。進学校の甲南に行かせてやってください」

克明小学校の担任がやってきて、父に神戸甲南学園への進学をしきりに勧めた。

「ご覧のようなありさまで、おぼっちゃん学校へ行かせる余裕など、ありません」

狭い部屋を見回すようにして断る良之に、きくゑが言う。

「お金なら私がなんとかします。ひろくんを甲南に行かせましょう」

公立の学費が月四百円の時代に、甲南は日本一高いといわれて月六千円した。結果、江副は新しい悔しさを、背負い込むことになった。

甲南学園は一八年に関西の財界人平生釟三郎《ひらおはちさぶろう》により創設された中高一貫学園で、「六甲山系の南側の温暖な地」から学園名がとられたように、阪急線岡本駅から歩いて十五分くらいの六甲山の麓にあった。

関西の財界人子弟の集う学校として知られ、卒業生には味の素の鈴木恭二、大林組の大林芳郎、経団連会長の米倉弘昌、塩野義製薬の塩野孝太郎、竹中工務店の竹中統一、東宝の松岡功などを輩出する。

豊中駅から阪急電車・宝塚線に乗って十三《じゅうぞう》に出て神戸線急行に乗り換え、西宮北口でこんどは各停に乗り換え岡本で降り、六甲の麓を登ると、家から学校まで一時間半かかった。電車はひどく混み、入学早々にかばんを電車のドアに挟まれた。以来六年間、教科書は学校に置いたままにした。一度もそれを家で開くことなく過ごした。甲南は戦前からの教師も多く、授業には、旧制高校の熱気が、そこかしこにみなぎっていた。一学年は四組で、合計百四十人。六年間に毎年組替えがあったので、同級生で知らない者は自然にいなくなった。

参議院議員を務めた石井一二、長谷川工務店（現・長谷工コーポレーション）社長の合田耕平、伊藤忠商事専務西川昇、宇徳運輸（現・宇徳）社長古月基彦など、同級生からのちに政財界人を輩出した。

しかし、多くの人に聞いても、甲南時代の江副の存在を記憶する人は少ない。

その人の人格形成において、重要な時期となるといわれる青少年期。甲南生活は江副にとって、いっそうの悔しさを育むだけの六年だった。

江副が初めて中学生になったと実感したのは、神戸新開地の映画館に、自由に出入りできたときだ。甲南の同級生たちと一緒にイングリッド・バーグマンの「聖メリーの鐘」を見た。バーグマンは小学五年生のときに、三番目の母親きくゑに連れられて「カサブランカ」を見て以来のファンだった。だが、その後がいけなかった。みんなは映画がはねた後で、お好み焼きを食べ、いま見てきた映画の話に熱くなり、そしてアイススケート場に行くのだ。新開地には「羅生門」「風と共に去りぬ」「シェーン」と、なんとも魅力的な映画が次々とかかった。土曜日の午後、毎週みんなは一緒になって、決まって新開地に繰り出した。とてもではないが、小遣いのない江副はそんな彼らとつきあうことができない。悔しさを胸に収めて、一人すごすご豊中の家に帰った。映画は途中の乗換駅、十三の三流館で、バーグマン主演の「誰が為に鐘は鳴る」「ガス燈」などを見るだけでがまんした。

豊中から甲南に通う同級生は六人いた。ならば帰宅してから一緒に自転車を乗り回して遊んでいいはずだが、そうはならなかった。自転車が今の自動車並みに高い時代だった。江副家に自転車を持つ余裕などない。結果、五人とのつきあいもなくなった。

教壇に立つ父の帰宅はきまって深夜だ。といって自分の息子に数学を教えることもなく、小遣いの一つもくれない。くれるのは「男はかくあらねばならぬ」という小言だけだ。

阪急百貨店に勤める三番目の母きくゑの金で、甲南に通う浩正に、ぜいたくを言う余裕はなかった。また遠慮のある身として、金の無心もできない。六年間、なに不自由なく暮らす友人たちの姿を見て、金のないみじめさを、いやというほど味わいながら過ごした。

自然、心は閉じる。なんとか、六甲の麓から見る神戸の海のきらめきのように、明るい中学生活を送ろうと、努力はした。まずは金のかからない合唱部に入った。楽譜が読めず、コーラスをすると、自分一人音程が外れた。合唱部の顧問にあきれ果てられ、マネジャーに回された。発表会のときだけ人数合わせで、ステージに立つことを許された。でも、顧問はつけ加えて言った。

「江副君は口をあけるだけで、声を出してはいけません」

悔しくて新聞部に入った。文章を書いてみるが、これがいっこうに原稿にならない。自分には文才がないとあきらめた。化学者ウォーレス・カロザースは、名もない会社で一人化学繊維の基礎研究を続けた。彼の死後、それはナイロンと名づけられ、無名の会社は一大化学企業、デュポン社に発展した。そんな事実を知り、ならば文系をあきらめ、理系をめざそうと物理部に入った。しかしだれもカロザースに興味なく、星の研究などしていて早々に退部した。

なにをしてもダメ。少年の性格は自然に暗くなっていった。同級生たちは残酷だ。江副の屈折と悔しさを彼らは一言でいいあてた。以後一生、ずっと呼ばれるあだ名だ。

「じいちゃん」

後年、江副が起業家として有名になり、甲南出身と知っても「えっ、そんなやついたっけ」と、じいちゃんを記憶する同級生は少ない。「ほら、ドイツ語のじいちゃん」と言われ、ようやくその存在を思い出す始末だ。たしかにじいちゃんは、ドイツ語だけはできた。

英語の授業では、小学校から甲南に入った連中は早くから英語を習い、とてもかなわなかった。幼い頃に悔しい思いをしながらも、甘い誘惑に勝てずしゃべってしまった英語に、浩正はいつまでたってもわだかまりがあり、学ぶ気持ちがしなかった。

「東の暁星《ぎょうせい》、西の甲南」と言われるほどで、中高教育界では暁星学園のフランス語教育と甲南学園のドイツ語教育は抜きん出ていた。

甲南には戦前にナチスドイツの台頭に嫌気がさして、日本に逃げてきたドイツ語の教師がいた。しかも第二外国語の選択ではなく、第一外国語としてドイツ語を学ぶクラスが甲南にはあったので、浩正は迷わずドイツ語を学ぶことにした。第一外国語としてドイツ語を選択した生徒はわずか六人。個人指導に近い授業を六年間、老ドイツ教師から直接みっちり受けた。江副のドイツ語は、同級生のなかでも頭抜けた成績になった。

受験の季節が迫る。家計のことを考えると国立校しか受験先はない。しかし同級生は一年前から予備校にも通い受験勉強をしているのに、浩正は家で教科書すら開いたことがない。旺文社の分厚い「大学別過去問題集」を丹念に読み込んだ。ただし過去問題のページではない。受験概要を読んだところに、浩正とほかの生徒の違いがあった。

「京大、ダメ。大阪大、ダメ。神戸大もダメなのか」

ページをめくるたびに思わず声が出る。そして東大の受験概要。

「受験科目、英語。但し他外国語選択可」

あった。東大ならドイツ語の受験が可能だった。自宅から通学可能なほかの大学はどこも英語受験のみだった。一番難易度が低い東大文二に照準を合わせる。ここならば自分の成績でも入学可能と読んだ。

「えっ、じいちゃんも東大を受ける？　やめておけ。東京までの汽車賃がムダになる」

願書手続きのぎりぎりになって、東大受験を初めて口にした江副を担任教師の石井義仁が止めた。周りの生徒も驚く。しかし江副が引かないと知ると、甲南から一緒に東大を受験することになっていた五人の生徒のリーダー、武岡吾郎に頼んでくれた。

「本郷近くの宿、あと一人追加しておいてくれ」

そう指示された武岡は、宿の手配をしながら思う。

「目立たぬじいちゃんだったが、もしかしてこいつ、とんでもないやつかもしれない」

卒業アルバムには「三年C組、グリークラブ所属」の文字がある以外、甲南で学んだ痕跡を一つも残すことなく、江副浩正は五五年三月、甲南学園を卒業した。

第三章　東京大学新聞

1957年、東京本郷の大和荘自室で大学3年生の江副浩正。

「1955年度東京大学文科入試問題　英語」
（4問のうち、問2、問4省略）

〔1〕次の(1), (2), (3), (4), (5)の各組に第一音節に第一強勢 (primary accent) のある語が一つずつある。それらの語を答案の 1, 2, 3, 4, 5 の解答欄にA, B, C, D, Eのいずれかで記せ。

(1) (A)authority (B)remove (C)refer (D)demonstrate (E)perplex

(2) (A)cigar (B)mechanic (C)secure (D)attractive (E)intimate

(3) (A)sovereignty (B)regard (C)effect (D)society (E)probability

(4) (A)picturesque (B)origin (C)suggest (D)announce (E)superior

(5) (A)involve (B)correspond (C)respect (D)elevate (E)machine

〔3〕The [11] he appeared, he was appealed [12] by all three to settle the question, and they repeated their [13] to him, though, as they all spoke at [14], he found it very hard to make [15] exactly what they said.

上の [11], [12], [13], [14], [15] に入れるのに最も適当な一語を下の語の中から選び，答案の 11, 12, 13, 14, 15 の解答欄にA, B, C, D, E, F, G Hのいずれかで記せ。

(A)arguments (B)earnestly (C)least (D)moment (E)more (F)once (G)out (H)to

「1955年度東京大学文科入試問題　ドイツ語」
（4問のうち、問2、問4省略）

1　次の文の下線を施した部分を日本語に訳せ.

Es war ein schöner, vielsagender Zufall, daß ich Carossa, dem bekannten Dichter, zum ersten Mal auf einem seiner Spaziergänge, inmitten der Landschaft, die seine Bücher und sein Herz erfüllt, begegnete. Ohne ihn zu kennen, wenn ich auch gleich begriff, daß er es wohl sein müsse, bat ich ihn um eine Wegeauskunft und — so bezeichnend für ihn! — statt mir den Weg lang zu beschreiben, begleitete er mich gleich selber zu meinem Ziel.

3　次の各組において与えられた語を基にして文を作れ.

例　:　Brief, Schmerz, Freude, verwandeln.

（答）Der Brief verwandelte den Schmerz in Freude.

(1) Walfisch, Säugetier, gehören.

(2) Zeitung, moderne Musik, spotten.

(3) Dichter, Reichtum, verzichten.

(4) Gast, Prinz, sich ausgeben.

一九五五年三月、江副浩正は英語の代わりにドイツ語を選択し、東京大学を受けた。

受験後、武岡など六人の同級生たちと本郷の旅館で、みんなで解答を照らし合わせた。英語の問題を見せてもらった。とても歯が立ちそうにない。やはり英語ではなく、ドイツ語を選択したのは正解だった。

甲南の物理部の秀才で、東大理一を受験した武岡が問題を次々に解いていく。その解答を見ると、ドイツ語以外の科目はどうも合格といえるだけの出来栄えではない。それもそうだろう。高校三年間、受験勉強などしたことがないのだから。

「まあ、しょげるな。来年受験してまた会えばいい」

武岡の励ましの声に送られ、江副はその足で野沢温泉へと向かった。父がそこでスキーをしているのだ。

数学普及に熱心な父だったが、なぜか息子の学習には無関心を貫き通した。代わりに教えたのは中学三年になってからの春スキーだ。父が長野で教壇に立っていたときの教え子が、野沢温泉で旅館をやっていた。そんな関係で、当地通いをする父についていった。

音楽も、スポーツもからっきしだめな江副にしては、スキーは相性がいいのだろうか、激しい父の叱責のもと、最初の年にすぐにかなり滑れるようになった。以来、毎年父とともに春スキーをするため野沢温泉に行った。ほとんど触れ合いのない親子だったが、スキーだけが接点となった。四シーズン目のその年は滑りも一段と上達し、めったにほめない父がようやくその技量を認めてくれた。シュプールをあげてゲレンデに滑り込むと、そこに吉報が待っていた。

「サクラサク」

たしかにスキーとは相性がいいのかもしれない。野沢温泉から、その足で高校に向かった。担任教師の石井が破顔で江副を迎えた。

「まさか『じいちゃん』が受かるとは思わなかった。これで武岡が受かっていればな」

自信満々の武岡が落ち、江副が受かる。勝因はナチスの横暴に嫌気がさし、日本に逃れたドイツ人教師から直接学んだドイツ語だった。「戦争」はここでは江副に味方した。

朝日新聞阪神版、神戸新聞の東大合格欄に「江副浩正、東大文二類」と名前が載る。浩正の東大受験をほとんど知らなかった甲南同級生の間から、新聞を見て、驚きの声が上がった。

東大教養部文科二類一年A組。入学試験をフランス語、ドイツ語、中国語で受験した学生だけを集めた外国語既修クラスだった。そのため公立では東京小石川、北園、松本深志、私立では学習院、暁星、成蹊の生徒がほとんどで、だれもが個性的だった。江副を筆頭に日銀理事大須敏生、在独大使久米貞邦、弁護士竹内澄人、国家公安委員長村井仁、在米大使柳井俊二、そして富士銀行頭取山本惠郎《よしろう》と、五十人に満たないクラスなのに、のちに数多くの著名人を世に送り出すことになる。

英語以外の外国語を受験科目に選択して東大に入るという点では、だれもが若いときから戦略家で、何らかの野望を心の底に秘めていたのかもしれない。ドイツ語とフランス語で共通の単語を探し、「メディウム会」＝巫女《みこ》と名づけ、以後、定年退職しても一年に一度は集まるような、なかなかの結束力をもつクラスだった。そしてみんなひと癖もふた癖もあった。彼らに比べれば、ここでも江副は目立たずおとなしい存在だった。

大学の入学金は三千円。授業料が月々五百円した。寮費が安い駒場寮に入りたかったが抽選に落ち、父の縁故で佐賀県人会「松濤《しょうとう》学舎」に潜り込んだ。寮費は駒場に比べ千円も高く、千五百円。そのくせ襖《ふすま》で仕切られた六畳一間の部屋に、二人の相部屋ときた。

駒場の本校舎一階には、入ってすぐのところに「アルバイト委員会」の部屋があった。ところ狭しと壁に貼られたアルバイト募集のビラをのぞきに行くのが江副の日課になった。一日二百四十円。その日「ニコヨン」仕事が見つかれば、なにをおいてもまずはその仕事をこなす。仕事にあぶれれば、なら授業にでもでるか、となる。学生にあるまじき本末転倒の暮らしだ。

そんな日々のなかで、何よりの救いは月二千円の奨学金だ。クラスの同級生と一緒に申請し、江副はみごと合格。同級生は不合格。その理由は親の収入の多寡にあった。このときほど父親の収入の低さに感謝したことはない。これでようやく授業料と寮費のめどがたった。

地方から出てきた周りの学生はだれもが貧しく、甲南時代に貧乏人の疎外感を味わいつくした江副にとって、東京は救いの町ともいえる場所だった。だが、赤貧を洗う日々であることに変わりはない。

日曜日は渋谷の駅前の東横百貨店のアドバルーン上げのアルバイトをする。いつ吹くかわからぬ突風対策として、アドバルーンの下には監視員がついていなければならない。一度上げてしまえば、風が吹くまではいたってのんびりした時間を過ごせた。

渋谷に集まってきた若者が、国電と井の頭線の間を行き交う様子を屋上から見下ろしながら、のんびりと本を読んだ。ドストエフスキー『罪と罰』、カミュ『異邦人』。四月以来、初めて一緒になったクラスの連中が、なにかと言えばもちだす作家の名前だ。

かつてその手の小説を読んだことのない江副だった。これではまずいと読んでみた。しかし、いっこうに頭に入らない。文学は生きていくうえで役立たぬと、直感的に悟る。それなのに、彼らは口角泡を飛ばしてわけのわからないことを言う。

「カミュの不条理こそ、明晰《めいせき》な理性をもって世界と対峙する生存の方策だ」

「いや、理性万能主義に異を唱えるドストエフスキーの実存主義こそ、生存の真理だ」

アドバルーンの下、あきれ果てながら途中まで読んだ『罪と罰』を放り投げる。ならこれはどうだと、同室の男が一冊の本を差し出す。帯のコピーが勇ましかった。

「健康な無恥と無倫理の季節。真の戦後派青年像は生まれた。石原慎太郎『太陽の季節』」

新鮮だった。入学以来、難解でもってまわった書きぶりの本ばかり読み途中で次々と投げだしてきた身にとって、初めて最後まで読み通した一冊となる。父には「禁欲的な生活をせよ」と教え諭されて育った。青春とは灰色でならないといけないとさえ思っていた。

それなのに、その本は「青春とは太陽のもとにある」と叫んでいた。

日曜日、東横百貨店の屋上で仰向けになりページをめくるとアドバルーンの先に青い空が広がり、太陽はまぶしく輝く。ならば自分も高校時代の殻を捨て、石原慎太郎に倣って明るく生きようと思った瞬間声がかかった。

「僕のうちの別荘においでよ」

あっけらかんと江副を誘ったのは、同じクラスになった菅原茂世《しげよ》だ。

「別荘?」

「うん、おやじが葉山にもっているんだ。ヨットにも乗れるよ」

菅原の家は本郷にあり、彼は初等科から高校までは学習院で、戦前から続く光学メーカー、マミヤ光機（現・マミヤ・オーピー）の御曹司だった。かといって、金持ち風を吹かす様子はみじんもない。江副たち地方出の貧乏人を哀れみのまなざしでみることもない。そこが、高校時代に江副の周りにいたお坊ちゃん学生と菅原の、明らかに違う点だ。東京の金持ちの二代目、三代目というのは、こんなにものごとにこだわることなく、あっけらかんとしたものなのか。こちらが構える必要がないとわかったとき、菅原や彼の学習院高校時代の友人新倉基成、古河久純の前で、江副は初めて自由になれた。

菅原家の葉山にある別荘にみんなで集まる。昼は湘南の海でヨットを走らせ、夜は星空のもとでバーベキューの肉に食らいつく。そして大声で笑う。そこには実に健康的な日々があった。

「太陽の季節とは違うんだね」

「うん、あいつら慎太郎や裕次郎は結局、湘南の『かっぺ』なんだよ。東京者にはかなわないという負け犬根性が、悪ぶってみせたりイキがってカッコつけたりさせてしまうわけ」

ことさら自慢ぶる様子もなく菅原は、高校時代に体験したナンパからお茶屋遊びまでを話してくれる。かといって、その暮らしぶりは野放図ではない。親の代から築かれた資産を堅実に守るため、自らも経営や法律を学ぼうとする真摯な態度が垣間見えた。自分がみてきた甲南時代のお坊ちゃんたちは、しょせん、関西の「かっぺ」だったのか。彼らから差別的なまなざしを受け、悔しさに包まれて過ごした中学・高校時代。それがいかに屈折したものだったかを思い知る。分け隔てなく人を見る菅原やその仲間に出会い、江副はようやくその屈折した思いから解き放たれた。

「君、中村錦之助の弟みたいな美少年だね」

心底そう思いながら発するらしい菅原の誉め言葉に、江副は少し照れ、友情は深まった。さらに明るい出会いが大学二年の夏の「アルバイト委員会」で待っていた。

「月収一万円。東京大学学生新聞会、新規体制に向けて営業急募」

その破格のアルバイト料に驚き、江副は思わず声をあげた。急いで本郷の安田講堂横にある、バラック建ての新聞会のドアを押す。

「どんな仕事なのでしょう。月収一万というのは」

勢い込んで聞く江副に、応対に出た学生がにやりと笑う。

「学生新聞の広告取りの仕事さ。まあたしかに昔は月収一万円とった学生がいるんで、そう書いたけれど、ここのところ広告が集まらなくてね。記者は三千円だよ」

体《てい》のいいおとり広告だった。だが、記者になっても暮らしは楽にならない。歩合制でも、がんばれば月一万円になる可能性があるのなら、そっちをやってみようじゃないか。

働き始めて、「東京大学新聞」は古い歴史をもつことを知った。前身は「帝大新聞」で、大学における文化創造をうたい、一二〇年十二月に発刊したというから三十五年以上の歴史を誇る。戦前には学生だけでなく知識人の愛読紙として一時は五万部も発行されていたという。「週刊朝日」の発行部数を百万部にした編集長扇谷正造や、いま話題の雑誌「暮しの手帖」の編集長花森安治が在籍していた時代には、戦前の困難な時代にあって、京大滝川事件や東大美濃部達吉教授の天皇機関説を擁護し、学問の府として気を吐いたようだ。しかしそれも昔、いまはじり貧で、発行部数は千部をきる体たらくだ。紙面をみると全学連全盛期に呼応するように、「破防法断固反対」「一人は万人のために、万人は一人のために」などという文字が躍る。大規模な争議を繰り広げている三井三池や日産、東芝などの労組と学生の連帯を呼びかけている。左翼系の青臭い学生新聞で、これでは広告主が現れっこないだろう。それは、広告の素人、江副から見ても明らかだった。

固定の広告主は、戦前から広告掲載が続く出版社くらいで、安定収入を約束する広告主がないのが痛い。

「リクエストレコードの店　東大正門前　珈琲と音楽『ボンナ』」

学校の周りで、小さな突き出し広告をとってきても、月一万円になりようがない。研究熱心な江副は、本まで買い込み勉強した。

「セールスは断られたときから始まる」

「そんな本読んでも役に立たんだろう。世の中の動きのなかに広告をとるヒントが潜んでいないか。新聞をもっと読め。それも下から読むんだ」

学生新聞部の三年先輩、天野勝文が、江副に声をかけた。天野はすでに卒業すべき年齢なのに、発行部数がじり貧で、財政的にも行き詰まった「東京大学学生新聞会」をいったん解体し、来春から財団法人「東京大学新聞社」として再出発させるために、わざわざ卒業を延ばして新しい体制づくりと金策に取り組んでいた。言ってみれば、江副の上司にあたる。

江副は毎日、天野に言われた通り、新聞を下から読んだ。

映画の広告が多い。文芸書の映画化作品なら東大生の動員が図れそうだ。すぐに配給会社へと向かう。

「外からの誘惑と内からの欲望。一年半の婚約は二人にとって余りに永すぎた『永すぎた春』原作三島由紀夫、監督田中壽彦重雄　若尾文子、川口浩主演」

しかし、いつも文芸書の映画化があるわけでない。なにかいい方法はないだろうか。

江副は買い込んだ新聞を横に半分に折ると、下の広告面だけを一生懸命読んだ。

ゼネラル、コロンビア、シャープ、日立製作所と、各社のテレビ広告が、ページをめくるごとに現れる。ゼネラルは人気の力道山が空手チョップを振るう。なかでも日立の広告に感心した。

ブラウン管の形に切り抜かれた若乃花、栃錦の四つ写真を真ん中に「ブラウン管を作って二十年、キメの細かい安定画像で、日立製作所が贈る大相撲初場所をお楽しみください」の文字。十四インチで七万七千五百円。だがこれなら他社と同じ、ただのテレビの広告だ。それがスポーツ面の「本日から大相撲初場所開催、優勝杯はだれの手に」と、大きく活字が躍る本文下にあった。記事と広告の一体化だ。

そしてひらめく。間もなくやってくる東大入試だ。受験生はだれもが合格者の名前がでる東大受験号を必ず買うはずだ。受かったものは自分の名前が載っているのがうれしくて、不合格者は悔しさを糧にするために。その不合格者にとって、次にすぐ必要な情報は予備校だ。そうだ。合格者名簿の記事と予備校広告の一体化こそ、セールスのポイントだ。

予備校回りをすると、おもしろいように各校が広告出稿を予約した。

「合格おめでとう。やはり勝つべきものは諸君自身でした。しかし勝利に歓喜する諸君の背後には人数にして数倍もの失意の諸君があることも考えて下さい。良心的な予備校正修。第一学期四月十五日開講」

よし、一次試験、二次試験と新聞記事に合わせて、新聞の下半分を予備校広告で埋めつくそう。いっそのこと、試験問題を載せ、それに対して有名予備校講師が模範解答を解説するのはどうだろう。

これも好評ですぐに売れる。

講師の写真撮影も江副一人ではままならない。舞台俳優をめざし上京し、学生新聞会のアルバイトをしている鶴岡公に声をかけた。

「鶴さん、ちょっと手伝ってもらえないかな、講師の写真撮り」

体は小さいが舞台俳優を気取っていつもベレー帽の鶴岡は、カメラを構えるとなかなか様になる。ふたりで忙しく大学入試特集号を作り続けた。

そして、合格発表号。一部十円売りの東大新聞を年間購読に切り替えた。

「おめでとう、合格したら東大新聞」

合格番号掲示板の横で鶴岡が、合格した学生の記念写真を撮りビラを差し出すと、みんなその場で年間購読を申し込んだ。江副の販促で、東大新聞は飛躍的に経営が安定した。財団となった「東大新聞」の、復刊号発刊の時期がもう迫ってきていた。

一流会社の広告を一堂に集めて、華々しい復刊を果たしたかった。効率よく広告を集めるのには、どうしたらいいだろう。鶴岡相手に、いろいろと頭を悩ませた。

「経団連リストだよ。会員会社で東大出身者が会長、社長を務めるところに祝賀広告をだしてもらおう。みんな一流会社だから媒体価値もぐっと上がる」

江副と鶴岡は、経団連会員簿のなかから、東大卒経営者だけを抜き出したリストを一枚持って、丸の内周辺を効率よく回った。

「復刊に寄せる」の記事下には三井物産、三菱商事、伊藤忠商事など商事会社から順に始まって、旧東京帝大閥の一流会社の名前がずらりと並んだ。

歩合制の給料のおかげで、先日までため息をついていたのが嘘のように、江副の収入は膨らんでいった。もちろん新聞の方もそれで潤い、復刊号でもう新聞発行のメドが立っていた。天野もうれしそうだ。

「江副君のおかげで、増稿、増益だ。これで五月祭賞の入賞小説にも賞金がだせるよ」

復刊を記念して五月祭賞として懸賞小説を募集していた。選考の結果、江副の一年先輩の文学部学生大江健三郎の「奇妙な仕事」が選ばれた。賞金は二万円だ。評論家の荒正人が「虚無的な心情つかむ」として、大江の作品を推した。しかし、掲載された全文を読んでも、その虚無性は江副にはわからない。これでは「太陽の季節」の一橋生に負けてしまうと心配するが、大江はこの受賞をきっかけに文壇デビューし、翌年『飼育』で芥川賞を受賞する。石原慎太郎と並ぶ学生作家の登場だ。小説は観念的過ぎて好きではないが、芥川賞受賞にいささかでも力になれたのだ。江副も少しは誇らしかった。

「東大新聞」復刊とともに、江副は大学三年生になった。

東大新聞の営業に一生懸命で授業は、ほとんど出ていない。一般教養の成績は、おせじにもいいとは言えない。一方、気がかりなことが一つあった。

ちょっと変わった父のもとで育った生い立ちと、貧しさのなかで味わった悔しさが、自らの人格形成に、どのような影響を与えたのか。それを知るために、心理学を学びたいと思った。文学部心理学科への希望を伝えると、学生課の職員が言った。

「君の成績では、ちょっと無理だな」

落胆顔の江副に、その職員はにやりと笑った。

「教育学部に教育心理がある。ここは不人気の定員割れで、だれでも入れるよ」

教育学部教育心理学科。偶然の選択だった。だがこの進学が、江副のそれからと、日本の採用制度を根本から変えるキッカケになるのである。

教育心理は職員の言う通り不人気の定員割れで、よその大学からも転部生を受け入れる状態だ。神戸大学法学部から大沢武志が加わり、ゼミはようやく十名に達した。教授二名に助教授が二名、そしてゼミ学生一人ひとりに、選任指導官の助手が一人ついた。

佐治守夫ゼミに入った。江副の選任指導官は、三年先輩の大学院生、井上健治だった。そこで江副は、C・ロジャーズの臨床心理学に出合った。

「人間はだれしも成長しようとする本質をもつ。従って人は後年の変わろうとする本人の努力により、その人格を変えることができる」

なにごとにも目立たず、父の教えの禁欲を旨として生きてきた。ならば自分も、人とのかかわりを深くして自分を変えよう。そのためにはまず寮を出ることだ。幸い東大新聞の歩合は、月三万円にもなる。下宿住まいに臆することはない。

菅原家のお手伝いさんが下宿を探してきてくれた。赤門から本郷通りを百五十メートルいったところで、西片町の菅原の家までは百メートル。なにかと便利なので、勧められるままに大和荘の住人になった。

三畳一間で家賃は二千五百円、洗面所と便所は共同だ。しかし、一人で暮らせる部屋は、なににも代えがたいものだった。そのうえ菅原の家に近いというのが最高だ。菅原の母親の手料理を毎日のようにごちそうになる。ふたりで腹いっぱい食べる。そこには、江副がかつて味わったことのない家庭の温かさがあった。

なにかというと、菅原も自宅を抜け出し大和荘にやってきた。新聞広告の営業で不在がちな江副を尻目に、部屋に上がり込むやアパートの住人たちと世間話などしながら江副の帰りを待つ。社交的な菅原は江副のいない間に大和荘の住人と親しくなり、江副にもその人たちを紹介してくれる。なんだか菅原が大和荘の住人で、江副はそこをたずねた友だちのようだ。

「お隣の部屋の菊池安行さん。江副君の心理の三年先輩で、いま修士課程にいっている」

菊池を菅原に紹介されて打ち解けた。顔の広い人で、彼のところには次々に人がやってくる。そのたびに江副にも、さまざまな人を紹介してくれた。

菊池の同窓で、文学部の心理を出た後、医者になりたいと医学部に通う井上博士《ひろし》。そして突然そこに、江副のゼミの指導官の井上健治や、同じく先輩助手である芝祐順《しばすけより》が顔を出す。なんのことはない本郷キャンパスに近い大和荘は、東大教育心理研究室の先輩たちの、たまり場になっていた。まあ、第二研究室とでも呼んでいいようなもので、隣をのぞくと研究室のだれかが必ずいた。

「うちの徳島が生んだ、俺に次ぐ天才」と、菊池に紹介されたのは、文学部の美術史科の同級生、森村稔だ。

菊池、両井上、そして芝と四人の先輩に、江副、菅原、森村がからみ、しょうゆがない、酒がないといってお互い貸し借りしているうちに、大和荘は青春の梁山泊になった。

酒が入ると、江副のまじめさが、菊池の標的になった。いっこうに女気もなく、上京以来、女性の手さえ握ったことがないと嘆く江副に菊池は言った。

「なら、ダンスを一緒にしよう」

競技ダンスの愛好会「東大さぼてんくらぶ」を創設し、東京女子大や津田塾女子大に人脈をもつ菊池に誘われて、ダンス教室に通いだす。だが最初は、相手の手を握るだけで緊張し、ダンスにもならない操り人形だ。笑い転げる菊池にぶぜんとしながらも、公然と女性の手を握れる魅力にかなわず、通い続けた。その踊りがなんとかかたちになるころにはダンスパーティーの主催者にもなり、一段とお金に困らなくなった。菊池に勧められてアルゼンチンタンゴも習いだした。あの江副が踊るだけでなく、音痴も気にせず歌いだしてしまった。江副のその爽やかな笑顔のもとに集まってくる女性も多い。やがて手と手を握るだけで、気持ちが通じる相手がはっきりしてくる。津田塾の女子大生と踊る時間が長くなった。そして踊りだけでない時間を過ごすようになる。

「ダンスもいいけど、オペラはもっと素晴らしいわよ」

津田塾の女子大生に言われてオペラも聴きだす。東大前の「にんじん」という喫茶店には夕ンゴやオペラのレコードがたくさんあった。暑さにうだる夏は、そこのクーラーにあたりながら、津田塾の女性と音楽を聴く毎日になる。なかでもベッリーニ作曲の「ノルマ」に魅せられた。「変わろうとする努力で、人は成長する」と信じた江副の夏休みは終わったが、江副からは夏日のような明るさがにじみ出るようになっていた。

東大新聞の営業に集中することだ。なにか新しい営業方法はないか。大学の資料を引っ張り出す。東大医学部創設百年。これだ。これは大きい。相撲記事とテレビ広告の一体化と同じだ。

「この秋で東大医学部は創設百年を迎えます。記念号に御社の広告を」

医療・薬剤メーカー、医療出版社、東大卒院長が務める総合病院などをたずねると、おもしろいように協賛広告や祝賀広告がとれる。一号では広告が載せきれないため、特集記事を三カ月にわたって組んだ。

受験発表を迎えると、今度は予備校巡りだ。再び新芽の吹くころ、江副は、五月祭の祝賀広告を集めるために本郷キャンパスを東大新聞社の自転車で忙しく回った。大学新聞営業も二年目になる江副は、予備校、東大卒経営者集合広告、医学部百年記念以上に、効率的な広告営業はないだろうかと悩んだ。もっと経営基盤をたしかにする決め手が欲しかった。再び江副は新聞を下から読む。ボーナス時期をにらんだ、テレビや洗濯機、冷蔵庫など高額商品の広告が多い。八ミリ映写機、スバル三六〇といままで見なかった商品も大々的に広告を展開している。なかでも東芝の全面広告が目を引いた。

「屋根の下の軽井沢」

扇風機、冷蔵庫、ルームクーラーの連合広告だ。夏に向けて冷房機メーカー、キャリアも大きな広告をうっている。ついに家庭向けクーラーの登場かと思いページをめくると、手が止まった。

「航空幹部自衛官募集。受付6月7日から7月7日まで。防衛庁」

求人広告は、三行広告欄にびしりとさまざまな職種の募集が載るのが普通なのに、社会面下の、害虫駆除剤「カダン」のバラの絵の横に、その求人広告は載っていた。それがなかなか新鮮で、人目を引いた。自衛隊ができたのは江副が高校二年のとき。あれから四年たったが、こんなに大きな紙面で、まだ旧日本軍の飛行士を募集している。戦争への拒否反応は根深く、なかなか人が集まらないのだろう。しかし、下から読んだ新聞に、これといって営業のヒントはなかった。ならばキャンパスにヒントが転がっていないかと、再び江副はキャンパスを自転車で回った。学部ごとに掲示板をのぞいた。江副は経済学部の掲示板のところで、自転車を止めた。ビラを一枚、一枚ながめていった。

「丸紅飯田、会社説明会。六月三十日。法文一号館三十八番教室にて」

今年も就職シーズンが始まる。来年の今ごろは自分も就職活動かと、ぼんやり思った。そしてふいにひらめいた。天野の言う通り、「新聞は下から読め」だ。

防衛庁は、自衛官募集に、社会面下の広告欄を使っていた。東大生を募集するのに、東大新聞ほど、効率のいい新聞はないはずだ。江副は、丸紅飯田の人事部に駆けつけた。

「なるほど東大新聞に求人広告か。財閥系の商事会社は、戦後解体され力が弱まったというけどね、新しい日本になっても旧閥、東大閥はなかなか強くて、うちなんかに東大生はなかなか来てくれない。ぜひ出しましょう」

1958年6月18日号「東大新聞」
資料提供：東大新聞社

横八センチ縦六・五センチと小さな広告だったが、五八年六月十八日、東大新聞に初めて求人広告が掲載された。経済界に江副が足跡を残す、第一歩となった。

このゲラを見本に各社を回ろう。丸紅以外にも、興味をもってくれる会社があるはずだ。

「鶴さん、まずは証券会社を順番に回ろう。きっと各社は広告をだしてくれる」

ここしばらく新聞を下から読んで、江副が注目したのは、証券会社の強気の広告だ。

「さよなら銀行、こんにちは証券。わずか五千円で多くの一流株が買える」

銀行に代わって証券会社の時代が来るかもしれない。勘ではだめだなと、日々の銀行と証券会社の広告段数を計算し続けていた。一カ月で合計すると、圧倒的に証券会社の広告段数の方が多い。たしかに、時代は動いていた。

「東大経済の人材は大蔵、日銀、銀行に行くものと、指をくわえて、なにも手を打ってこなかったのがあなた方です。兜町を丁稚が支える時代は終わりです。いま東大の優秀な人材を、銀行から奪取してこそ証券業全体が伸びるのです」

東大卒などとれるわけないと信じて疑わなかった大手証券各会社が、雪崩を打って掲載へと動く。すると二番手、三番手の証券会社も掲載に躍起になる。

ならば次に狙うのは関西に本社を置く企業だ。江副は各社でしゃべり続けた。

「このままでは東大の優秀な人材は東京に留まり、関西にはやって来ません。関西企業ここにありと、積極的に学生に訴えるのが肝心です。丸紅飯田はもう始めました」

住友、松下、寿屋（現・サントリー）と関西企業が先を争って掲載を申し込む。東京・大阪間を何度往復したことだろう。夜行列車が宿の代わりとなる。朝東京駅に着くと八重洲口地下の東京温泉で汗を流す。掲載注文を受け、版下を作り、掲載紙を届けるだけで、てんてこ舞いのうちに、就職シーズンが終わった。

次の年の求人広告に江副は、さらに工夫を重ねた。たんなる就職説明会会場案内広告ではなく、現在の事業分野と今後の進出分野を列記した。そのために採用予定学科と募集職種を明確にする。結果、単なる突き出し広告ではない、広い紙面を必要とした。一律、半五段として一万五千円で売り出すと、各社は「この方が自分のところの特徴が打ち出せる」とよろこび、売り上げはさらに伸びた。半五段広告は一面に六社の掲載になる。これを二頁限定十二社にすると、売り上げはそれだけで十八万円。江副の歩合は二割で三万六千円にもなった。しかし、いくら広告の申し込みが殺到しても、掲載できるのは限定十二社なのである。東大新聞ではその対応のために、次々と就職特集号を出すことになった。しかし、広告ページばかりの新聞を発行するわけにはいかない。結局、面接の上手な答え方などという学生向け採用情報を記事として載せることにした。これも学生にはなかなか好評で、読者の人気も高まっていく。

ついに就職シーズンが終わったとき、江副は月に二十万円近い収入を手にしていた。そしてふと気がつく。求人広告の仕事が忙しすぎて、自分の就職活動を忘れていたことに。

一年留年した六〇年はさらに忙しくなった。企業の側から東大新聞だけでなく、京大、大阪大など、地方の大学新聞に、就職説明会や求人広告を載せてくれと依頼されたからだ。自分の就職を考えなければならない時期に、ほかの学生のための就職の世話に忙しく働く江副を見て心配したのは菅原だ。彼の場合は、父親の会社を継ぐことを前提に、文学部卒業の後、経済学部に進学し、しばらくは他人の飯を食って来いと、来年からは沖電気工業への就職も決まっている。

「いったい江副は将来どうするつもりなんだい」

大阪に帰り、父と同じように高校の教師にでもなるかと、漠然と考えていた。しかし、サラリーマンの給与はよくて月一万円、高校教師の給与などしれたものだ。学生の身で、一度月二十万円もの収入を手にすると、もうその気も失せていた。

「どこにも就職しないで、このまま、この大学新聞の広告の仕事を続けようかと思う」

ぼんやり考えていたことだが、菅原の前でいったん口に出すと、それは急に現実味を帯びてきた。菅原が驚き切った顔で、まじまじと江副を見た。

「本気か。東大新聞だけでどうやって飯を食う」

「この三年で、新聞の広告の扱い方は全部覚えたよ。売り上げを伸ばすための方策もいろいろとね。全国の大学新聞広告を扱えば、もっと大きくなると思うんだ」

「やってみるといい。で、失敗したら、おやじに頼んでマミヤ光機に入ればいいしさ」

「どうもありがとう。失敗しても、落ち着く先があれば安心だ」

「僕はいつか江副と一緒に仕事をしたいな。なら、失敗することを願っているよ」

ふたりは笑って別れた。初めて自らの野望を、菅原の前で口にした。だが、会社を興すにはどうすればいいかもわからない。手つかずのまま、営業に忙しい日々を送った。

そんなある日、大和荘隣室の菊池の地元、徳島の後輩で、博報堂の制作局に就職した森村稔が、東大新聞入稿用の全五段の求人広告の版下を江副のもとに持ち込んだ。

「広告は企業の顔。それをつくることに大きな誇りを感じているわたしたち。意欲的に、注意深く、エネルギッシュに、フレッシュに。私たちが広告をつくる博報堂」

「なかなかいいセンスのコピーじゃない。だれが作ったの」

「僕だよ。実は博報堂で東大卒の採用は、僕が初めてなんだ。で、もっと東大生を積極的に採れとなって、僕が採用担当も兼ねることになり、求人広告の制作も任された。それなら、東大新聞で掲載する広告のなかで一番いい作品にしようと思ってね」

森村はちょっと自慢気に、徳島弁でとつとつしゃべった。イラストが斬新でよく目を引く。

「これならきっと博報堂への応募も増えるだろう。じゃ、これで入稿するね」

「いや、違うんだ。江副君も博報堂に来ないかと思って、今日はやってきた」

森村から、考えてもいなかった誘いを、唐突に受けて、江副の腹は決まった。

「誘ってくれてありがとう。でも来年の四月から会社を興そうと思っている。全国の大学新聞広告を取り扱う。制作の仕事も多くなる。森村君にもぜひ手伝ってもらいたいな」

東大新聞の広告営業で貯めた、学生にしてはいささか多すぎる金のほかは、なんの青写真もない。しかし森村に話しだしたら、具体的なかたちがたちまちにできあがった。

「そうか驚いたな。でもそんなことなら僕も手伝わせてもらうよ。で、事務所は？」

「いや、まだだよ。いますべてを決めたんだから」

「なら、僕の駒場時代の文学研究会の先輩で、今度お父さんと一緒に不動産事業をやる森さんという人がいるんだけど、彼に事務所の件を頼んであげようか。名前も同じ稔なんだ」

「森村稔君に、森稔さんを紹介されるというわけか、それはおもしろいね。ぜひ頼んでよ」

こちらの稔は、虎ノ門界隈に土地を持つ横浜市大の教授の父とともに不動産業を始めたばかりの、いかにも都会っ子といった感じの青年だった。

「僕も父が持っている虎ノ門一帯の土地に外資系の会社やお店を入れて、この街を変えようと、森ビルという名前をつけた貸しビル業を始めたばかりなんだ。第二森ビルの屋上に掘立小屋《ほったて》があるけれど、そこなら、敷金なしで格安に貸せるよ」

普通ならここで起業にひた走るところだが、江副はいったん立ち止まる。冷めて自分をみつめることができるのは江副の大きな武器だ。東大新聞の前身、帝大新聞の先輩でもあり、三井銀行の人事部長を務める小山五郎を江副はたずねた。小山は、求人広告を扱いだしたときから、東大新聞に出稿してくれていた。彼が止めたら起業はあきらめるつもりだった。

「普通は、三井銀行に入りたいよろしくお願いしますと、みんな僕をたずねてくる。それが江副君の場合は、これから三井銀行に就職する人の便宜を図りたいというのだから素晴らしい。だれもてない殊勝な志だ。こちらこそお世話になります。旧帝大全部にうちの求人広告をだしましょう。よろしくお願いします。応援しますよ」

のちに三井銀行頭取となる小山の激励で、江副の腹は決まった。しかも、新会社の売り上げ第一号となる、契約もその場でもらえた。

後は、一緒に動いてくれる、信用のおける人間が必要だった。

六〇年、三月も末だというのに寒い日だった。東大新聞の営業の帰り、お茶の水の聖橋でバスを待ちながら、江副はとなりに立つ男に、ちょっと口ごもりながら言った。

「鶴さん、舞台に立つ夢、一度おいて、僕と一緒に会社を興さない？」

第四章　「企業への招待」

一九六〇年四月一日、新橋の古道具屋「角金」で、江副浩正は鶴岡公と一緒に木製の机と椅子を二つ買い、リヤカーに積み込んだ。日米安全保障条約批准反対のデモ隊に道を阻まれ、往生しながら日比谷通りを渡る。一週間前、浅沼稲次郎が社会党委員長に選出されて、一段と安保反対の声が盛り上がり、デモ行進は激しくなっていた。なんとか古道具を屋上まで運び上げると、二坪半の掘立小屋もようやく事務所らしくなる。小屋の入り口に手書きで名刺大の紙を貼り出した。

「大学新聞広告社」

営業を開始すると、好景気を背景に、各企業の大卒新規採用の意欲は高く、広告出稿業種も多彩になった。

白黒テレビ・洗濯機・冷蔵庫の「三種の神器」に沸く家電業界。「さよなら銀行、こんにちは証券」のコピーで利幅の大きさに注目が集まる証券業界。ナイロンなど第三の繊維の登場で、衣料革命を起こす化学繊維業界が台頭し、こちらも今まで官僚や旧財閥の独占だった東大生の確保に躍起になっている。朝鮮動乱以降急速に力をつけてきた新興勢力に対し、「鉄こそ国家なり」と鉄鋼業界やアルミ業界が気を吐く。

前年以上の採用予算を組み、限られた人材を奪い合う各社の前で、江副は言う。

「御社のよりよい人材確保のために、今度新しく東大新聞の広告扱い会社を作りました」

それだけで受注は伸びた。しかも、各社同枠の会社説明会広告ではあきたらない得意先が、より目立つためにはどうすればいいかと、必死になって自ら施策を考えてきた。

「うちみたいな会社が三井・三菱に対抗するにはもっと大きな紙面がほしい」

日綿實業（現・双日）の人事部長の発案で、初めて全七段の広告を受注した。

「世界全域で活躍する総合貿易商社　日綿は日本貿易のパイオニアです　日綿はファイトありエネルギッシュな青年を求めています　世界最高水準を行く給与ベース」

鶴岡が、会社説明会の日時を世界地図の上に配し、横に日綿が手がけたベトナム・メナム河の開閉橋の写真を添えると、他社にない企業求人広告ができあがる。

「扱いは東大新聞だけ？　ほかの大学新聞も扱ってくれると、こちらは助かるのだが」

新たな要望に応えて、全国の大学新聞に声をかけ、広告掲載料金表作りにとりかかった。東大、旧帝大、次いで地方国立大の順に出稿価格を決めていく。全国国立大学全紙出稿。旧帝大一括出稿。東西大学版切り分け出稿と媒体商品も増えた。となると、全国を歩かざるをえない。東大生のアルバイトを大量採用した。

江副と鶴岡、そして学生アルバイトも次々に入ってくる受注にてんてこ舞いだ。日中は営業に飛び回り、夜中に入稿原稿を作るのだから。やがて事務仕事が溜まりに溜まった。動きが取れなくなり、女子社員を雇おうと朝日新聞に三行広告を出すことにした。

社名、住所を書き入れ、給与のところにきて江副の筆が止まった。果たしていくら払えるだろう。それより、自分たちの給与も決めていない。鶴岡を呼び止めた。

「鶴さん、いくらほしい」

「このままやっていって、いくらまでなら払えます？」

「月九千円なら、なんとか大丈夫だと思うけれど」

「僕は、それでいいですよ」

「なら決まりだね」

「求む事務、給与九千円、交通費千円まで支給、大学新聞広告社」

学生間ではそもそも、男女の能力や賃金に関する格差意識は薄い。学生のまま仕事に就いた江副はなおさらで、代表者だから事務員だから女性だからと言って差をつける意識は初めからなかった。結果、三人そろって給料は月九千円となった。その後リクルートが大きくなったとき、世間の注目を浴びるものの一つとなるのが、この男女同一賃金だった。しかしそれは、第一号社員採用時からの制度である。なぜそんなことが世間で特別視されるのか、江副にとっては理解しがたい謎だった。

女性の求人が少ない時代だ。給与も悪くない。たくさんの応募があってよかった。しかし応募は二人しかいなかった。いや、たくさんの応募があったのかもしれない。ただビルの前にたたずみ、掘立小屋に上ってくる勇気のある女性は、二人だけだった。

友野喜久子を採用した。働き始めてみると友野は極めて優秀で、自分から仕事を積極的に探しだし、情熱をもって一つ一つの仕事に取り組んだ。事務仕事から解放された江副は、学生アルバイトを大量に雇い入れ、営業に専念、ますます忙しくなっていく。

へとへとに疲れ果てた江副が、事務所のある第二森ビルに帰ると、斜め向かいのビルの上の窓が開いて「おーい」という声がかかる。江副は声のしたビルを見上げた。

「こんなビルの谷間に掘立小屋があるのもめずらしいけど、そこにまた忙しく人が出入りしているじゃないか。何だろうと思ってこの前から見ていたんだ。そこの主が江副だとは気づかなかった。驚いたな。で、いまなにしている」

一緒に甲南から東大を受けた六人のうちの一人で、甲南一の秀才、武岡吾郎だった。江副が合格した一年後、東大理一に受かった武岡とは、駒場のキャンパスで再会していた。しかし、彼は工学部の応用物理に進んだので、大学ではその後、行き来がなかった。だが偶然、掘立小屋の斜め向かいのビルに、武岡が就職した三井物産の事務所があった。こうして、二人は都会のビルの谷間で再会することになったのである。

企業と人を結ぶ新しい仕事について江副は熱くしゃべった。学生時代は、存在さえわからぬ、目立たない男だったのに、久しぶりに会う江副の冗舌に、武岡はとまどった。そしてその仕事の将来性を心配した。

「そんな危ういことをして大丈夫か。就職シーズンだけ忙しい仕事なんて変だろう。悪いことは言わない、広告の仕事がしたいのなら電通とか、大手に勤めろ」

「武岡こそ大企業の一つの駒でいいのかい。化学者としてウォーレス・カロザースのように、独立の道を歩むべきだよ」

偶然のビルの谷間の出会いも、意見の相違を確かめただけ。江副のその横顔は寂しげだった。

六月十五日、東大新聞の一面は、アイゼンハワー大統領来日反対の決起を呼びかけた。

「アイク訪日延期せよ　大学は何をなすべきか　教授から学生まで現状打開に動け」

だが江副には、就職解禁日のその日掲載された、記事下の東洋信託銀行、山一證券、三菱日本重工業、松下電器産業、蝶理の就職説明会広告の方が大事だった。

今年最初の求人広告も無事掲載されたとほっとしながら、三日後の就職特集号のゲラの最終校閲に取り掛かる。午後から降りだした雨で、掘立小屋の床には水がたまりだしている。床一面、水浸しになった。屋上の小屋を貸してくれた森稔に、江副はぼやいた。

「これじゃ第二森ビルでなくて、第二漏りビルですよ」

家賃七千円とあっては、それ以上の文句は言えない。鶴岡がせっせと床の水をかきだす。水は階下のインド通信社にも流れ出していったらしい。記者が屋上にやってきて、たどたどしい日本語でクレームをつける。そのついでに、こんなことを言った。

「国会議事堂前、大変だよ」

何事かと江副と鶴岡は傘を差し、西新橋から国会議事堂に回った。たしかに記者が言う通り、大変な状況になっていた。右翼や暴力団と、学生、労組員が面と向かいあい、それを一般市民が取り囲み騒然としている。しばらくその騒動を眺めていた。

「鶴さん帰ろうか。どうも僕らには関係のないことだ」

ふたりは本郷の大和荘まで歩いて帰り、江副の下宿で、鶴岡はそのまま眠った。

「樺《かんば》美智子《みちこ》さん貴い犠牲に　全東大に悲しみと怒り　樺さん追悼号」

十八日の「就職特集号」は「樺さん追悼号」にとって代わり、鶴岡苦心の日綿の初の全七段求人募集広告も、圧死した東大生樺美智子の追悼記事に注目を奪われた。しかしそれでも、初めて大型広告を出せた喜びにひたる鶴岡は、何度もその掲載面を開き、自分のデザインに見入った。

「鶴さん、この会社も、もって三年かもしれないね」

江副は冷めた声で言う。左傾化する新聞記事のなか、求人募集広告が生き延びることはできるだろうか。学生運動がさらに激しくなれば、企業は大学新聞への広告掲載をためらうかもしれない。その前に、なにか新しいことを考えなければならない。

「江副さんは意外と心配性ですね。学生運動はもう勢いをなくしていますよ。ほら」

「ついにアイクは来ない。デモは終わった、さあ就職だ」

鶴岡公が差し出した「週刊文春」六月二十七日号のタイトルに苦笑した。安保条約の自然成立と引き換えに、岸信介首相は退陣したが、大学新聞の求人広告だけで事業が続くとは思われなかった。会社を興した以上、武岡に諭されたように通年の仕事をもたなければ、この仕事は三年で終わる。江副の不安は募った。だが秋になっても次の事業は思いつかなかった。そんなとき八幡製鐵（現・新日鐵住金）から電話があった。

「景気がいいので来年はもっとたくさんの人を採りたいと、人事計画を練り直したところです。おたくをよく調べたら、個人会社じゃないですか。これ以上支払額が大きくなると、うちはそんなところに発注するわけにいかない。法人組織にしてくれませんか」

ならば、これまで稼いできた自己資金を、すべて投入するか。手元にある六十万円を資本金に回した。会社名を「株式会社大学広告」と改め、第二森ビルから新橋にできた新しい第四森ビルの地下に本社を構えた。今度は敷金も入れた、正式の賃貸契約だ。

だがどう登記すればよいかがわからず『会社の作り方』などという本を買い込んだ。株式会社とは複数の発起人が、株式をもつと知る。教育心理の先輩で、事業を興して以来なにかと相談に乗ってもらい、顧問役を務めてもらっている井上健治、芝祐順に株主になってもらえるよう頼んだ。お金を払おうと財布を探る、芝の手を止めた。

「いや出資金は、僕のお金でまかない済みです。ただ法的に名義がいるんです。芝さんの名前で、うちの株をもってもらった形になっています。それだけは了解ください」

「えっ、一銭も払わず、僕は株主なの。なんか悪いね。いつか、ちゃんとお礼しなきゃ」

「お礼なんてとんでもない。うちのアルバイト採用のためのテスト開発で、いいもの作ってもらって、いつか企業向けの採用テストが商品化できればそれで十分です」

武岡に心配され、またどこかの企業への就職を勧められないよう、井上と芝を中心に、適正テストの商品開発を成功させたかった。早く通年型の新しい事業を作り出したかったのである。

極めて優秀な人材が来てくれたと喜んでいた、友野が辞めたいと言いだした。

「結婚し、宣教師の夫とキリスト教の普及に努めます。これ今年の経理残高になります」

友野の手で几帳面に書かれた大学広告の経理報告書には初年度の総売り上げは四百五十万円になっていた。布教活動には車があったほうが便利だろう。利益から捻出してスバル三六〇を結婚祝いに贈った。もっとも新車というわけにはいかず、中古車になった。友野を失いながらも、創業二年目には早々に、二つの成果があがった。

一つは岡三証券からの全面広告の受注だ。乱立する証券会社の求人広告のなかで、岡三が少しでも目立つためには、全面広告が必要と判断したという。まさか全面広告の注文があるとは考えてもいなかった。だから、大学広告に全十五段の料金表はない。大いに慌てるが、うれしい受注だった。博報堂の仕事を終え、夜の九時ごろやって来た森村が、驚く速さで岡三の全面広告を仕上げていく。なかなかのでき栄えにふたり酔っていると、そこにさらに二つ目の大きな仕事が入る。またもそれは証券会社だ。

大阪商事から社名を変更したばかりの大商証券（現・新光証券）が、なんと千人の新規採用に打って出た。大学新聞でそれだけの大量採用は不可能と読んだ。だから、独自の入社案内を作り、学生の住所を調べて郵送したいとの申し出だった。

おかしなものだ。競争が激しくなると、こちらが新しい事業立案を提案する前に得意先が新しい事業のあり方を考えて注文をしてくれる。たしかに「週刊文春」の言う通り、「政治の季節」が終わり「経済の季節」が日本にはやってきていた。岸内閣の後を継いだ池田勇人内閣は、就任後「所得倍増」計画を発表する。多くの人は最初、その大口を笑った。しかし二年目を迎えた池田内閣のもと、景気はどんどん拡大していく。なかでも証券業の勢いが止まらない。その結果が大学広告の営業品目にない、岡三証券の全面広告と、大商証券の入社案内の制作と学生名簿の発注だ。なかでも大商証券の担当者は、声を張りあげて叫んでいた。

「金に糸目はつけない。代わりに一カ月以内の納品だ。でないと他社に学生を採られてしまう」

博報堂の仕事が終わってから駆けつける森村一人で原稿を書いていては、とても間に合わない。日本経済の将来性、果たすべき金融界の役割、銀行と証券業の違い、けん引の要となる証券会社の革新性と、構成内容を素早く固める。江副、鶴岡と東大経済学部のアルバイト学生を中心に、それぞれが書きやすい章の下書きに、束になってとりかかる。職種、給与、福利厚生など画一情報と違い、銀行と証券会社の役割の違いを学生にわかりやすく書くことが、こんなに難しいと、江副は初めて知った。それも証券会社の将来性や生きがいのほうが高いことを、さりげなく訴求しなければならない。江副はうなりながら、四苦八苦する。規模を大きくする大商証券がどんな会社になるかはわからない。美辞麗句を並べ立て、それを信じて応募した学生が、不幸になるのはたまらない。ならば、少しでも働きやすい職場を描きだすことで、新生大商証券の組織が倣わざるをえなくしよう。それが学生の人生のためになると信じて、江副はうなり、鉛筆を握った。そんなふうにみんなで束になってとりかかった原稿を、博報堂の勤務を終えた森村が、最終の形にまとめ上げた。徹夜作業をなんども繰り返し、ようやく約束通り、一カ月後の納品にこぎつけた。

同時に学生アルバイトが各大学の就職課を回って、こつこつと学生の氏名と住所を書き写した。大量の学生名簿が手元に集まってきた。刷り上がった大商証券の入社案内の発送業務にみんなで汗を流す。

忙しいそんな事務所を見まわしながら、江副はうれしそうに、大商証券の入社案内を、何度も開いては閉じた。

これで大学新聞広告事業に次いで、入社案内制作事業、名簿事業という、小さいが他人に頼らない事業がふたつ生まれた。あとひとつ新たな事業が加われば見通しは開けてくる。可能性といえば適性テストだろう。しかし、その精度もまだまだだ。例えば、この春入れた東大文学部の橘隆志というアルバイト。適性テストでは、向上心が強く困難な仕事ほどやる気を示すとでた。そこで二部上場会社や中小企業の営業を任せたが、いまだ契約の一本もとれず、惨憺《さんたん》たる状況だ。もっと適性テストの精度をあげなければ、第四の事業化などほど遠い。ため息をつく江副の前に、その橘が現れ、切り出した。

「営業に向いていないこちらも問題だけど、どう考えても仕事の範囲が限られるそちらにも問題がある。そんなに将来有望な会社とも思えないし、辞めさせてもらいます」

再び夏が来て、各校の大学新聞が休刊になると同時に、すべての仕事がなくなった。営業アルバイトはどこの会社に回ることもできず、碁を打つばかりだ。江副のなかでくすぶり続ける、ある思いが去来する。

「僕らの仕事は本当に学生のためになっているのだろうか。企業の就職広告を提供するだけなら広告取りにすぎない。景気の後退で採用活動が縮小すれば、この仕事、三年で終わる。その前に新しい事業を興さないと」

みんなに集まってもらい、新しい事業の可能性について議論を呼びかけた。森村が口火を切った。

「僕は雑誌の編集をしたい。『就職』という雑誌はどうだろう。就職に関する情報を全部入れるんだ」

雑誌は大きな資本が必要だ。売れなかったら不良在庫になる。ならばと、井上が提案する。

「『大学新聞』新聞というのは？」

各大学新聞の向こうを張って、全国統一学生新聞を作り出し、そこに広告を入れるという。しかし、大学新聞で食べさせてもらってきた身としては、各大学新聞に弓引くようで気が引けた。

「『人事管理』という雑誌はどうか。会社の基幹は人事なのに、どこにも人事の専門家がいない」

鶴岡の視点は大きく広がる可能性がある。しかし、出版は危険だ。同時に人事全般をテーマに扱うには、まだ経験が不足していた。それはテスト事業が育ってからだ。

それぞれが口にしたアイデアを、江副がすべて否定した。井上が江副に問いただした。

「なら、君の考えは？」

ここずっと考えてきたことを、江副は初めて口に出して言った。

「広告だけの本」

ぼんやり考えてきたことが、言葉にしたことで実像となった。とたんに反対の声が次々に上がった。

「広告だけの本をだれが買う？」

「いや、売らないんだ。無料で配る」

「なにそれ」

「無茶だよ、そんなの」

反対が多いということは、それだけ関心があるということだ。

「得意先からの広告費で、すべてをまかなう」

「できるわけないよ」

「できるさ。出版経費、配送費をすべて足してわれわれの利益を乗せて、それを広告掲載社数で割れば、一社当たりの広告費がでてくる」

「いいね、広告だけの本なんて、どこを探してもないものな」

のちに江副は、社員に向けて「リクルートの経営理念とモットー十章」を書き、リクルート経営の「根幹と思想」を明確にしていく。その言葉はとても平易でわかりやすい。

「誰もしていないことをする主義

リクルートは、これまでに社会になかったサービスを提供して時代の要請に応え、同時に高収益を上げていく。既存の分野に進出する時は、別の手法での事業展開に限定し、他社のあとを単純に追う事業展開はしない。『誰もしていないことをする主義』だから、リクルートは隙間産業と言われる。だが、それを継続していって社会に受け入れられれば、やがて産業として市民権を得る」

みんながようやくそのプランに熱中し始めたところに、イリノイ大学に留学中の芝から航空便が届いた。

「先般の大学広告の株券へのお礼としてささやかな、お返しをお送りします。当大学だけでなく、アメリカの大学では卒業生にこんな冊子が配られています」

手紙と一緒にＢ５判の「ＣＡＲＥＥＲ《キャリア》」誌が出てきた。急いで開けるとジョン・Ｆ・ケネディが「就職する諸君へ」というメッセージを述べていて、次のページには履歴書が挟まれている。ＥＳＳＯ、ＧＥ、ＧＭ、ＩＢＭと、だれもが知る大企業の求人募集広告が続く。

「いま話していた通りの、広告の本だ」

あまりのタイミングの良さに、だれかが興奮して叫んだ。江副は冷静に言った。

「そうだけど、違う。これではいま僕らがやっていることを本にしただけで、学生の側には立てていない」

「学生の側に立つって?」

「比較だよ。企業は自分の知らせたいことだけを載せたがる。でも優秀な学生ほど、どちらの会社がいいかを比べたいんだ。いまの大学新聞広告にも、この芝さんが送ってくれたキャリアにもそれがない。各社画一情報にしてこそ意味があると僕は思うんだ」

だれもがまだその価値にぴんとこないのか、黙ったままだ。

「それに項目を統一すれば、いちいち独自原稿を作らなくて済む。初年度の制作は大変だろうけれど、次年度からは、情報の修正だけですむから、効率的で合理的だと思う」

毎日、博報堂からの帰りに制作に追われる森村が、すかさずうなずきながら言う。

「いいね。大賛成。名前は学生の視点にたって『企業への招待』というのはどう」

「よし、それでいこう。じゃすぐに、八幡製鐵をモデルに、見本原稿を作ってみるよ」

江副が作った原案を、鶴岡が大学新聞の広告主と未掲載の大手企業に持ち込んだ。

「毎年面接試験に迷子になる学生がいるんですよ。本社地図が入るともっといいですね」

「同業種が一堂に並ぶなら不公平は困る。掲載は証券コード順にしてください」

「巻末に採用学科一覧表を入れれば、学生はもっと調べやすいのでは」

「指定校以外から応募が増えるのは困るんだ。配布先を十分考慮してください」

新しい事業の答えは、いつも得意先の要望のなかにあった。江副は「リクルートの経営理念とモットー十章」の「分からないことはお客様に聞く主義」を書く。

「これまで誰も手がけなかったサービスを提供していく事業には、先生が必要。その先生は、新しいお客様や潜在的なお客様である。お客様に教えを乞いつつ、創意工夫を重ね、仕事の改善を継続的に続けていくことが重要。そこで大切なことは、自分の意見を持ってお客様の意見を聞く姿勢。自分の意見を持ってお客様に聞かなければ、お客様の本当の声を聞き取ることはできない。こちらの考えとお客様との意見の間に本当の答えがある」

リクルートの新規事業開発にあたって、その根幹となる要素の一つは、最初の商品である「企業への招待」開発のなかで、いち早く確立した。

すべてが順調に進んでいるように見えた。すべてが順調に行くと江副は信じた。

だが、東見本ができあがる六一年秋、本格的な営業を開始して、突然苦しくなった。

三年間続いた岩戸景気が後退し、各社とも来年度の採用計画が突如見えなくなった。「大学広告」の知名度のなさも致命的だった。現場の担当者が「これは画期的」と上へ稟議をあげても「どこの馬の骨かもわからない会社の出版物なんて」と突き返される。百五十社の掲載を目標にしていたが、五十社しか注文はとれない。これでは製本できない。締め切りを一カ月延ばして営業に駆けずり回った。結局総計六十九社になったところで時間切れ。これ以上営業を続けては、就職シーズンが始まってしまう。受注件数は、江副三十一社、鶴岡二十一社で、アルバイトのトップが八社と気を吐き、後は一社ずつが九人で、途中で辞めた橘を含め受注ゼロのアルバイトも多い。

いよいよ印刷入稿となり、ハタと困った。前金を入れない限り輪転機は回せないと印刷会社が言いだした。馬鹿な。金は束見本や営業に使い切り一銭も残っていない。印刷会社に日参するが輪転機は回らず止まったままだ。じりじりと時間だけが過ぎていく。

そんなとき、何年振りかで父から電話があった。仕事で上京するので会いたいという。虎ノ門の中華料理店「晩翠軒《ばんすいけん》」で鶴岡と三人の食事になった。父は背筋を伸ばしたまま、たずねた。

「仕事はどうだ」

「金策には苦労しましたが、それを乗り切り、仕事は順調です」

父に弱みは見せたくなく、明るく振る舞ったが、声は暗くなったかもしれない。

「金のことなら、なぜ、俺に言って来ないんだ」

叱るように父は言い、鶴岡と酒を呑みかわすだけで、気まずく分かれた。一週間後、書留が届いた。

「いざというときは、これを証券会社に持って行って金に換えるように」

手紙と一緒に、三井鉱山（現・日本コークス工業）の株券が入っていた。

求人広告の扱いで、証券会社に出入りはしているものの、株をやったことはない。初めて見る株券を前に、どう処理すればいいかとまどった。東大の同窓で、証券会社に就職した男がいた。さっそく、現金化を頼み込んだ。

「もう旧財閥の時代でもないでしょ。紙くず同然だよ。処分してもいくらにもならない」

にべもなく言われた。よほど落胆の色が濃かったのだろう。江副の顔を、心配そうにのぞき込んだ同窓生は、小声でささやいた。

「よほど困っているんだね。まあ、蛇の道は蛇。一つ手伝おうか」

その株は、突然値を上げた。上がりきったところで、父からもらった株を処理した。遅延していたアルバイトの給料をなんとか払った。ほっとした。

証券会社に就職した同窓生が江副のために仕掛けたのは、株売買で損失を出させてしまった客の損失補てんや、思惑株の誘導のために、当時の証券会社が行う、日常茶飯事的な内部操作だったが、江副は、たちまちのうちに株の魅力にとりつかれた。

「ギャンブラー江副浩正」

そんな資質が自らのなかにあるとは、父から株券を渡されるまで気づかぬことだった。初手の快感が忘れられない江副は、ずぶずぶと株の深みにはまった。だが、金策に走り回り、アルバイトの給料に充てよう、なんとか印刷代を賄おうとしている間はかわいいものだった。やがてリクルートの採用事業が軌道に乗るに従い、江副のもとには好景気企業情報がいくらでも入ってくるようになる。なぜなら景気がよく、事業を拡大しようとする企業や、新たな事業を興そうとする企業は、前年度から大量の新卒者を採るからだ。採用情報をもとに、江副は個人としても卓越したプロの投資家に育っていった。しかも後年には、膨大な資産を背景に「信用取引」が肥大化していった。そして、江副の株式投資はますます過熱する。ついにはハイリスク・ハイリターンを狙うギャンブラーと化し、兜町では仕手師の一人とみられるようになった。江副の資金を「江副ダラー」、そして仕掛けるそれは「江副株」とひそかに呼ばれた。しかも、江副がのめりこんだのは、「売り」「買い」の仕手戦にあって、さすが兜町の強者でも危険すぎてほとんど手を出さない「売り」から入る極めて特殊な手法だった。それもやっかいなことに、破たん願望を秘めていた。事業で成功すればするほど、己自身は膨大な負債の蟻地獄に身を沈めた。江副は死の日まで、そこから抜け出すことはなかった。

しかし、いまはまだ、その資金のない江副だ。同窓生の株指南のもと、大学広告の運転資金を賄った。だが、印刷代を賄える益出しができるほど、手元に投資資金はない。輪転機は回らなかった。これで終わりだ。ふらふらと入り込んだビルの屋上に立った。足元に霞む走り去る車の屋根を見つめる。

そしてふと気づく。半金を入れれば印刷所は輪転機を回すと言っているのだ。なぜそのことを得意先に頼み込まなかったのだ。急いで屋上を離れると、「企業への招待」へ出稿を約束してくれた企業の一社へ駆けつけた。人事部の扉を開くと、人事課員がずらりと並んで、しんと静かに執務しているのも構わず、大声をあげた。必死だった。

「大学広告の江副でございます。御社のよりよい発展の一助となればと来年度の優秀な学生採用のために『企業への招待』を企画してまいりました。しかし、御社の入金がありませんので、発行が止まったままです。どうぞ、半金だけでもお入れください」

突然の江副の乱入と、最敬礼、そして脅しともとれる大音声《だいおんじょう》に、人事部長は驚きながらも、半金の入金を約束してくれた。そうやって各社を回った。江副の必死さが通じたのだろう。どこも前金を入れてくれる。しかし輪転機は回らない。岩戸景気の後退で、景気は一段と悪くなっていた。焦げ付きを恐れる印刷会社は、残額のさらに半金を入れない限り、輪転機は回せないとつれなく江副を突き放した。銀行各行を駆けずり回るが、どこも名もない「大学広告」などを相手にしてくれない。窮した江副は、近所にある田村町の芝信用金庫に日参した。

「いい事業なのはわかるけれど、うちも担保がなければ、上にはあげられません」

担当課長は本当に申し訳なさそうだ。困り果てる江副を前に、課長がひらめいた。

「事務所を借りたときの敷金を担保にしましょう。上に許可をとります」

金が払えないときは、ビルを出る約束で融資が下りた。敷金がなかった前の第二森ビル住まいのままなら、融資はおりないところだ。ようやく輪転機が回ることになった。しかも課長は近くのとんかつ屋に昼食を誘い、江副を励ましてくれた。

「がんばりなさいよ。いつかうちも『企業への招待』に求人広告を出せる会社にするから」

以来、江副は取引銀行の筆頭に芝信用金庫をおき、このときの恩義に応え続けた。

「最終学年をむかえるあなたに、すぐ訪れてくる重要問題は『就職』のことです。あなたの才能や希望、努力が活かされ、そこで、あなたが十分に評価され、成長することが、望ましいことは言うまでもありません。そのような条件をそなえた会社、つまりあなたという人間に、もっともふさわしい会社をえらぶということが大切になってきます。（略）

本書は、このような要請にもとづいて企画され、誕生しました。ここには、日本の産業界を代表する業種、その中でもトップクラスをゆく大企業が、あなたに語りかけています。飾り気のない率直な言葉で事実を示しています。（略）本書に掲載された会社は、いずれも、会社の内容について、事前に理解し納得してもらってから、あなたに入社して欲しいと考えている会社です。訪問されたあなたを快く迎え、いろいろ案内してくれることでしょう。

一九六二年四月　株式会社大学広告　江副浩正」

約一年の準備期間を経て、ようやく「企業への招待」が刷り上がった。江副は掲載誌を片手に各社の人事部を訪ねる。人事部の扉を開くと、人事課員が静かに並んで執務しているのも構わず、大声をあげて最敬礼した。

「大学広告の江副でございます。『企業への招待』への前金のお支払い、ありがとうございました。おかげさまで本日、納品になり、馳せ参じました。きっと来春、皆さまの横には優秀な部下が配属になるものと確信しております。本当にありがとうございました」

以後この大音声営業は江副の定番となる。新規開拓で得意先の社長や人事部長をたずねたとしても、まずは人事部の部屋を訪れ、部員全員に向かって声を張り上げる。

「リクルートの江副でございます。このたびは新卒募集にあたり、弊社の媒体をご利用いただきまして誠にありがとうございました」

一瞬ぽかんとしている人事部員もみな立ち上がって一礼する。そして、リクルートの知名度は、たちまちのうちに部内に広まり、発注が相次いだ。

各社に御礼のあいさつを回り終え、ようやく大和荘に帰った。初めて自分がこの手で生み出した媒体だ。うれしい。その表紙を優しくなでた。その夜は明け方まで、開いては閉じ、閉じては開き、自ら書いた「はしがき」など何度も読んだ。そして枕の下に敷いて、眠りに落ちた。

翌日、江副は「企業への招待」を抱え、久しぶりに第二森ビルを訪れた。ここからすべては始まったと思うと感無量だ。そして隣のビルで働く甲南の友人、武岡をたずねる。黙って、それを差し出す。武岡もまたその重さを計るように手に持ちながら言う。

「僕の負けだ。これは学生にとって画期的な本になる。学生はみんな喜ぶぞ」

巻末に、井上健治とともに作ったアンケートはがきを差し込んだ。武岡の読んだ通り学生からの反響は大きかった。感謝の気持ちだけではなく、こんな項目がほしい、こんな工夫がほしいという具体的な指摘があり、それらは次年度の編集に生かされた。

初年度の創刊号の売り上げは千百六十五万円、純利益はゼロだった。

だがこれが日本のあらゆる情報誌の原点となる。初年度に開発された掲載項目のほとんどが残され、「リクルートブック」と名前を変えた後も、その基本形は変わらない。それに江副が必死に大声を出した結果得た、注文と同時の半金前金制は出稿条件ともなり、リクルートの経営の基盤となっていった。

初年度の掲載会社への学生の応募数が飛躍的に伸びたことから、二年目の「企業への招待」の営業は楽になった。無事就職が決まった学生たちが、巻末につけた返信アンケートに感謝の言葉を添えて送り返してくれた。そこには改善すべき統一情報の提案と、追加すべき情報項目が書かれていた。二年目には、本当の顧客である学生にとって必要で的確な情報がほぼ掲載されるようになった。同時に、返信はがきに書かれた学生たちの就職先を大学、学科別に分類すると、速報版を製作して自ら営業に回った。

「競合のA社は、『企業への招待』に掲載して東大法学部から何人の採用ができました。ところが未掲載の御社はわずか何人です。来年も採用面で後じんを拝しますか」

江副の営業は平身低頭型でも、人柄売り込み型でもなかった。理詰めで相手に迫った。そのためのデータとして早くから学生の声を分析した。それをもとに相手と一対一で会い、自分の手のひらに相手を乗せて説得していく。

「説教営業だね」

と笑う森村に真剣な顔で江副は返した。

「いやフィードバック営業だよ」

以来、江副は「フィードバック」という言葉を、経営でも、営業でも好んで使った。

「この事業は三年しかもたないかもしれない」

大学新聞広告社を始めた当初、なにかと言えばそう口にした江副から、その言葉が聞かれなくなったのは、三年目に神保町である光景を見て以来だ。

無料で配布した「企業への招待」が、古本屋の店頭で二百円の値をつけられて、売られていた。古本屋の店主に聞くと、「企業への招待」を配布していない、明治や中央という駿河台にある大学の学生が買っていくというのだ。そうか、自分の開発した本は、彼らにとっては、金を払っても手に入れたい本であり、情報だったのかと、江副自身がその価値をようやく悟った。

六三年八月、配布対象を私大にも広げ、募集大学別に細分化したのを機に、社名「大学広告」を「日本リクルートセンター」（以下、リクルート）に変更する。リクルート＝新兵採用という聞きなれない軍事用語が、その日、初めて日本に登場した。それを祝うような催しが、内幸町のNHKホールで開催された。

「NHK招聘《しょうへい》、イタリアオペラ、ベッリーニ作曲『ノルマ』。八月一日上演」

津田塾の女子学生に勧められて以来、東大前の喫茶店「にんじん」で、二人で聴き続けてきたベッリーニの「ノルマ」が生で聴けるのだ。日本もようやくイタリアオペラを招聘できるだけの豊かな時代を迎えようとしていた。公演の二時間二十分、これまでの「企業への招待」開発の苦労も忘れて、エレナ・スリオティスが歌う「ノルマ」のベルカントな、妙なる響きに酔いしれた。それはリクルートの新たな船出を祝う舞台だと信じた。隣にオペラの素晴らしさを教えてくれた女性がいないことだけが、江副の心残りになった。

NHKホールを出ると、江副は新しく名づけた社名を、何度も口に出した。

「リクルート、リクルート、リクルート」

森村が発案してくれた名前だが、なかなか新しくていい。社名変更を機に採用求人広告だけではなく、もっと「リクルート」と名乗るにふさわしい、人事事業に本格的に事業展開していこうと決心した。

就職・進学情報誌事業

一九六二年四月発行の大学生向け「企業への招待」創刊号はその後の情報誌の原型となった。参考にした米国の「キャリア」は広告が多かったが、その広告も表現や形式は自由であった。しかし、「企業への招待」は、ほぼ全ページが広告で占められていた。ただし、それぞれの企業広告は掲載情報の規格が定められたカタログの体裁を備えていた。会社概要として資本金、売上高、経常利益、従業員数、沿革等々、初任給（基本給・手当）、休日休暇、教育研修、福利厚生制度、配属先、採用予定学科、本社所在地・地図など企業側の必須記載項目が細かく定められていた。江副は、就職を控える学生にとって必要な情報を各社のページに盛り込もうとしたのだ。

そのアイデアによって「企業への招待」は世界初の「就職情報誌」として世に出た。「企業への招待」創刊号は六九社の参画で発行部数二万七千部、売上高千百六十五万円、利益ゼロであった。翌年は参画社数、売上高が増加し、発行部数を増やしても利益が出たので、継続して発行することが可能になった。そして、創刊から三年後の六五年には「企業への招待」高校版を創刊している。その後、リクルートは「企業への招待」を「リクルートブック」と名称を変えて、対象別にきめ細かく就職情報誌を出すようにしていった。早期配本の「会社研究版」と就職シーズン直前の「情報版」、北海道、東北、中部、関西、中四国、九州に住む学生向けのローカル版、女子学生版、土木建築版、薬化学版など学生の属性やニーズに幅広く対応した企画は、企業の採用ニーズにも合致しており、売上を伸ばした。当初は、リクルートブックを大学へ搬入して学生に配っていたが、すぐに学生名簿を入手して、学生の自宅へＤＭで直接届けるように変えた。一方で、高校版は学校での配本が続けられた。

新卒向けの就職情報誌は創刊十八年目に売り上げ百億円を超え、翌年「住宅情報」に売り上げを抜かれるまで、リクルートの業績をけん引した。

リクルート進学ブック

高校生の進学ニーズに情報誌で応えたのが七〇年創刊の「リクルート進学ブック」であった。高校で就職希望者にリクルートブックを渡す際に、進学希望者には渡すものがないことから発案された。従来は、大学の学生募集の広告といえば「螢雪時代」「高校コース」などの受験雑誌の「入れ広告」に限られていた。そこに進学情報誌が新たに参入した効果は大きかった。高校生の知りたい進学情報が大学別に掲載されている進学ブックは、たちまち旺文社や学研の広告市場を奪って売り上げは数十億円と大きく伸びた。発行時期や高校生の志望に合わせて、「進路研究編」「進路情報編」「ザ・スペシャリスト」「二年生版」「短大研究」「予備校ガイドブック」「地域版」ときめ細かい本づくりを行った。七六年の専修学校法施行にともない、専修・各種学校の掲載校を増加させて高校生のニーズに対応した。八五年、創刊十五年目に売り上げ百億円に達した。進学情報誌は、就職情報誌やほかの生活関連の情報誌と違って、景気の変動を受けにくいために、リクルートの経営安定に寄与した。そして、社会人の学びの欲求にこたえる形で各種スクール情報誌「ケイコとマナブ」（九〇年）が市販誌として創刊された。

転職情報誌

中途採用市場への進出は七五年の「就職情報」からであった。当時の中途採用は新聞広告が中心で年間千四百億円の市場があった。そこへリクルートは隔月刊の「就職情報」を出し、一年後には週刊化して掲載件数と売り上げを伸ばした。これがリクルートにとっての最初の市販誌となった。「就職情報」を求職者へ届けるために書店のほか、キヨスク、地下鉄売店、コンビニへ直接搬入して、各売店の部数をチェックし、欠品がでるとすぐに追加搬入できる体制を整えた。広告の質の向上と制作のシステム化による納期短縮に努めた。

その後も中途採用市場向けに、女性対象の「とらばーゆ」(八〇年)、技術者向けの「ベルーフ」(八二年)、アルバイト採用の「フロム・エー」(八二年)、現業職採用の「ガテン」(九一年)と対象を変えて情報誌が投入されていく。それぞれ首都圏に続いて関西、東海、九州と地域版を発行し、きめ細かく全国の求職者と企業のニーズに応えようとした。営業対象は中小企業が多いために、営業組織による直販と並行して販売代理店による営業を導入して効果を上げた。

江副がリクルートを去ることになった九一年三月期の決算において、新卒情報誌の売り上げは八百六十一億円、転職情報誌の売り上げは「フロム・エー」を含めて千四百九十六億円、進学情報誌二百三十五億円であった。

第五章　素手でのし上った男

1968年リクルートに初めて導入されたIBM1130システム

生みの苦しみを経て誕生した「企業への招待」は、二年目には、どの業種も代表的な企業が顔をそろえた。そのために、就職希望の学生にとっては、二年目にしてすでになくてはならない媒体となった。指定校の学生課とゼミ教授の推薦制度に頼り、のんびり採用活動をしていた企業の人事部は、数段と忙しくなった。応募者増で面接試験に時間はかけられない。適性検査を導入して効率をよくするしかない。応募学生数を増やしてくれた大学広告に、人事採用現場からは、もう新しい要望があがってきた。

「採用テストを手伝ってもらえればいいのだけれど」

「応募学生の適性を調べられないか」

当時、適性検査としては「内田クレペリン精神検査」という手法が長く使われてきていた。ドイツのエミール・クレペリンが一九二〇年代に開発し、日本の内田勇三郎が三〇年代にそれを改良したもので、戦前から続く検査だ。一ケタの足し算を十五分間ずつ二回に分けて行い、一分ごとの計算作業量の変化のパターンから、人の性格、適性を割り出す。実施するほうは、果たしてこのテストでよいのかと思いながらも、ずっと続けられてきた検査だった。急に増えた受験生の対応に苦慮する得意先の人事部の要請に応えて、知能検査やクレペリン検査、そしていくつかの能力検査を用意していたものの、果たして戦前からのこんな検査で適性が見抜けるものか。東大で教育心理を学んだ江副としては、はなはだ疑問だった。ならば、新しい人材活用のための適性テストを自分たちで創り出し、新しい産業の要請に応えられないかと思う。同時にそれは、江副がここ数年胸の奥でひそかに温めてきた、ささやかな野望の実現にもなりそうだった。

大和荘での江副の隣室、菊池のところに東大心理の大学院生たちが集まり、ぼそぼそと将来のことをみんなが話していたときだ。だれ言うとなしに一人がぼやいた。

「しかし、ぼくらの後に優秀な学生が次々と入ってくるにはどうすればいいのだ」

「教授二人に、助教授二人、そして助手と大学院生が専任指導でつく学科は、東大広しといえどほかにない。それなのに教育心理学科は定員割れ。こんなことしていると、日本の心理学は立ち遅れるよ」

「人が来ないのは、心理を出ても食えないからさ。大学院を出てもせいぜい学者か教師だろう。そんな学問を、いまの学生は学ぼうとするかね」

そこでみんなでため息をついた。ゼミの先輩の菊池が、真剣な顔で江副を見て言う。

「江副君、求人広告の仕事をするのなら、人事試験向けの心理テストの仕事をやれよ」

突然の菊池のふりに、江副は口ごもりながらもごもごと言う。

「そんな、大学新聞でやっていけるのかもわからないし、専門知識ゼロの僕に無理です」

「いや、だれかが心理学の分野で事業を興し、飯が食えると証明しない限り東大で心理を学ぼうという学生が育たない。新しい仕事なら、そこまで見据えてほしいな」

「でも僕の知識では、心理テストなんて」

再びもごもごと江副が言いよどむのを遮るように、井上健治が言った。

「手伝うよ、僕が。たしかに心理学が実業の場で機能するとなれば、心理を学ぼうという学生は増える。東大教育心理の灯を消さないためにも事業を興すべきだ」

井上の提案に芝が賛同し、その場の多くの大学院生たちも協力を申し入れた。

大和荘での話は、新しい事業を興す江副を、あてにしようというものではなかった。しかし、心理学が社会で役立つことが示されない故、その学問に十分な機会と光が当たらない悔しさは、心理を学ぶだれもが感じていたのだ。江副もまた、同じ思いをもった。

「これから心理学をめざす学生のために、新たな事業を興し、心理学に光をあてたい」

それは江副のなかで小さな野望となり、少しずつくすぶり続ける。しかし、戦前に開発された適性検査が三十五年たっても大手を振って歩く業界にあって、新たなテスト事業を興すのは容易ではない。ぼう大なサンプルデータをそろえなければならない。そのためには相応の資本が必要となる。その両方がない江副は、それでも早くから一計をめぐらせていた。

大学新聞広告社を立ち上げてすぐだ。日中は外回り、夜は制作にかかりっきりの江副と鶴岡の二人では、事務仕事までとても手がまわりきらず、女子社員を採用することになった。朝日新聞に求人広告を出して二名の応募しかなかった。二人のうちどちらを採用するかにあたって、江副は井上健治に頼み込んだ。

「僕が面接しても、その人に秘めた潜在力や、仕事への意欲、情熱をつかむことはできないと思います。個人の潜在能力を極めて冷静に測る性格テストが作れないでしょうか」

「えっ、たった一人の社員を採るために、テストを作るわけ？　おもしろい、やろう」

井上と一緒に開発した性格判断つき採用テストをもとに、友野喜久子を採用した。

江副は驚く。働き始めた友野は極めて優秀で、積極的に自分から仕事を探しだし、情熱的に働いてくれる。彼女の働きぶりをみて、受験者の性格・能力を数値化することの重要性を思い知った。このテストの精度をあげていけば、企業の採用試験として実用化でき、心理学を学ぶ学生の励みになる。事業としての商品化のためにはもっとサンプル数を集めなければ。しかし、テスト開発のための費用などない。大学広告として「企業への招待」を企画し、仕事が増えるに従って、東大生を中心に大量のアルバイトを雇った。芝にも加わってもらい、新たな採用テストを開発した。応募に来た東大生はアルバイトのつもりで気軽にやってきたのに、数多くのテストを繰り返し試され、最後には、不採用の判定に怒りだすものさえいる。

井上と芝の二人が作ったテストを潜り抜けてきた新規アルバイトはだれも優秀で、営業成績もいい。夜行列車での大阪・東京間の往復もいっこうにいとわない。いっぽうで、適性検査では優秀な成績をとるにもかかわらず、いざ仕事をやらせてみれば、契約を一つもとれない橘隆志のような学生もいる。橘の営業成績を前に、まだまだ自分たちの検査問題も未熟だと、自らにいいきかせていると、その橘には、「そんなに将来有望な会社とも思えないし、辞めさせてもらいます」と去られる始末だ。井上、芝、江副の三人は、橘の辞表を反省材料に、適性検査の精度の向上に励んだ。

「企業への招待」が創刊以来三年で、企業にも学生にもなくてはならない媒体として育っていくと、より優秀な人材を採用しようと血眼になり、クレペリン検査ではあきたらない得意先の人事部から自然に声が上がり始めた。

「もっと応募者の適性が見抜ける検査がないだろうか」

こればかりは注文があってすぐに対応できるものではない。第一号の社員採用時にたったふたりの応募にもかかわらず採用テストを独自に作り上げ、さらには東大生アルバイトをサンプル対象者にして試行錯誤を繰り返してきた実績が、大いに役に立つときがきた。

江副は事業とはスピードなのだとつくづく思いながら、準備に準備を重ねてきた独自の適性テストを差し出した。単純なクレペリン検査に慣らされた人事担当者は驚く。

「どうしてこんなに深い人物評価が短時間のテストでできるの」

しかし、その驚きは、その精度ではなく、費用請求のたびに高まる。

「どうしてこんなに高いの？　クレペリンなら一人三円で済むのに」

江副の差し出した請求書は一人三百五十円だった。心理学を学んでも飯を食えないのは、その適性検査料金の低さにある。三円はテスト用紙代だ。採点は人事部員がやる。リクルートがその代行を請け負ったとしてもほとんど売り上げにはならない。企業に合う適性人材を見つけ出す作業が、たった三円のテスト用紙代で延々と行われてきた事実こそ問題だ。その企業が本当に必要とする適切な人物を発掘できるとなると、その検査費用は一人一万円でも高くない。だが一人三円が常識の市場にあって、開発費用を乗せたとしても、百倍の価格は人事部にとって常識を外れたものだった。しかし、江副は百倍の価格にさらに上乗せして価格を決める。ここで価格を維持しなければ、心理学を学ぼうとする学生がいなくなる。テスト事業は、たんに顧客に頼まれて人事採用の関連サービスとして始める事業ではなく、働く場がなく、路頭に迷う心理学研究者のために、道を開くものだと信じた。

「クレペリンに比べて君のところのテストは精度がいいね」

新卒者が職場に就き実際に働き始めると、適性判断で下した評価の妥当性はすぐに証明された。当然ながら、人事担当者の間でリクルートの適性テストへの評価は高まっていく。学生アルバイトの採用にも適性検査を繰り返し、実務のなかでテストの妥当性を見いだしてきた蓄積が、ようやく一つの成果として形を現わした。

六四年春、社内にテスト開発委員会を立ち上げた。従来テスト開発に携わってきた芝祐順、井上健治に加えて、菊池安行、橋口英俊など東大教育心理を出て各大学の助教授や助手として散った人々が集まり、本格的なテスト事業の開発に乗りだした。

同じ四月、江副は京都都《みやこ》ホテルで西田みどりとの結婚式をあげた。その一カ月前のことだ。大学時代の友人が見合いをすることになった。江副は介添え役を頼まれた。相手の女性も銀座のすし屋に友人とあらわれた。結局そのふたりは結ばれることはなかったが、介添え役同士が三回のデートを重ねた後に、結婚となった。みどりの父が病に倒れており、実家に近い京都での結婚式になった。新居は、神奈川・逗子に構えた。学生時代に通った菅原の別荘は葉山にあり、そこは江副にとってもお気に入りの地となった。その隣町が逗子だった。

江副の結婚と同時に、アメリカ留学をしていた芝祐順が帰国した。「企業への招待」開発時に、留学先のイリノイ大学から「キャリア」誌を送ってくれたが、その後、ETSというアメリカのテスト会社に在籍し、研鑽を積んでの帰国だった。みんなで芝の話に耳を傾けた。

「ETSというのはアメリカ最大のテスト会社で、スタッフが五百人もいて、アメリカで大学の入学試験や入社試験を一手に引き受けているんだ」

性格類型検査が主流を占めていた。内向的、外向的という四つの知覚的態度と、感覚的、直観的というやはり四つの判断的態度を分析し、十六タイプの人物評価に割り振るという。クレペリン検査に比べれば、性格をきめ細かく分析できるものだった。手探りで自分たちが開発したそれが、体系化されていた。芝が広げるテストサンプル表を、開発委員のみんなが、かたずをのんでのぞき込んだ。

「これに日本人の独自性を組み入れれば、ほかにない性格テストができあがる」

「企業ごとに求める人材の資質が、それぞれ組み込めないか」

東大教育心理を出て、日立製作所で産業心理の面から人材開発に携わっている大沢武志や、同じく東大心理から企業の人事部に就職した同級生にも加わってもらう。そして、学問、実務の両面から、日本人の気質に結びついた性格類型検査の開発をめざした。

数々の試行錯誤を繰り返し、これなら商品として売り出せるだろうと多くのテスト開発委員が納得できるテストができ上がったのが、六五年の就職戦線の時期だった。それが、AU、TIと名づけられた基礎能力検査と性格類型検査だった

性格類型検査の精度を測るために、江副自身もテストを受けることにした。江副の性格の分析結果を芝が読み上げる。

「あまり従来の常識にとらわれない独自のものの見方をし、周囲からは独立的で、やや変わった印象を与えるところがある。比較的冷静、客観的で、感情におぼれるようなことは少ない。外界に対しては柔軟な態度を示し、いろいろなことに興味をもつが、実際には周囲に関係なく左

右されずに適応していく。現実性よりは可能性を重視した独得なものの見方をするが、それを人に説明することは得意ではない。若干うちとけにくく、他からは理解されにくいところがある。こまごました枠にはまったことは苦手である」

そのあまりにも適確な分析に、開発委員の間から拍手が起きる。

「いや、こんな分析じゃまだ商品化できないのでは」

異論を唱えるのは江副だけで、本格的なリクルート独自テストとして六五年四月「TI型性格類型検査」は売り出された。一人五百円の価格をつけたにもかかわらず、その分析の適確性で多くの企業の支持を集める。大学新聞広告から始まった会社だったが、テスト事業の開発で、江副のなかで新しい事業構築の行方が見えてきた。

「リクルートは『日本株式会社の人事部』となる」

きっかけは六三年春の森村稔の突然の転身にあった。楽しそうに商品広告の数々を手がけていた森村が、博報堂を辞め、東大新聞研究所に入り、再び学問の道を歩みだした。

「それなら、勉強の合間に、もっとうちの仕事を手伝ってほしいな」

森村は、大学院に通いながら、リクルートの仕事を本格的に手伝いだした。だが、夏休み前にその大学院も再び辞めると言いだした。「なぜ?」と聞く江副に森村は言う。

「一度実務の世界に身を置き、その面白さとスピードを味わうと、机上の学問はなんとも間延びしていてダメだね。リクルートに身を移して本格的に人事事業に携わりたい」

六三年八月、「日本リクルートセンター」との改名にあわせて、その名付け親の森村が入社した。同時に、人事部向けの人事採用専門誌「月刊リクルートメント」を創刊した。それは「企業への招待」開発時、次の事業として一度は検討し、雑誌発行は資本がかかるとあきらめた、出版事業だった。あれから二年、リクルートは新たな媒体を、自ら発刊できるまでに力をつけていた。編集長には森村が就いた。

採用広告、採用情報誌についで、テスト事業が誕生した。となれば、流れは人事研修教育事業と広がっていく。テスト事業と同様に、急激に増加する自社の社員への研修の実践を通して、まったく新しい能力開発事業を興せば、人事管理の専門事業集団として日本で唯一の組織が生まれる。どんな時代になろうと、どんな事業分野であろうと、人事と教育は企業の根幹をなす重要な分野だ。経済成長著しい日本の産業にあって技術革新や新製品の競争に参入することは、景気の動向や産業構造の変革の大きな影響を受けかねない。しかし、企業経営の根幹をなす人事の専門家として、発展する「日本株式会社」に寄り添うことができれば、きっと人事管理専門の特色ある企業として生き残れる。ならば立ち上げたばかりのテスト事業を、採用広告事業に並ぶ規模にまで大きくすることだ。心理学の専門家によるテスト事業拡大を江副は急いだ。

神戸大学の法学部から転部し、教育心理のゼミで一緒に学び、いまは日立製作所で産業心理の専門家として働く大沢武志を訪ねた。テスト開発委員会に参画はしてもらっていたが、新たな依頼はずばりリクルートへの転職だ。果たして、大手企業に勤める大沢が同意するだろうか。どんなに優秀でも、大企業で生きたいという人間をいくら口説いても失敗する。鼻で笑われたらそれまでだと思いながら、江副は大沢に転職を切り出した。しかし大沢は笑わなかった。

「僕は学者じゃない。企業の人材を活性化するにはどうすればいいかの実務に関心がある。日立でそれを突き詰めても、それはしょせん、日立内の改善運動で終わってしまう。一企業の役にしかたたない学問なんてつまらない。リクルートを試験の場として、そこで開発した方法を商品化して日本の企業を活性化できるのなら、明日、日立を辞めてもいい。誘ってくれてありがとう。喜んで転職するよ」

池田首相が最初に「所得倍増」と大見えを切った六〇年には、だれも信じなかったその計画は、七四年のオイルショックで、初めて日本がマイナス成長を経験するまでの十五年間で、国民総生産を十六兆六千億円から百三十四兆円まで伸ばす。だれも信じなかった「二倍」どころか、国民総生産は十倍に伸びた。その十五年続く右肩上がりの「日本株式会社の人事部」として、リクルートは採用広告、採用テスト、組織活性化において、なくてはならない存在となっていった。その人事教育事業の基盤を築き、組織活性化理論を創出していったのが大沢だった。

大沢武志の入社と同時にテスト事業の売り上げは目に見えて増えた。開発した性格類型検査の内容の独自性と効果に関しては「月刊リクルートメント」の誌面を通して普及に努めたが、それ以上に江副の個人診断に見られるように、その人物分析の精度の高さが評価された。基礎能力検査に一人三百五十円の定価をつけていたが、性格類型検査導入からは一人五百円の定価となった。一人三円のクレペリン検査時代にはなかった市場が新たに出現したのである。

「リクルートテスト事業で五千万円の売り上げ」

リクルートの新規事業を取り上げた週刊誌の記事を読みながら、江副は思う。

心理テストといえばいままでは、大学教授のお墨付きをもらい、権威化を図るものがすべてだった。出版界でも有名心理学者の名前で出されるハウツー本がベストセラーになっていた。そんな権威主義がはびこる心理学会にあって、なんの権威もない若き研究者たちが集まり、自分たちの手で日本に二つとない、新たな検査のテスト事業を切り開いた。誇らしかった。採用広告事業に次ぐ新たな事業が短時間のうちに立ち上がった。テストの必要性を実感した時点で、社内でアルバイト採用をもとに、すぐに開発に取りかかっていなければ、得意先から声が上がったときに応えられなかっただろう。つくづく事業はスピードだと江副は思う。

しかし、喜んでばかりはいられなかった。リクルートの性格類型検査が評判になり、注文が増えれば増えるほど、テスト事業が己の首を絞めるとは考えていなかった。採用広告事業は就職解禁日にあわせて、配本日を決め、計画的に広告制作の山をもっていけばいい。しかし、テスト事業は就職解禁日と同時に各社が面接、テスト実施と動きだすために、すべての業務が短い期間に集中した。採点要員を確保するのもままならない。解禁日にあわせて社員をすべてテスト担当に回し、アルバイトを大量に採用して採点にあたった。結局、人海作戦では対応しきれないほどのテストを、販売することになった。

「もっと早く結果を知らせてくれなければ、他社に優秀な人材をとられてしまう」

「まだ採点が終わらないのですか？　テストからもう何日もたっています。遅すぎる」

得意先の人事部からは怒号ともつかない催促電話が鳴りやまない。そして社内ではあまりの忙しさに、最初は悲鳴を上げていた社員も徹夜の連続に疲れ果て、その悲鳴さえ上げられない状態だ。六五年のテスト事業参入から三年目の就職戦線が終わるころ。来期は人海作戦で対応するのは無理だと判断した江副は、コンピュータ導入の決断を下す。

といっても果たしてコンピュータがいくらするのかも知らない。ただ、芝が在籍していたアメリカのテスト会社ＥＴＳでは、ＩＢＭのコンピュータを採点に使っていたと聞き、すぐにコンピュータの導入を決める。しかし、ドルでの買い物を減らしたい通商産業省（現・経済産業省）は、国産ではダメなのかと渋る。ならば富士通へ導入を図りたいと出向くが、売上高やら何やらをたずねられ、結局は相手にしてもらえない。

困った江副は、今度は日本アイ・ビー・エム社（以下、日本ＩＢＭ）の人事部に出向き、位田尚隆課長に会う。東北大学の大学院で産業心理学を学んだ位田には、ＩＢＭの適性テストを共同開発するだけでなく、別業種のテスト開発の相談にも乗ってもらっていた。ＩＢＭのセールスエンジニアと一緒に、位田がコンピュータとはなにかを説明してくれた。しかし、ＩＢＭ側と江副の意見はかみ合わなかった。当時売る側のＩＢＭには、コンピュータは事務効率を上げるための、電算機という認識しかない。売上高五億円に満たない企業が、なぜそんな機械を導入したいのかが理解できない。だが、江副はコンピュータを経理処理機器ではなく、テスト採点機や人物測定結果を記述するための印刷機ととらえていた。

手描きで制作している「リクルートブック」の地図も、いつかコンピュータ処理ができる時代が来る。そうすれば、一度作った情報は効率よく再利用でき、制作原価が一段と下がる。いま携わる、自分たちのすべての情報をコンピュータのもとに集約できれば、日本で一番進んだ情報産業になれる。そう信じていたのだ。ＩＢＭのセールスエンジニアが言う。

「それなら、最新の事務処理能力をもつのはＩＢＭ１１３０となります」

「わかりました。十台入れましょう」

リクルート創業七年目。売上高四億二千万円。利益二千四百万円、社員数八十人の会社が、まだ日本にコンピュータが全部で三百台しかないという時代に、その利益をすべて吐き出しても、最新機器を十台も導入するという。位田とセールスエンジニアは驚くしかない。

導入を決めたはいいが、社内にコンピュータの専門家は一人もいない。江副自身が東大の芝の研究室に出向き、情報理論の講義を直接受けた。その難解さをかみしめながらも江副は、コンピュータの本質を直感でつかみ取っていた。

「わが社はどんな産業に属するか？という問いには『情報産業である』と答えることができます。また電子計算機をいいかえて、情報処理機器とよぶこともできるでしょう。これからのわが社にとって、電子計算機はなくてはならないものになるはずです」（「週刊リクルート」六八年二二五号）

リクルートでコンピュータが稼働し始めた当時、情報産業という言葉はあったが、それはハードウエアを作るＩＢＭなど情報機器産業を指したものだった。ソフト産業は存在さえしていない。コンピュータを活用して、「情報」を提供しようとした、江副が最初の人間だったといえる。六八年度の就職戦線が始まった。そして、適性テストの人物評価分析報告書が、ＩＢＭ１１３０から出力された。

江副はその日、コンピュータが「情報」を提供する日本で初めてのソフト会社誕生を祝い、記念社員総会を開いた。うれしそうに江副は、社員はもちろん、導入に協力した位田まで招待し祝いの菓子を配り歩いた。

しかし、江副はじめ電算室員のだれもが、この一号機のわがままぶりに泣かされた。電源からとる電圧がわずかに上下するだけで機械は止まった。あれこれいじってもいっこうに動かない。バンと蹴とばすとようやく動く。そして雨が降るとまた止まった。毎月の稼働費は、レンタル料や空調費を含めて軽く百万円を超えた。しかし江副は、経費のかかるじゃじゃ馬娘の明日を、確実に見定めていた。のちにリクルートの社内報「月刊かもめ」八三年七月号コンピュータ導入十五年特別記念号で、江副は感慨深げに述べている。

「当時からニュービジネスに電算機を使いたかった。リクルート二十三年の歴史にあって、電算機導入を決めたのは、銀座ビルを買うと決断したのに匹敵するほどの大きな決断でした」

六八年度のテスト事業は、コンピュータの威力のもとで順調に拡大、日本の人事採用テストのスタンダードへと育っていった。同時にその大きな決断は、後に二つの大きな果実を生む。その一つは、リクルート二代目社長となる位田尚隆の入社だ。

江副は、コンピュータ導入交渉で親しくなった位田にリクルートへの移籍を迫った。

従業員一万人、日本IBMのエリート社員だった位田は、江副の誘いを最初は聞き流した。そうなると江副はしつこい。めげることなく日参し、リクルート入りを迫る。ついに根負けした位田は、六九年リクルートに入社した。博報堂の森村稔、日立製作所の大沢武志、IBMの位田尚隆と、日本の一流企業の社員を引き抜くことで、リクルートの取締役の陣容は厚くなった。

さらに、位田の入社でIBMとのパイプは一層太くなった。このことがリクルートのコンピュータ化を加速させ、新たな果実をもう一つ実らせることになる。

「リクルートブック」や「進学ブック」が細分化され、発行部数も多くなると、掲載企業の沿革、概要、地図などを毎年手書きで作ることが仕事として大きな負担になってくる。この事態を受け七一年、いち早く社内に原稿制作をコンピュータ写植で入力するための子会社、リクルートコンピュータプリント（現・リクルートメディアコミュニケーションズ）を立ち上げた。そしてその将来を、創業以来一緒にやってきた鶴岡公に託した。どこの出版社も手作業で活字組みをしている時代だ。江副が直感的にめざした「情報産業」を鶴岡率いるリクルートコンピュータプリントが、スピードと制作効率で具現化した功績は大きかった。

コンピュータ導入でテスト事業が一段と拡大し、「日本株式会社の人事部」リクルートの存在感が注目されるころ、取材の申し込みがあった。会ってみれば、なんのことはない、広告営業で一本の契約も取れず去っていった橘だった。いまは文藝春秋社で記者をしているという。江副は橘を前に、聞かれるままにリクルートの「昨日、今日、明日」をしゃべる。テスト事業の売り上げが九千万円に達して、六九年の就職戦線が終わったころ、江副のもとに包みが届いた。手紙がそえられていた。

「先日は取材の協力ありがとうございました。今度ようやく本ができあがりました」

包みを開けた。そうか橘隆志君は、読みはそのままに、漢字を変えて筆名にしたたか。

「素手でのし上った男たち　立花隆　番町書房

私はこの江副氏の下で働いたことがある。（略）大学広告というのは、新橋の近くのビルの地下室にある小さな会社だった。十坪に満たない部屋に机が六つ、七つ、汚れたソファーが一つと、ロッカーがいくつかあるだけだった。社員は三、四人いたろうか。にぎやかに笑ったり、しゃべったりしながら、広告を作ったり、電話をかけたり、ときどきやってくる印刷屋や、写植屋の人と応待していた。雑然たる部屋の様子や――出前の食器がその辺に重なっていたり、部屋の隅には電熱器があって、その側にヤカンと茶ワンの他に、ナベや魚を焼く網までころがっていた――社員同士の談笑ぶりが、ちょうど大学のサークルの部屋を想像させた」

それは、七四年「文藝春秋」の「田中角栄研究、その金脈と人脈」で田中首相を筆一本で退任に追い込む立花隆のデビュー作だ。彼はその成功の要因を、こう最後にまとめていた。

「この会社の短い歴史を一瞥しただけでも、急成長のカギが先行投資にあったことがわかる。初期には、もっぱら新聞広告の利益を『企業への招待』の赤字を埋めることに費やしていた。今では『企業への招待』が、経営を支える最大の柱となっている。六年間赤字を続けたテスト事業は、今期から黒字に転化し、売り上げも当分倍増がつづくだろうという。これが将来の日本リクルートセンターを支える太い柱になっていくことはまちがいない」

読みながらその通りだと、江副は思う。橘のデビュー作を閉じ、本の表紙タイトルに目を落としながら、それにしてもと江副はため息をつく。あまりにも、自分とはかけ離れた言葉ではないだろうか。

「素手でのし上った男」

以後、江副を語るとき、立花隆が名づけたキャッチフレーズが、ついてまわることになる。

江副浩正の開発事業 2 人事教育・人材事業

テスト事業

リクルートは創業四年目の六三年に、テスト部を設けてテストの外販化を始めた。クレペリンに変わる新しい適性検査のニーズを見て取った江副は、東大教育心理学科のネットワークを使って心理学を応用した適性検査の開発に注力した。すぐにアメリカの事例を基にして性格類型検査（TI）と基礎能力検査（AU）が開発され、企業への営業が開始された。性格類型検査は、人間を内向・外向、感覚・直観、思考・感情、判断的態度・知覚的態度の四つの指標で十六タイプの性格に分類するテストであった。一方、基礎能力検査は、大学生の知的能力を数理的能力と言語的能力とに分けて評価するテストである。続いて、情緒・行動特徴の側面からアプローチし社会適応性を予測・診断するための性格特性検査（ＲＰＩ）を開発した。

江副の発案によって従来の基礎能力検査に性格類型検査と性格特性検査を加え、能力、性格、意欲、情緒、行動の五つの側面から受験者の特徴を明らかにし、仕事への適応性を総合的に判断できるようにした。こうして現在のＳＰＩ（Synthetic Personality Inventory 総合適性検査）の原型ができ上がり、七四年から販売を開始した。当時の採用には、縁故重視や学校指定制が根強く残っていたので、合理的で公平な採用選考への転換は大量採用に向かいつつあった企業の共通課題であった。応募者を科学的データに基づき多面的に評価する総合適性検査の導入は、採用の合理性と透明性を高め、人物本位の採用へと転換するきっかけとなった。

当時の競合他社はすべてテスト問題を売る出版社であって、テスト問題の開発、実施、採点、報告の一連のテスティング・サービスを提供するテスト専門会社はリクルートだけであった。当然、リクルートのテストは高額にならざるを得ないが、その質の高いサービスは人材不足時代を迎えていた企業からは好意的に受け入れられた。ＳＰＩは多くの企業の支持を集め、九〇年にはＳＰＩ検査導入企業は九千社を超えるまでになった。

その後もリクルートは新テストの開発を続け、適性検査、特殊能力検査を対象別に幾つも完成させて市場に送り出した。ＳＰＩに続くヒット商品は七六年に発売された管理者能力適性検査ＭＡＴ（Managerial Assessment Test）である。受験者の有する判断力と部下・仕事の管理能力を測定するもので、管理職への昇進昇格時の資料および管理職研修の資料として定着していった。有力な競合企業が存在しないことも幸いして、リクルートのテストは大企業中心に普及し、最近では、受験者は年間八十万人前後、三十億円を売り上げる事業に成長した。

教育研修事業

江副は創業時から社員の教育研修にも熱心に取り組んだ。社員の能力開発の手段を模索するなかで、自社の研修用に行動科学を活用した研修プログラムの開発に着手した。

七一年、自社の管理職向けの研修プログラムLDP（Leadership Development Program）が開発された。管理職が周囲の人の評価に基づいて現状把握、自己分析、改善策の立案のプロセスを体験することにより自己啓発を援助するプログラムである。このプログラムが大きな成果を収めたことから、同様の仕組みで対象を変えて二つのプログラムが追加で開発された。若手社員用にはJDP（Junior Development Program）、上級管理職向けにはEDP（Executive Development Program）である。これら3つのプログラムを使って、八一年には社内の階層別の研修体系として完成し、他社へ販売されるまでになった。研修プログラムもテストと同様に、まずは自社用に開発し、優れた効果をたしかめたうえで事業化されたのである。

これらの三百六十度評価を基にしたプログラムはROD研修（Recruit Organization Development）と名付けられ、広範な企業に導入されて、それぞれの企業組織の活性化に寄与した。続いて開発された、管理職にとって必要な基礎知識、手法を教えるMBC（Management

Basic Course）も順調に売れた。その後、リクルートは、新たなサーベイや研修プログラムを加えて、専属のトレーナーを多数養成して、総合研修サービスを全国規模で展開するようになっていく。プログラムは標準化できても、受講者相手にファシリテーションするトレーナーの技術は品質管理が難しい分野である。個人の経験や力量がものをいう余地があるために研修の品質の維持や効果の立証は容易ではない。

しかし、企業における人事教育の外部委託が進んだことを背景に、果敢な営業と緻密なサービスを武器に、リクルートは、九〇年ごろにはテストと教育の二つの事業の合算で百億円近い売り上げを確保していた。企業内教育の業界では、産業能率大学、日本能率協会に次ぐ地位を築くまでになっていたのである。

人材紹介事業

七七年、労働大臣の正式認可を受けて株式会社人材情報センターが設立された。リクルート社内で「日本株式会社の人事部をめざす」とのスローガンが掲げられていたころである。従来は、国が人材紹介を独占する政策であったため、民間企業には医師や助産婦など特殊な職種しか認められていなかった。六四年に経営管理者と科学技術者が認められてから外資を中心に人材紹介会社が生まれていた。

業務開始三年目で年間千十九名の紹介を成立させた人材情報センターは、たちまち業界のトップに躍り出た。その後も順調に業績を伸ばし、大阪（八一年）、名古屋、横浜（各八六年）に進出した。八五年には累計紹介人数が一万人を突破している。

好調の理由は以下の五つにあった。一、リクルートのブランドへの信用。二、適性検査の実施とベテランのカウンセラーによる対応。三、コンピュータ利用によるスピーディな進行。四、積極的な求人開拓。五、求職者向けの積極的な宣伝活動。江副時代に創業された人材情報センターの伝統と体質は、リクルートエージェントと社名を変えた今も継承されている。

人材派遣業

八六年の労働者派遣法の施行と同時に、人材情報センター内に設けられたシーズ事業部は人材派遣業の正式認可を受けた。その翌年、シーズスタッフを設立し業務を開始した。二期目に早くも得意先数六百二十四社、派遣スタッフ数三千六十七人、売り上げ三十六億円を挙げて黒字化を果たしている。十年後の九六年には売り上げ百億円に達し、大手派遣会社の地位を築いた。現在は、国内ではスタッフサービスとリクルートスタッフィングの二社を擁し、国内売り上げシェアは四十パーセントを超える。海外では北米、欧州、豪州に子会社多数を抱えて、人材派遣業はリクルートグループ最大のグローバル事業となっている。

第六章　わが師ドラッカー

江副がピーター・ドラッカーの著作に初めて出会ったのは、一九六四年の東京オリンピックが終わったころだった。オリンピックの閉会式とともに、景気は目に見えて悪くなっている。善きにつけあしきにつけ、リクルートがリクルートであり続けるのは、大学サークルの延長線上で仕事を始め、あの熱気を失わず、社員一人ひとりの自主性を重んじ、自由闊達さを第一にしてきたからにほかならない。それが百人を超える集団になり、不景気のなか、新規事業が生まれにくくなっている。新しい事業に挑戦するからこそリクルートらしさがあった。次の事業が生まれなければ、こんな小さな会社、簡単に潰れてしまう。

社内の熱気とは裏腹に、江副の心のなかに言いしれぬ不安がつのる。しかしそんなことは、気軽に社員に話せるものではない。学生時代の親友、菅原茂世には打ち明けた。

菅原は父親の会社、マミヤ光機を継ぐまでの間、海外で経験を積もうと沖電気工業に就職、ニューヨーク駐在員を務めながらニューヨーク大学の夜間のビジネス学科に通った。しかし戦後のカメラの大衆化に乗り遅れたマミヤは倒産。帰国後、やむなく独立起業した菅原だったが、急速に発展する日本経済の貿易拡大のおかげで、海外市場と経理が分かるプロ経営者として活躍していた。仕事の関係から、経営学の本を数多く読みこんでいた菅原は、江副の悩みを聞くと同時に、一冊の本を差し出した。

「ならこれを読んでみろよ、アメリカで評判の経営学の訳書だ」

『創造する経営者　ピーター・ドラッカー著　ダイヤモンド社』

江副は扉を開けたとたん、最初のエピグラフに、心をつかまれた。

「経営とは社会変革である」

東大新聞の広告集めから始めた江副の事業はともすると、日本経済の高度成長の採用難の時流に乗った、偶然の成功事業と見られることが多かった。しかしそれまでの大学生の就職は「指定校制」「教授推薦」という旧態依然とした師弟関係のなかで決まっていた。そのために大学教授も大学生も産業界のことを知らぬまま、職に就いていた。リクルートは、就職情報誌によって学生が、どこの企業の門戸でもたたける機会をつくった。同時にリクルートは、産業界にとって必要な学生を多数のなかから選ぶ機会を開いた。そう、自分が創った就職情報誌は、日本の採用・就職の仕組みを合理的な方法に変えた。リクルートが誕生しなければ日本経済は硬直化し、経済成長は鈍化しただろうと江副はひそかに自負していた。

その新しい事業をドラッカーは、社会変革と初めて評価してくれていた。うれしかった。勢い込んで江副はページをめくる。

「経営とは顧客の創造である」

広告事業では一見、顧客は広告主に見える。人事測定事業でも顧客は人事部に見える。だが自分たちの真の顧客は、学生なのだと、江副は言い続けてきた。学生のための誌面作り。学生の適性を診断するためのテスト問題作り。それがあったからこそ、この世の中に一つしかない商品を作り出せた。そう信じる江副は、今までの過程が初めて認められたようで、たちまちドラッカーのとりこになった。これからも新しい顧客を創造する事業だけをやろう。意を強くして江副は次をめくる。

「経営とは実践である」

江副はこれまでも会議の席で口が酸っぱくなるほど、「わからないことはお客様に聞け」と言い続けてきた。「取引先こそ最大の教師」とも言った。得意先の声のなかにこそ、事業を興す機会があると信じた。素人になること。相手に学ぶ態度こそが、事業機会をさらに拡大するとドラッカーは言っていた。ならばいままでと同じく、謙虚に得意先の声に耳を済ませば、きっと「機会」は訪れる。自分たちはもっと変われる、大きくなれると信じた。

ピーター・ドラッカーは〇九年オーストリアのウィーンで、ユダヤ系オーストリア人として生まれた。折から台頭してきたナチス批判の論文で、フランクフルト大学の法学士を取得するが、ナチスに目をつけられたドラッカーは、ロンドン、アメリカと逃げ延びながら研究を続ける。三九年以来GM、GEなどの経営コンサルタントを歴任し、常に次代の事業の萌芽を促した。企業には労働者との協働的態度と富の配分を求め、第二次大戦後のアメリカ経済の活性化の提唱者となった。

経営者と働く者の両者にとっての「人間の幸せ」とはなにかを前提に、絶えず理想の社会・組織のあり方を模索し続けたのが在野の人、ドラッカーだった。

ダイヤモンド社より『創造する経営者』『現代の経営』とその著書がたて続けに出てソニーの盛田昭夫、立石電機（現・オムロン）の立石一真、イトーヨーカ堂の伊藤雅俊と、ドラッカーに心酔する経営者が次々に現れる。〇五年九十六歳でドラッカーが亡くなった後も、数多くの著作が出版され、ユニクロの柳井正など、いまも信奉者を公言する経営者が後を絶たない。

そのような日本におけるドラッカー熱のなか、実際の経営にその理念を取り込み、自分の血肉とし、実践したのはほかでもない江副だった。のちに雑誌のインタビューで、ドラッカーへの熱い思いをこんなふうに語っている。

「若い経営者の方は、よく経営上の師匠を持っておられる。しかし学生のころから現在の仕事を始めた私は、残念ながらその機会に恵まれなかったのである。どうしてもと言われると、いわば書中の師として、アメリカの社会学者のピーター・ドラッカーをあげたい」（「財界」八五年十月十日号）

経営の師というならば、ドラッカーの説く経営理論を実践する日本の経営者と直接会う機会を多く得られたのも幸運だった。「月刊リクルート」や「リクルートブック」では、巻頭特集として企業トップに経営と人材活用のあり方を聞く特集を多くした。江副は長きにわたって、そのインタビュアーをみずから務めた。

自ら事業を興して成功した創業経営者には、社員を自分の家族のように思う人が多く、採用に関してサラリーマン社長よりも、みな数段熱心だった。だれもが江副の取材に快く応じてくれた。ただ、みな忙しい人たちである。だから、その独自の経営哲学と人の活かし方を短時間のうちに引き出さねばならなかった。江副にとって、取材の一回一回の真剣勝負が濃密でぜいたくな、個人授業の時間になった。

ソニーを興し、人材採用に熱心で、その著書に「学歴無用論」や「新実力主義」がある盛田昭夫の場合である。学生に絶対訴えたい一言は、との問いに、盛田はこう答えている。

「そうだな、『ソニーは人を生かす』と書いてほしいな。僕はソニーに入ってきた人を必ず幸せにする」

リクルートへ入ろうとする学生に、自分はそう表明できるか。盛田の答えに感銘を受けながら江副は、そのような経営者をめざそうと誓った。

本田技研工業を興した本田宗一郎からは、こう言われた。

「ホンダのために働きたいという人には来てほしくない。来てほしいのは、自分のために働きたいという気持ちを抱いている若者です。そのことをしっかり伝えてください」

松下電器産業（現・パナソニック）の松下幸之助は、江副に向かってこう言った。

「出身校とか、学校の成績は関係ない。人には得手なことと不得手なことがある。人を生かすには得手なことをやらすことでんな。大事なことは、だれにどの仕事をどこまで要望するか。それが、人を用いるうえで肝心なことや。ありゃ使いものにならんと言うてんのは、使う人が使いものにならんからや。人はみな人材です」

経営の神様といわれるだけあって、味わい深い言葉だった。そして松下は、営業やカメラマンを入れると五人で訪問する江副に向かって、つけ加えるように言った。

「ところでおたく、ぎょうさんもうかっている会社でんな。五人もぞろぞろあらわれて。お金と時間のムダや」

以来、江副は一人での行動を多くした。人が多ければ多いほど結論は遅くなり、経費がかかる。トップは恐れず自らの判断を下せと、松下に諭されたのだと信じた。だがそれは後年、裸の王様となった江副の迷走を招くことにもなる。

ドラッカーの言葉に加えて、独自の思想と信念で事業を進める創業経営者から直接学ぶ機会が、江副を育て、強くした。それはドラッカーを塾長に、松下幸之助、盛田昭夫、本田宗一郎と、豪華な教授陣から直接教えを請う、だれも聞けない、おそらく日本で一番ぜいたくな経営塾だった。江副はその授業から学び取った経営思想をもとに、リクルートの経営三原則を創りあげる。

「社会への貢献」

「商業的合理性の追求」

「個人の尊重」

社会貢献を掲げる企業は多い。だが、江副は細目にこうつけ加えた。

「生産総量と同時に資本あたり、人あたりの生産高を問題にする。国の経済のみならず、政治・社会・教育・文化の現状と将来に深い関心をもち、その向上の一助となることに喜びを見いだす。国民経済の発展を阻害する業務は行わない」

企業経営の前提はもちろん利益の追求にあるものだが、江副は青臭くも、次のように補足する。

「権威主義・秘密主義を排し、国家や他の資本からの支配を受けない。富・財貨に価値をおき、つねにより大きな利益を追求する。結果、社員は社会的水準以上の経済生活を享受する」

そして商業的合理主義を追求してくれれば、社員はなにをしてもいいと、個人の尊重を公然と社是に書く、日本で数少ない経営者になった。

「社員の私生活には業務上支障とならない限り干渉しない。その思想・信条・信仰・国籍・門地・学歴・性の別によって社員を差別しない。社員は反社会的行為・反会社的行為がない限り解雇されることはない。われわれは個人尊重の理想実現のために、その障害となる諸行為を排

除する」（創業十周年記念誌復刻版「リクルートと私　1969─77」より）
経営の三原則を明確にしたところで、江副はそれを具体化する方策として、社内に「社員シンジケート＝社員皆経営者主義」を打ち出した。その頭書きをこう書いている。
「昭和三八年に日本リクルートセンターとして出発したときは、ゲマインシャフト（運命共同体）的な性格を強く持った会社であった。会社は拡大するにつれて拡散的になり、ゲゼルシャフト（利益共同体）的性格を強めていくのが通例である。しかしわが社はゲゼルシャフトとゲマインシャフトの両面を強く持つ『社員シンジケート』という表現が感覚的にぴたりとくる集団である。これをわが社では『社員皆経営者主義』と呼ぶ」（「月刊かもめ」二十周年記念誌「リクルートマン２０００人の結束をささえるもの」より）
その具体策として江副は社内制度を大きく変えていく。まず「会社を共有する」と明言して社員持ち株制度を導入。自らのもつ株を社員に開放することで「所有と経営と働くことの合一」を理想とし、ボーナスの季節になると自ら筆を執って自社株の購入を社員に勧めた。創業者ではなく社員持ち株会が筆頭株主になるべきとして、自分の株を分配。社員持ち株会は持ち株比率四十パーセントを超える筆頭株主となり、創業者江副がつねに第二位の株主に甘んじたところにリクルートの社員皆経営者主義の実践があった。
経営三原則では堅苦しくなった文章を「リクルートの経営理念とモットー十章」として、江副自らの言葉で、新入社員にもわかりやすく具体的に書き、社員への浸透を図った。

「『社員皆株主主義』

リクルートは、社員持ち株を推進していく。『リクルートは社員の会社。経営者は株主である社員の中から選ぶ』形態をとる。自らが働いている会社の損益を、株主としての損益と直結していることが良いことである。株主総会は、すなわち社員への決算報告会との位置づけである」

（「リクルートの経営理念とモットー十章」より）

株を持つ社員が増えるに従って、皆が会社の利益を気にするようになった。同時に、株主として社内の新しい動きにも敏感になる。そこで「情報と目標を共有する」ために「取締役も新入社員ももっている情報は同じが理想」とし、経理内容を徹底開示した。何が利益を生み出し株価に跳ね返ったかを明確にしたのだ。社員は自分たち一人ひとりの創意工夫と、仕事への意欲が株価上昇の要因だと知る。すると江副は「高い目標こそ未来を築く」と、前年度の実績の倍の目標値を平然とそれぞれに課した。ただし、「利益は再配分する。賞与は業績にリンク」という言葉を横に添えた。前年度の倍以上の目標に向かい成果を上げれば、それは個人の昇給と賞与に反映した。税引き後の利益の四十パーセントは社員賞与の原資に充てると給与規定に明記し、その再分配比率を事細かに付記した。

そしてドラッカーが提唱する組織論を再び読んだ。

「いかなる事業部制組織においても、『中枢部《センター》』と『各部《パーツ》』とはともに強力でなければならない。いい換えれば、『権限分散《デセントラリゼイション》』は、けっして『中枢部の弱体化』と同義に解釈されてはならない」

それは、松下幸之助の言葉に代えれば「人を生かすには得手なことをやらすことでんな」だ。ふたりの教えから江副は、「会社のなかに会社を作る」ことにした。

『社員皆経営者主義』起業家の集団

リクルートの中にスモールサイズの会社を数多く設立していく。社長一人だけというカンパニーもあっていい。定期的にカンパニー毎の収支決算を行っていき、高い収益にはそれに見合う報酬を、との考え方をとる。一方で、赤字会社で将来黒字化が見込めない事業は、早急に撤退して清算する。そこで大切なことは、事業の失敗に寛容な組織風土である。赤字事業からの撤退パーティーでは、周囲の皆が『お疲れさまでした』と拍手をするような組織風土がないと、赤字事業からの撤退は難しい」(「リクルートの経営理念とモットー十章」より)

リクルートのなかにプロフィットセンター(PC制)と呼ばれる事業部制度を導入、権限を与えて裁量のすべてをそれぞれのPC長に任せることにする。各部門にとって重要なのはリクルートの業績ではなく、自部門の業績であり、その事業展開にあたっては自主性が尊重された。いつか社員たちは会社に命令されて働くのではなく、自分が働いた分の利益の再分配を求めて前年を大きく上回る目標値を掲げ、仕事の効率化を自分から提案する。自分で工夫し、自分で学び、自分で部下を育て、自分で売り上げを伸ばす。その成果が高額な給与となり、株式の高株価と高配当として実を結ぶ。部門ごとの、一人ひとりの働きの集積が、リクルートの前年度比倍増という売上高になり、リクルートは肥大化していった。

ホールディング会社のもとに、それぞれのカンパニー会社が存在し、徹底した分社化と権限移譲で、それぞれの事業責任者の独自性を生かしながら、企業全体の活性を生み出す。これは、二〇一〇年代の日本でようやく当たり前になる、企業経営の仕組みにほかならない。江副はそれを半世紀前に自社に導入し、しかも職場単位にＰＣ制を敷くことでリクルートの活力を維持し続けた。

江副は自分の手書きによる「ドラッカー名言集」の小冊子さえ作る熱心さで、それを配りながら社員の横の席に座り込み熱くドラッカーを語った。やがて、『現代の経営』を実践するリクルートの組織は活性化し、それは変革のために流動化した。「朝令暮改」は言うにおよばず「朝令朝改」が当たり前になった。実績と利益を生み出せないＰＣ長は、新たな責任者に代わった。その非は前任者ではなく、得手、不得手を見抜けなかった江副の人物観察眼にあった。真剣勝負に生きる経営者として、自然、江副のなかに瞬時に人を見抜く力が養われる。同時にここで創業以来、すべての社員の個々の人格を尊重し、役職名ではなく「江副さん」「〇〇さん」とお互い「さん」づけで呼んできた長い伝統が役だつ。役職名で呼び合っていれば、降格、左遷の印象を残す。ある部署でPC長を外されても、その社員は新しい部署で得手な仕事を見つけ出して業績を挙げればよい。結果、適材適所化が進み、組織はさらなる利益を生み出した。

新たな事業に向かってかじを切るとき、江副はいつもドラッカーの『創造する経営者』『現代の経営』をまず開いた。

「企業は機会を生かす　企業の成果は、『問題』を解決することによってではなく、『機会』を開発することによって得られる」

そして受験生がするように、そこに書かれた警句の一つ一つに赤線を引き、自分の言葉と考えを青いペンで書き足していく。新刊のその書はすぐに赤青の色に染まった。赤線を引きながら、東大教育心理で学んだロジャーズの言葉を思い出した。

「人間はだれしも成長しようとする本質をもつ。従って人は後年の変わろうとする本人の努力により、その人格を変えることができる」

ロジャーズとドラッカーは同じことを言っていた。

リクルート社員みんなが、己の高みをめざして、もっと変わるのだ。そのための模範を自ら身をもって示そう。江副は『現代の経営』のページの余白に書いては消し、消しては書いて言葉を並べる。そしてやがて一行の言葉が、江副のなかから誕生した。

「自ら機会を創り出し、機会によって自らを変えよ」

なかなか刺激的な言葉に自ら満足し、なんども口に出す。その言葉を印字した青いプレートを作らせると、自分の机は言うに及ばず、社員全員の机に自ら一つ一つ置いて回る。そして江副は自らも自分を変えた。性格類型検査への挑戦だ。

「若干うちとけにくく、他からは理解されにくいところがある。こまごました枠にはまったことは苦手である」

膨れ上がった社員間の人間関係が崩れると、リクルートはたちどころに崩壊する。社員皆経営者というなら、自分が経営者然としていてはだれもついてこない。まず自分が変わろう。だれにも友人のように接することを意識した。秘書に頼んで社員一人ひとりの名前、家族状況、誕生日、結婚記念日、ニックネームの「アンチョコ」ノートを作る。少しでも時間ができるとそのノートを開いて名前を覚えた。そして、廊下ですれ違いざまに、エレベーターのなかで、残業をしている席に寄って行って、自分から社員に話しかけた。

「○○さん、先月のハワイ旅行はどうだった?」

「○○ちゃん、いよいよ、結婚するんだって。おめでとう」

「○○さん、子供は歩けるようになった? 残業早めに切り上げてね」

結婚祝いには料理包丁セットを贈る。女性社員が妊娠したと聞けば、『スポック博士の育児書』を手配した。

もちろん、全員の名前が覚えられるわけではない。そんなときはノートを開く。

「ジャンポール・ベルモンド似。長男三月誕生」

そのメモを横目に電話をかける。

「ポール？　子供ははいはいできるようになったかい。名前はなんて言ったっけ」

突然ポールと呼ばれた男性社員はとまどいながらも、ほほが緩む。

「ところで、来期の売り上げ目標だけれど、倍でお願いします。きみならできるよ」

電話を切ったら、わざわざ彼の席に出向く。そして「要請受諾」の握手を求めた。部屋に帰ると、アンチョコノートのポールの子供の生年月日の横に、名前「一平」と書き込み、次回ポールに会うときは「ポール、そろそろ一平のおむつはとれそう？」とやった。

そしてトイレを最大活用した。意識して自分のフロアーのトイレを使わず、用足しになると江副は、全社フロアーを回った。用がすんでも誰もいないときは、そのまま誰かが入ってくるまで待った。そして、いつもの言葉をかけた。

「こんにちは。がんばってるらしいね」

江副自身の変化とともに社内は活性化し、期末業績数字はつねに目標額を大きく超えるようになる。「リクルートの経営理念とモットー十章」の筆にも、熱がこもった。

「『自ら機会を創り出し、機会によって自らを変えよ』をモットーに人は、上司に恵まれていない、チャンスに恵まれていないと思いがちである。だが、自らの業績は上司の指示によるものではない。チャンスもまた自らつかむものである。業績への機会はすべての人に平等である。高い業績は、それを達成する執着心をその人が持ち続けるか否かにかかっている。業績達成への能力は、上司に育ててもらうのではなく、自らの努力、つまり読書やお客様と周囲の人から聞く話などによって自らを育てていくものである。自らが成長できるか否かは、自己管理できるか否かにかかって大きい」（「リクルートの経営理念とモットー十章」より）

江副にとって、ドラッカーも、それを訳する野田一夫も、そして次々とその著を刊行するダイヤモンド社も、いつかなくてはならない存在になる。

しかし、そのダイヤモンド社が、牙をむいて襲ってくるとは考えていなかった。

六六年秋、江副は、霞が関に自社ビルを構えるダイヤモンド社の前に立つと、少し臆しながらそのビルを見上げた。

そちらは創業五十年を超える出版界の老舗。だがこちらはようやく緒についたばかりの弱小会社。それをたたこうとはあんまりだ。やはり直訴しかない。意を決して江副は扉を開く。

「すいません、今日はお願いがあってきました。社長はいらっしゃいますか」

事前の連絡もなく江副が乗り込んできたと聞き、ダイヤモンドの社長は驚きながらも、おっとり刀で応接室に顔を出す。立ちあがるなり、江副は最敬礼すると大音声で言った。

「私が会社を興しまして六年。おかげさまで、ようやく経営も安定してまいりました。ところが最近、お客様からの噂では、御社が同じような就職ガイドブックを出されるとのことです。これは本当でしょうか」

「おっしゃる通り、来年からわが社も出させていただこうと、準備を進めているところです」

リクルートの成功に注目したダイヤモンド社は翌年の就職戦線に向けて『就職ガイド』の創刊を準備しているところだ。相手の社長の返答を聞くなり、江副は再び立ち上がると、頭を深々と下げると強い口調で言う。

「お願いです。やめていただけませんか。私どもはようやく歩き始めた、よちよち歩きの赤子です。昨年の売り上げは一億一千万円。社員数も百人にすぎません。それに比べ御社は創業五十年、売上高は二十億三千五百二十八万円、従業員は三百九十八人。大人と子供です。お願いです、即刻中止願えませんか」

江副がそらで唱えた数字はすべて合っている。自分たちのことを徹底的に調べ上げたのだろう。必死さはわかるが、ダイヤモンドの社長は冷ややかに言った。

「大人気ないと言われるが、うちの事業計画を止めろとの方がもっと大人気ない」

「私は大学を出てそのまま会社を興しましたので、経営のことをどなたから教わるという機会を得ませんでした。結果、私の師はビジネス本になりました。そのほとんどが御社のご本です。なかでも御社のドラッカー先生のご本を数々読んで、経営を学んだのです。ダイヤモンド社に育てられた江副です。どうか弟子が命を乞うているとご理解いただき、事業計画をおやめください」

今度は泣き落としだ。ダイヤモンドの社長は、江副の益々の哀願に「しかしここまで真剣に、自分は事業のことを考えているだろうか」とたじろぎながらも切り返した。

「うちの本をたくさんお読みいただきありがたいことです。しかし、ドラッカー先生は競合の出現について『企業ないしは産業の脅威になると思われる新事態のなかにこそ、隠された機会がある』と言っているはずです。ならばうちの新事業は、御社にとって最大の機会になるのではありませんか」

「大きくなくてもいい、グッドカンパニーをめざそう」

そう言い続けてきた江副のなかで、なにかが切れた瞬間だった。ここまで懇願してもわかってもらえないというのなら、この売られたけんか、受けて立とうではないか。血ヘドを吐くような思いと金策に駆けずり回る日々のなかで育ててきたリクルートだ。自分の命より大切なわが子、リクルートを失うわけにはいかない。ならば、この巨象ダイヤモンド社が倒れるまで、徹底的に戦おうではないか。

まなじりを上げてリクルートに帰ると、全社員を集め、江副は声を張り上げた。

「この分野では、ナンバーツーになることは死を意味する。リクルートを潰しにくる存在の前では、相手を完膚なきまで打倒するまで戦う。これは戦争です」

社内には天井から激しい言葉の垂れ幕が、数限りなく下げられた。

「一位はあっても二位はない。二位になることはわれわれにとっての死」

「打倒D社作戦開始。それは攻めと守りのバランス経営。同業者はすべてライバル。ライバルであれば、食うか食われるしかありません。だから徹底して戦うのです」（社内報「週刊リクルート」）

そして「リクルートの経営理念とモットー十章」につけくわえた。

「ナンバーワン主義
リクルートの同業者が出現すれば、それを歓迎する。同業間競争のない事業は、産業として繁栄しない。後発会社の良いところは真似したと見られても恥じらわず取り入れ、協調的競争を行っていき、ナンバーワンであり続ける。『同業間競争に敗れて二位になることは、われわれにとっての死』である」（「リクルートの経営理念とモットー十章」より）

突然の競合の出現という「機会」に、驚愕《きょうがく》する周りもかまわず江副は自らを変えた。

大胆な人事異動を断行した。各部署の精鋭をすべて「リクルートブック」営業にシフトする。

突然人員を抜かれた部署からは苦情と悲鳴が上がる。

「工夫がないからできないんだ。どうやれば少なくなった要員でいままで以上のことができるか。それを考える機会です。君らのその素晴らしい能力なら、きっとやれる。組織は変わることで強くなります」

そして、膨れ上がった「リクルートブック」の営業部隊に檄を飛ばす。

「脅威と思われる事態の中に隠された発展の機会がある。

事業あるいは個人が危機的な状況に置かれたときに、イノベーションは行われやすい。ピンチを迎えたとき、人は時間を忘れ、それまでの常識から離れて、現状のピンチを打開しようとする。そのようなときに、普段には出ない発想が生まれ、イノベーションが行われる。人は苦しくなると、とかく立ち止まりがちになる。自ら変ずることはつらくて苦しい。だが、立ち止まっていると、やがて自滅していく。自らを変えれば、新しい道が開ける」（リクルートのマネジャーに贈る十章）

穏やかに笑みをたたえる江副の顔からは決してうかがい知ることのできない荒々しい内面に、競争相手のダイヤモンド社はとまどい続ける。

「われわれの営業は今日まで誠実と真面目さだけで押し通してきました。しかし、競争の場面に立たされた今、もっと荒々しい側面を持つ事がこの経済社会を生き抜き、真に意義ある存在

を続ける為に強く求められている事を知らねばなりません」(「週刊リクルート」六六年十二月一日)

ダイヤモンド社のちゅうちょに、江副はすかさず資金と物量の集中投下を図る。その胆力と、勝ち残るための英知を集めた創意工夫の攻撃に巨象はやがて消耗していく。

「さてD社の今回の成功によって少なくとも『企招』に関しては独占的な仕事でなくなりました。来シーズン以降は本格的な競争の仕事になります。『独占的な仕事』と『競争の仕事』とは違います。『競争』のよさもいくつかあります。D社が突破口を切り開いた会社に、わが社の大学新聞、入社案内、テストそして来年の『企招』を売り込みに行くことができます。これからのリクルートはD社の仕事の優れた面をすみやかに吸収し、D社の市場開拓の実績を当社の営業活動に生かしていかなければなりません」(「週刊リクルート」六七年五月十二日)

ドラッカーの言う、「脅威になると思われる新事態のなかにこそ、隠された機会がある」を知り実践することで、江副とリクルートは「競合相手の出現も体質強化の機会」という、ビジネスの真理を学ぶことになった。

就職情報誌の拡大、競合の出現、人事測定事業の萌芽と環境は激変した。

リクルートは今後どのような容《かたち》で社会とかかわり、機能し、役割を担っていくのか。そのために事業内容をどう広げ、どの方向へ伸ばしていくのか。その経営指針のあり様を社内スローガンだけでなく、端的な視覚として社内外に明確に示さなければならない時期にさしかかっていた。

その「経営のデザイン化」は、日本を代表するグラフィック・デザイナー、亀倉雄策に託された。

亀倉雄策とリクルートのかかわりは長い。始まりは、亀倉が、六〇年から作りだした東京オリンピックポスター「希望の太陽」に引き続き、一年に一作制作していったポスターの三作目にあたる、水泳選手の力泳を描いた「バタフライ」の仕事を終えた六三年秋のことになる。新しい人事部向けの月刊誌を出すにあたって、森村がその表紙デザインの依頼を、亀倉にしたのがきっかけだった。

会社の事業内容を森村がとつとつと一生懸命説明するのだが、各社の求人情報を一元化するという新規事業の内容は、なんだか新しすぎて亀倉にはよくわからない。

友人が始めた新規事業を、博報堂を辞めて手伝い始めたという森村の話しぶりは、学者のようだ。最近はやりのこの手の若者風情にありがちな山っ気がなく、会うなり亀倉は好感を抱いた。そしてそれ以上に興味をもったのは、学生に無料配布する、分厚い「企業への招待」の表紙デザインがとてもしっかりしていることだった。

聞くと同じ博報堂のアート・ディレクターに頼んでいるという。新規事業の起業で会社経営も決して楽でないはずなのに、商品の顔となる表紙に力あるデザイナーを当てていた。それはリクルートの経営の根幹に美意識があるからだ。経営者にこの意識がなければ、他社と明確に差別化できる、企業戦略の構築は不可能だ。「企業への招待」を見るなり、事業内容もよくわからないリクルートの将来性を亀倉は直感的に見抜いた。

「学生に就職情報を無料で配る事業もようやく軌道に乗りました。企業に学生を紹介したわれわれには、その学生を企業が立派な社会人に育ててくれるよう指導していく責任があります。次の事業として、日本の人事のあり方を問う、雑誌を作ることにしました。誌名を『月刊リクルートメント』といいます」

学生を紹介した以上、その受け入れ先である企業にも人事管理情報を提供し、指導していこうというのだから、若いのになかなか気概がある連中だ。四十八歳の亀倉は感心しながら、その月刊誌の編集趣旨を問いただした。

「人事といえばいっけん硬質な世界です。しかし、その硬質さのなかに多様な特色を持ち込めば、それぞれの企業で輝く色が違ってきます。人事こそ、その会社独自の色を出せる世界です。そんな基本概念を表紙デザインでは、日本の社会に植えつけたいのです」

三十歳前の連中が始めた会社なのに、なかなかしっかりした意思をもっている。しかし、若い感覚の会社だ。普通はもっと若手のデザイナーで進めたがるのだが。

「で、なぜ僕に」

「なけなしのお金で、新規事業の出版に素人が参入します。失敗できません。そこでうちの江副が『週刊朝日』編集長の扇谷正造さんに教えを請いました」

扇谷は十万部発行の「週刊朝日」を百万部の国民雑誌にまで育て上げ、業界では名編集長といわれる。戦前「帝大新聞」が五万部の販売部数を誇るときの編集長でもあり、財政的に行き詰まった「東大新聞」を「東大新聞」として財団法人化したときの理事を務め、江副とは旧知だった。出版成功の秘訣を問う江副に、扇谷は端的に答えた。

「表紙だよ。その雑誌の編集内容を、的確に伝えられれば雑誌は売れる。それにお金をけちってはいけませんよ。力ある人を起用しなさい」

デザインに疎い江副は、森村を呼んで聞いた。

「森村さん、いま一番力のあるデザイナーってだれ？」

それならば亀倉雄策だろうとなった。東京オリンピック、グッドデザイン賞、参議院選挙ポスターと国家事業だけでなく、ニコン、明治製菓、トヨタクラウン、フジテレビ、富士銀行(現・みずほ銀行)など、企業の顔となる広告も制作する、日本を代表する世界的グラフィック・デザイナーだ。果たして、そんな大御所が発行部千部にも満たない新刊雑誌の表紙デザインを請け負ってくれるのだろうか。森村は、恐る恐る亀倉のもとを訪ねたのだ。

会社の根幹である人事部門がしっかりして、初めてその企業は花開くとの思いを込め、亀倉は何本ものダイヤモンドでできた、硬質な花弁のパターンを描き上げた。

「人材は根幹さえしっかりしていれば、いくようにも花開くということさ。それにこのデザインのミソは、毎月色指定を変えるだけでいく通りもの表紙ができること。君の会社はお金がないだろうから、一回のデザイン代のみで、後は経費がかからないように考えたよ」

そのデザイン料として、亀倉はわずか十万円を請求しただけだ。感激した江副は「企業への招待」の表紙デザインも亀倉に頼むことにした。以後、リクルートが新たに発刊する情報誌の表紙デザインのすべてを亀倉に頼んだ。結果、骨太で力強い亀倉の造形は、見るものに情報内容の信頼性と正確性を暗示した。早くから亀倉を起用し続けたことで、リクルート情報の信頼性に、亀倉のデザインが大きく寄与した。

そんな亀倉を信じて、江副が森村とともに六本木にある「亀倉デザイン研究所」の扉をたたいたのは六七年の冬も押し迫っていたころだ。

「おかげさまで、わが社の事業も多様化してきました。そろそろわが社も経営戦略の方向性を、だれもがわかる形で視覚化する時期と思い、先生に社章のデザインをお願いしたいのですが」

江副の切り出す言葉に、亀倉はうれしさを隠せなかった。

企業の行く末を、デザインに託そうという経営者がついに日本にも現れた。「経営とデザイン」はいつも一体なのだ。亀倉が世界的に名を馳せても、一介のデザイナーとしか見ないのが日本の風土だ。

どのような思想で、どのような商品をだれに提供するか。それが経営思想だとすると、その思想をわかりやすく視覚化するのがデザインだ。

「デザインは思想だ」

「企業とデザインはいつも一体だ」

いつも亀倉が言い続けてきたにもかかわらず、それは多く無視されてきた。経営に参画できない悔しさを味わい続けてきた亀倉は、江副の心のなかにある思いを端的にあらわすことで、江副の信頼に応えようとした。

しかし、リクルートという、人事分野で事業を興す会社の経営ビジョンを一つの容に集約することは、かなり困難な作業だ。日ごろはあまり苦しまず核心をつくデザインを何でもなく発想する亀倉も、今回はなかなか答えがみつからない。依頼があって三カ月たってもアイデアは浮かばなかった。三月は毎年ヨーロッパアルプスを順番に滑ることにしていた。リクルートの宿題から逃げだすように、オーストリアのサン・クリストフに、亀倉はスキーに出かけた。

急斜面にコブがありそのままスキー板を突っ込んだら、亀倉自身が青空に放り出された。爽快だった。自分の着た白いスキーウエアに刺激されたか、かもめになって空中を急降下している気分になった。その時思った。

リクルートはかもめだ。

この会社は若者が学校を出て、社会に一歩足を踏み出す時に必要な会社だ。そしてこの会社も若い。社員も若い。社長も若い。すべてが真っ白な状態のかもめだ。さあ、事業という青空を舞い上がり、滑走し、飛翔するのだ。その領域はどこまでも広い。どこまでも自由だ。

亀倉は帰国するとさっそく社章の制作にとりかかった。今度はラフを描き上げるまでにいくらの時間もかからない。まず、社章バッジの大きさの、かもめを描いた。そして二メートル大まで伸ばしたかもめを助手に作らせた。大きくなっても造形美は崩れず、それは青空に向け高らかに飛翔していた。満足して江副を事務所に招いた。

事務所の天井いっぱいにかけられたかもめを見て、初め江副は呆然とした様子だった。やがて、満足した顔に変わるのに時間はかからなかった。亀倉は断言した。

「変わっているように思うかもしれないが、十年後にはすばらしいマークになります」

「人事事業だけでなく、さまざまな分野の情報事業をてがけたいと思っています。これはいろんな事業の空間を飛び交うかもめですね。でもなぜこんな大きなものをお作りに」

「だって将来ビルを建てる時には、このくらい大きなマークサインが必要でしょう。その時にも大丈夫かという確認ですよ」

ビルを建てる。

その言葉に、頭をがつんと殴られたような衝撃を受け、江副はその場に立ちつくした。限りない青空を自由に飛び続けるかもめたちのために、なんの拘束もなく自分たちの思う仕事をだれに追い立てられることもなく、二十四時間満足いくまで働き続けられる空間を手に入れる。そんな希望をもう持っていいのだ、自分は、そしてリクルートは。

そうか、そのために自分は働いていたのか。この世界的なグラフィック・デザイナーは、江副さえ気づかぬ己の欲望を端的に見抜いていた。亀倉の洞察力に改めて畏怖する。その日から江副にとって、亀倉雄策は師となった。江副は亀倉のデザインから経営とはなにかを学んだ。

ふたりの師に導かれるようにして、江副は採用広告事業、テスト事業を擁して、その翼を限りなく青い大空に広げていった。

第七章　西新橋ビル

一九六九年一月十八日、テレビから伝えられる映像に江副は眉を曇らせた。東大安田講堂に立て籠もった占拠学生に対して八千五百人の機動隊が襲いかかっている。投げおろされる火炎瓶と学生たちに浴びせられる放水が交差する。安田講堂から引きずり出され逮捕された学生たちが、講堂の横にある東大新聞の小さな建物の前をずぶぬれで歩いていく。自分の貴重な青春が汚されたようだ。江副は腹立たしげにテレビを消すと、ここしばらく考え続けていることに思いを巡らせた。

創立十周年を目の前にして、ようやく金策に走り回ることもなく、経営も安定してきた。事業が軌道に乗ればぜひやりたいことが、江副には三つあった。だが一つ目の議案を提案すると、取締役会は紛糾した。江副は珍しく熱弁で返さざるをえなかった。

「なぜ僕が本社ビルを建てたいかというと、実は創業以来の経営で一番苦しんできたのがオフィス賃料です。事業を始めた当初はまったく金がなく、社員に給料遅配で迷惑をかけたけれど、家賃は遅延もままならない。森ビルの森さんは『江副君には便宜を図っている』と言うけれど、僕から言わせれば、森さんや合田君のために汗を流し働いてきたようなものですからね」

合田耕平は江副の甲南時代の同窓生だ。長谷川工務店の社長の次女と結婚し、娘婿として長谷工の経営を取り仕切っている。リクルートは毎年の急成長に社員数が膨らみ続け、森ビル、合田の口利きで入った神田美土代町《みとしろちょう》の長谷川第三ビルと、引っ越しを繰り返した。その長谷川第三ビルもすぐにいっぱいになり、最近は同じ美土代町の神田橋第一ビルに移っている。難民のように、ビルを転々とせざるをえない状況なのである。役員たちの前で江副は深いため息をつくと、うんざり顔になった。

「それで江副さん、その本社ビル建設には一体いくらかかるのです」

本社ビル建設など考えたこともない取締役から、素朴な疑問がでる。

「土地の代金が五億円、建設費が同じく五億円。全部で十億円ぐらいじゃないかな」

江副のさらっとした答えに、すかさず反対意見が出た。

「うちの今年の売り上げ見込みは三十五億ですよ。仮に二年後、百億円を突破したとしても、その額は売り上げの一割を占める」

「十億円の借金を背負って本社ビルをもつのは分不相応だと、みんなは言うけれど、それはマイナスじゃありません。土地は資産になる。僕の調べた限り、戦後地価が下がったことはないんです。右肩上がりで上がり続けてきた。ということは、何年後かには投資額は必ず回収できる。しかしオフィスを借りている限り、払った賃貸料は将来にわたって回収できません。払い捨てです」

だれか反論できるかと、江副は取締役を見回す。みんな黙るが、その顔は反対だ。

「就職シーズン前の半年は徹夜続きです。事務所を借りている限り、冷房は夜の六時に切られて、みんな汗まみれで仕事を続けないといけない。僕は社員のみんなに少しでもいい環境で働いてもらいたい。自社ビルなら二十四時間冷房つきにできる」

社員の働く環境をもちだされると、反対はしにくい。江副は勢いづく。

「『リクルートの前を通るといつも夜遅くまでみんな働いている。キラキラ輝いているビルは、会社がキラキラしているようだ、頑張ってくれ』とあるお客様に言われました。本社ビルをもてば二十四時間電気はつけっ放し。もっとキラキラ輝く会社に見えます」

本社ビル建設に反対できる者は、もうだれもいない。問題は場所だ。

「リクルート発祥の地、第二森ビルに近い、田村町か虎ノ門あたりにしたいんだ」

長谷工の合田に頼んでさっそく土地探しを始める。ほどなくして、その合田から興奮した声で電話があった。

「いい土地が出た。しかも、なんと言っても住所がいい。西新橋一丁目だ」

新橋駅から徒歩六分、虎ノ門駅四分、霞ケ関駅から八分の外堀通りに面した好立地である。問題は敷地面積が百九十六坪と狭いことだ。が、めったに出ない土地だ。今後のビル建設の勉強にもなるだろうと、購入することにした。

七一年、土地を入手したところで、田中角栄の『日本列島改造論』も尻すぼみとなり、七二年の年初は景気が後退。計画を一時止めざるをえなかった。しかし、景気回復とともに売上高百億円も現実味が増し、江副は再び建築着工にとりかかる。図面が固まったところで、江副は亀倉のデザイン事務所をたずねると頭を下げた。

「本日はビル外観デザインをお願いしたくお伺いしました。それに例の二メートル大のかもめの看板をどこに置けばいいかも、ご相談に上がりました」

しかし銀座の真ん中で、明治製菓、ニコンとビルのネオンサインをいくつも展開して来た亀倉の目から見て、そのビルはなんとも凡庸《ぼんよう》だった。亀倉は江副に向かって、はっきりと苦言を呈した。

「基本設計が固まる前に、もっとはっきり言うと、土地の取得段階で相談してほしかったな。ここまで出来上がったところで、ビル外観をデザインしてくれと言われても、大通りのビルの狭間では外観をアピールしようがないじゃない。まして、看板をつければいいというものではない。ビルは街に発信する経営思想なのだから。かもめのマークを起点に、ビル全体が街からどう見えるかを考えなければ意味がない。だから土地の位置はとても大事なんだ。空いているから買えばいいというものではない。それがデザインであり、経営というものだ」

「ビル建設で満足しているわけではありません。毎年の新卒社員の採用で、このビルも完成と同時にすでにいっぱいです。だから西新橋ビルには本社ビルという名前はつけません。いつかリクルート本社ビルと名乗るにふさわしい、ビルを建てたいと思っています。このビルは、その本社ビル建設のための勉強にすぎません。今度計画が持ち上がったときには、土地の取得の段階から先生にご相談させていただきます」

強弁とはいえ、十億円以上かかるビル建設を、難なく勉強と言う江副に、亀倉は「顔に似合わず肝の座った男だ」と驚きながら返した。

「楽しみにしているよ。いろんなデザインをしてきたけれど、ビル外観デザインでは、亀倉作品と言えるものはまだないのでね」

江副はいつか建てる本社ビル建設の日を夢見て、西新橋ビルの建設資金の確保に奔走した。借金は働く励みになるので、悪いことではない。問題は、社員全員がその危機感を持てるかだ。江副は、社内報「週刊リクルート」で檄を飛ばす。

「と、ここまでは結構ずくめの話しですが、このビルの建設資金の大部分を銀行借入に依存します。現在でも、当社の借入金は十億円を超えています。もしも、これから先の当社の業績がさらに悪化していくようだと、たいへんな事態になることも考えられます。本社ビル着工にあたっては、業績向上のために、いままで以上に力を注がなければと決意をあらたにしています。本社ビル完成のため、社員の皆さんも、一段の経営的努力を重ねられるよう、切にお願いします」

借金が緊張感を生んだのだろう。七二年度の売り上げは無事百億円を超え、総経費、十一億円をかけた西新橋ビルは、リクルート十周年記念事業として完成した。

西新橋ビル竣工後、ＮＨＫが内幸町から渋谷に移転することになった。跡地は公開入札となり、三菱地所が坪千百万円で入札した。それにともない周辺の地価がまたたくまに三倍に跳ね上がった。西新橋ビルも例外ではない。二百坪五億円で入手した土地が、いまや十五億円だ。まるで魔法のようだ。地価はまだまだ上がる。たしかに西新橋ビル建設は、さまざまなことを江副に教えてくれた。こつこつと採用広告事業を展開してきた過去の経験からは味わえない、経営のスピード感。投資額に対する利益額の大きさ。そして最大の驚きは、土地のもつ含み資産としての優位性だ。

「不動産ってすごいね。このダイナミズムは快感だ」

リクルートの取締役たちに、めずらしく興奮して江副は話す。だが、皆はあまり乗ってはこない。うなずいてくれるのは、経理担当役員の奥住邦夫くらいだ。名もないリクルートの本社ビル建設費に、都市銀行は一行たりとも金は貸してくれなかった。新潟相互銀行が貸してくれなければ建設さえおぼつかなかった。胃が痛くなるくらいに悩みながら、銀行から借金をしてやっとたどりついた安寧の思い。それは、やはり当事者でなければ理解できないのだろう。奥住以外の取締役の、よそよそしい反応にがっかりしながら、江副は不動産のもつ魅力を甲南同級生である長谷工の合田に話しかけた。

「不動産の投資に対する短期間での高リターンは、いつも手元に現金を必要とするわれわれにはたまらない魅力だね。経営者はもっと不動産を勉強しないといけないな」

「だろう、経営は経常利益を生み出すだけではダメなんだ。資産運用で内部留保を高めていくことが必要さ。だけど株は安全とはいえない。特に江副のやり方ではね。対して土地の運用は絶対の安全だ。だって戦後、どんなに不景気でも土地はこの二十五年間、つねに右肩上がりだったのだから」

「もう少し不動産を勉強してみようと思うんだ」

「いいね、江副のために僕が喜んで一肌脱ぐよ。マンションの時代がすぐにくる。ぜひ挑戦するといい。旧態依然とした業界だ。リクルートを興した江副の感覚があれば、この古い業界に風穴を開けることができると思うよ。手伝う。僕のもっている知識と、長谷工の人材を提供するから、ぜひ挑戦するがいい」

「マンション？　戸建てではなく？」

「地価はもっと上がる。戸建ての一軒家なんて一般サラリーマンでは買えない時代がすぐ来る。特に首都圏や大阪ではね。団塊の世代が結婚して住宅需要は沸き立つ。後五年でマンションブームがやってくる。それまでに少しずつ経験を積んでおけばいい」

「マンションか。売れなかったら社員寮にする手もあるしね」

江副は合田の言葉に導かれるようにして不動産事業に傾斜していった。まずは五年後にやってくるといわれるマンションブームのための勉強だ。

しかし社内に、不動産に詳しい人間はいそうにない。自分が専任できるわけでなし。首をひねっていると、去年高校を卒業して総務部に入った重田里志《しげたさとし》が「宅地建物取引士」、略称「宅建」の資格をもっているという噂が入ってきた。田村町のそば屋に重田を呼び出す。

「キミ、宅建を持ってるんだって？　またなぜうちで」

「情報誌って実体がないでしょう。万一つぶれたときに、つぶしが効かないなと思いまして。なにか資格がほしかったんです」

「そんなにうちの会社は、危なっかしいかね」

「江副さんの前ですが、ひやひやです。宅建があれば、どこでも食っていけると思いまして」

「すまないね、社員に心配ばかりかける会社で」

江副は素直に謝った。しかしいい心がけだ。こういう生活力こそ社員に持ってもらいたいものだ。

「重田君、新規事業部への異動申告を上司に出しなさい」

「えっ、新規って、何の事業を始めるおつもりですか」

「マンション販売だよ。君のもっている宅建が存分に生かされる」

「えっ、リクルートで不動産やるんですか」

「だってせっかく宅建免許をとったわけだし。それを宝の持ち腐れにしないためには、新しい事業を始めるしかないじゃないか」

思わぬ展開に重田はとまどいながら、開発室への異動を申請する。

「どう事業を興し進めるか。重田君、社名は経営の思いです。いい名をつけてね」

豊富な資金があれば、駅近の環境のいい土地を買い入れ、住宅を建てて売るのは、だれにでもできる。しかし少ない資金で、後発として不動産に乗り出すのであれば、だれも注目しない安い土地をみつけ、そこに付加価値をつけるしかない。マイナス環境をプラスの価値に開発するのだ。重田はその願いを社名に込めた。

「環境開発株式会社」

田村町のそば屋に重田を呼び出してから二年後の七五年四月。江副は、ぺんぺん草しか生えていない市川市行徳の埋め立て地に、わずか二十八戸のマンション、ネオコーポ行徳を竣工した。売れなかったら社員の社宅にすればいいと、気軽な思いだった。

「遠くの都心より、行徳駅前三分」

自虐的なコピーで売り出したにもかかわらず、短期のうちに完売した。創業以来長い間金策に駆け回ってきた江副は、短期間に多額の現金が入る不動産の醍醐味に魅せられた。環境の良くない地でも、地縁、血縁の関係で、そこに住まいを求める人は必ずいる。彼らに環境を整えた住宅を提供すれば、間違いなく売れるとも確信した。新規事業開発にあたっては、認可制度に守られた事業には参入しないとしてきた江副だったが、不動産事業は開発許可、建築確認などは行政の管理下にあるものの、参入障壁の少ない、アイデアで勝負できる世界だと知った。都内でも土地坪単価の安い、環境的に恵まれない地域に快適な生活環境を提供していくことがリクルートらしい手法だと信じた。次年度は亀戸の先の東京湾埋め立て地区、近所を流れる荒川より土地が低く、大雨がでればたちまちぬかるむ大島地区で土地を探した。なかなか環境は厳しい。ところがネオコーポ大島の売り出し初日、購入希望者が工場街に列をなした。寒空にみんな震えている。現場をのぞいた江副は、急いでバスをチャーターする。受け付けを待っている客にはバスに入ってもらい、自ら弁当を運び配り歩いた。江副の知らない一面を見せつけられ、重田は江副の気配りと根っからの営業マン感覚に、ただただ驚くしかなかった。

リクルートの取締役のなかには、不動産に傾斜する江副を疑問視する向きもいる。そのなかでのネオコーポ大島の完売だ。江副にはそれがことのほかうれしかった。物件引き渡し前の部屋に机を運び入れ、そこで設立一年目の環境開発の取締役会を開いた。

「環境」という視点で長谷工が土地を探し、リクルートが「開発」を担った。

三年目には芦花公園に、初めて百戸を超える大型マンションを開発した。そして四年目、大阪・門真に百二十八戸の大型物件を竣工できるまでの体力を環境開発は身につけた。

ただ、甲南の同級生とはいえ、合田と長谷工におんぶに抱っこの不動産事業では、いつかやっていけなくなる。合田に黙って、江副は個人会社日栄興産（現・スペースデザイン）を立ち上げ、環境開発の社員に名刺を持たせた。狙いは長谷工以外の企業と組んで、不動産の知識と体力を早急に広げることだ。日栄興産のシリーズ名を「ルミネ」とした。

次の年、大阪鶴橋でマンションを発売した。ところが、在日韓国・朝鮮人が多い土地柄のせいか、銀行からの住宅ローンが受けられない購入者が続出したのである。そんな馬鹿な。みんな戦前から大阪に住み、働いてきた人々だ。そんな人たちの住宅取得の機会を閉ざし、悔しさを強いるのはあまりにも理不尽だ。江副はノンバンク事業ファーストファイナンス（以下、FF）を興し、彼らの住宅購入への道を開いた。そしてこのノンバンクは、外国籍の人々への融資の分野では、わが国の最初ともいえる会社になった。

五年かけて環境開発は総計九百戸の住宅を、東京・大阪で供給する、マンションデベロッパーに育っていた。いまは小さな不動産開発会社でいい。庶民には手が出ないところまで、地価はもっと上がる。戸建て持ち家信仰をあきらめざるを得なくなった、結婚適齢期の団塊世代が雪崩を打ってマンションを求めてくる。そのピーク時に勝負に出るためのいまは準備期間だ。それまでは合田が勧めるもうひとつの不動産事業、ビル事業で力をつけるのだ。

西新橋ビルの含み資産が三倍になり、不動産のダイナミズムに興奮する江副が「もう少し不動産を勉強してみよう」と言ったとき、マンション事業のほかに合田があげたのがビル事業だった。

「僕ら不動産屋は自社ビルをもつ必要はない。お得意さんの斬新なビルを建てることがその会社の顔になる。メーカーもそうだな。ソニーならテレビやテープレコーダーのデザインが顔になる。本社がどんなビルに入っているかは関係ない。だけど売り物の情報に顔がない、江副のリクルートや朝日新聞、電通にとっては、どこに居を構えて、どこから情報を発信しているかは、とても大事なんだ。朝日は数寄屋橋の日劇から動かない。電通は築地に奇妙なビルを建てる。実体のみえないビジネスをやる連中はみんな自分の顔作りのために、自社ビルをとても大事にしている。リクルートは全国の企業に人材を提供するビジネスだ。それを一言でわかりやすく表現していくビルを考えることは重要だよ」

ビル建設というのは、家賃の経費削減を図り、自分たちの職場環境をよくするだけではなく、ビルを通して、企業の存在価値を発信していくものなのだと、江副は理解する。江副のなかに新たな「ビル事業」構想が芽生えるまでに時間はかからなかった。

しかし西新橋ビルも潤沢とはいえない財務状態で建てたものだ。西新橋の周辺の土地が高騰したとはいえ、含み資産が増えただけで土地投機に回す資金はまだない。リクルートのイメージアップにもつながる、なにか効率のいい土地開発はないだろうか。

やがて、リクルートのイメージを想起させるに十分な、手つかずの土地が日本には数多く残っていることに思い至る。新幹線駅前だ。新幹線は日本株式会社の頼れる動脈だ。その要所、要所にリクルートのビルを建てるのだ。しかも、新幹線駅前はどこも、既存の駅の表玄関とは違い、多くは未開発で地価が安いのが魅力だった。新幹線駅前の環境開発だ。ゆくゆくは新幹線が駅に止まるたびに、同じ外観のリクルートビルが、出張客を迎えるのだ。なにごとも一番が好きなリクルートは、どの新幹線駅前再開発でも一番に名乗りを上げよう。戦略が決まると、江副の動きは、いつもながら早い。すぐに新幹線の駅前未開発地価を、徹底的に調べ始めた。

西新橋ビル竣工から半年、新大阪駅前の地主の主《あるじ》が亡くなって四十九日が過ぎ、残された遺族は緊急に現金の必要に迫られていると連絡が入った。競合が一社あり、現金を先に入れた方に売ると言う。夜中まで遺族と話し合った江副は深夜にもかかわらず、経理担当役員の奥住邦夫に電話を入れる。

「明日の午前中に、手付けの五千万円をなんとかそろえて大阪に持ってきてくれないか」

奥住は朝一番で銀行各行を回り、五千万円をカバンに詰めるや新幹線に乗った。結局、競合相手は地主が指定した時間までに手付金をそろえることができなかったようだ。念願の土地を手にして江副は、土地の仕入れは徹底した事前調査と、いざ購入となったときの決断とスピードだと知る。

契約なった土地の図面を持って、約束通り江副は亀倉を訪ねた。

「ビジネスが動くところにリクルートがいつもある。そんなことを想起できるビル外観のデザインをお願いします」

江副の課題に対して亀倉は、日本ではほとんど使われていないハーフミラーのガラスウォールを回答として提示した。ビル最上階には黒い帯を回し「リクルート」の文字を配す。

西新橋ビルの建設費融資では尻込みした銀行各社だが、新大阪駅前ビルの建設にあたっては、都市銀行五行が融資に乗り出した。そのうち三行が新規取引である。三、四年前には融資対象企業でなかったリクルートも、都市銀行にとっては「信用力十分」な企業に育っていた。七五年の年初めに新大阪リクルート駅前ビルが竣工。新幹線が入ってくると、ビル壁面のミラーガラスに青空と新幹線が映った。その上にリクルートの大きな文字があった。そして玄関入り口には、亀倉が最初にデザインした二メートル大のかもめが掲げられた。

「日本の主要都市に亀倉先生にデザインしていただいたビルを建て、テナントを入れることでもっと含み資産を大きくし、リクルートの経営基盤を揺るがないものにしよう」

江副は一息に名古屋、博多、神戸、静岡と、リクルートビルを建設していった。新幹線が入ってくる。新幹線が出ていく。その姿が朝から深夜まで、リクルート新幹線駅前ビルに映し出された。

「ビジネスは、日本を横断する人々とともにダイナミックに動く。その人のそばに、いつも寄り添うリクルート」

亀倉が言う通り、新幹線の発着、到着のたびに目にするビルと看板は、物言わぬ企業広告となった。

日本全国の新幹線駅で企業イメージを統一してきたビルを建設してきた以上、いつか東京でも同じものを建てよう。しかし新幹線東京駅八重洲口に本社ビルを建てることはできるのか。なにか方法はないか。いつかそれが江副の野望となった。江副はひそかに東京駅周辺の土地情報を収集し続けた。

第八章　リクルートスカラシップ

西新橋ビル屋上のリクルートスカラシップ第1、2回生

創立十周年を目の前にして、江副には、ぜひやりたいことがあと二つあった。その一つを江副は取締役会にはかった。

「誰もしていないことをする主義でやってきた私たちの事業も、ようやく社会になくてはならないものになってきました。ならばそこから出る利益を社員だけでなく、社会にも還したいのです。そこで。奨学金制度を発足させたいと思います」

貧しい家庭に育ち、大学生時代には奨学生として援助を受けた取締役が多い。江副の提案は自社ビル建設案と違い、取締役全員の賛成をすぐに得た。するとみんなのうなずく顔を見ながら、江副はたたみこむように言う。

「誰もやったことのないことをやる会社にふさわしい、誰もやったことのない奨学金制度にしたいのです」

江副は返還義務の免除と給付対象者の親の所得制限の廃止を提案した。自らの経験に基づいたものだった。江副の親は高校教師として貧しく、大学時代には月々二千円の奨学金が大きな救いになった。だが社会人になると、その奨学金の返還を迫られる。つい忙しくて返還を忘れることもあるし、郵便局へ払い込みに出向けないときもある。社員の給料が払えないときは、自分の奨学金の返済どころでなかった。しかし執拗に返還を迫られる。

これがたまらなく嫌だった。月々二千円の貸与で「恵む」側は、「恵んでもらう」側の江副に対し大学の四年間、悔しさを植えつけ続けた。それだけでなく、卒業後も高飛車に振る舞い、その優位な立場を押しつけてくる。

「社長と呼ばないで、江副さんと呼んでください」

江副が日ごろから口を酸っぱくして言うのも、社内に上下意識をもちこみたくないからだ。まして慈善事業において、上下意識や屈辱感など感じさせてはならない。だから江副は、返済の不要な奨学金制度を主張した。

それには取締役の多くも、江副に同意する。しかし親の所得制限廃止はどうだろうか。自分の学生時代を思い、少しでも貧しい若者に救いの手を差し伸べたいと願う取締役たちは、その制限にこだわる。江副は熱を込めて反論する。

「いや、若いということだけで、彼らは十分ハンディを背負っている。わざわざ僕らがより貧しい学生を探す必要はないじゃない。それに親の収入や本人の偏差値という数字を基準にすれば、たしかに選考は楽だろう。でも、世に多くある奨学金と僕らのものを同じにする必要はない。やる以上はほかでやっていないこと、難しいことに挑戦したい。本人の向学心の強さだけを選考基準にしたい」

さらに言う。この奨学金制度はリクルートを利するものであってはならない。奨学生を口説いて社員採用となれば、それは奨学金に名を借りた人材の青田買い、囲い込みと批判されかねない。

同時にリクルートの奨学生には、国家や社会に、自分はなにをもってどう貢献していくかという意識を早くからもってもらいたかった。それが就職、進学を業とするリクルートにふさわしい奨学金制度のあり方と信じた。

そこで選考基準を論文と面接のみにした。論文の課題にその思いを込めた。

「私は大学で何を学ぶか」

審査委員を、江副の東大新聞の先輩で元「週刊朝日」編集長で評論家の扇谷正造、リクルートのテスト開発委員を長く務め東大教育学部の教授になっていた井上健治、国立教育研究所所長、そして全国高等学校協会長など四人に頼み、リクルートからは理事として森村稔が参加した。

最後に、名称をどうするかになった。慈善事業にどうかかわるかは、その人の生き方でもある。「社会への還元」は、奨学金の文字など使わず言葉少なにやりたかった。江副は、アメリカにおける奨学金制度発祥の法律とされる国家防衛教育法を読んでみた。第一条にはこう書かれている。

「国家防衛を強化するにあたりまず第一に、スカラシップ＝奨学金制度の充実を図る」

アメリカでは国家防衛の目的で、奨学金制度が導入されていた。自分の志もそこにあった。これだ。スカラシップだ。この聞きなれない言葉ならば、与える側に優越感がわきにくい。同時に、受ける側の悔しさもなくなる。

「リクルートスカラシップ」

それは発案から二年の準備を経て七二年、リクルート十周年記念事業の一環として動きだした。途中何回か増資はあったものの、基本は初年度にスカラシップ基金として拠出した原資の運用益を奨学金に充てた。

募集のために、大学進学者向けの学校案内書として七〇年に創刊した「リクルート進学ブック」にチラシを挟み込んだ。第一回の応募生は百十名だった。

審査委員長の扇谷正造を大いに驚かせたのは、集まった応募論文のレベルの高さだった。最初の応募論文を読み終わると同時に扇谷は、軽い気持ちで引き受けたことを悔やんだ。このスカラシップの審査には、こちらも真剣勝負で取り組まなければならない。そう思わせるだけの内容だった。

扇谷はノンフィクションの登竜門、大宅賞の選考委員でもある。多くの場合、候補作を頭から三枚くらいを読むと大体の見当がつく。最後まで丹念に読むのは、上位の幾点かだけだ。

それに対しスカラシップの論文には、どれにも若者の国家への思いと社会変革の願いが込められていた。このなかから、日本の国の将来を背負って立つ若者を選ばなければならないと思うと、とても気を緩めて読むわけにはいかない。

そこで、扇谷はこの審査を引き受けて以来毎年、午前二時から四時に起き、論文読破に取り組んだ。

面接時、自分が書いた論文を選考委員が確かに読んでくれたと知れば、学生もこちらを信頼し、素直に答えてくれるだろう。そう考え、扇谷は読みながら気になるところに、赤線を引き、応募原稿すべてを、数日をかけ集中的に読み切ることを自らに義務づけた。

審査委員、井上健治の思いも同じだった。学生時代の生活は、扇谷や江副以上に苦しかったかもしれない。大学に受かったものの、学費の見通しはまったくたたなかった。本当に奨学金が救いになった。月々の奨学金を受け取るたびに、いつか自分も奨学金を出したいと夢見た。しかし、教授になってみたら、とても奨学金を出せる身分ではないことを知った。

だから審査委員を頼まれたとき、江副が自分の夢を実現してくれたと井上は深く感謝した。必ずこのスカラシップから日本に必要な人材を輩出するとの思いで審査委員に就いた。応募原稿がそろったと聞くと手元に届くのも待ち遠しく、自分からリクルートに出向いた。帰宅するまで待てず、電車のなかで読み始めた。すると、その内容の濃さに感動し、涙が止まらなくなった。これには困った。

進学を果たした二十九名に対しては、一人ひとりの面接が行われた。

面接を進めるに当たり、扇谷は井上たち審査委員に向かって言った。

「こちらは試験官として先方は受験生として、ふれ合うのはほんの五分ぐらいだけど、相手の心にとまることを一言は言うように心がけましょうよ」

「試験にパスするかしないかは別として、そのとき聞いた一言が優秀な彼らには、いつか心に残るでしょう。そんな言葉をかけられるよう、われわれもがんばりましょう」

赤線を引いた論文を手元においた扇谷は、たとえ不合格でも、一人ひとりの受験生にていねいに声をかけていった。そして井上もまた、彼らのなかに若き日の自分を見つけ、懐かしげに声をかけた。五人の審査委員が心打たれて選出した学生は初年度、十名になった。

学生一人ひとりには、ほかの奨学機関の水準よりも多額の、毎月一万円が支払われた。合格者の入学先は、東大理一、日本赤十字中央女子短期大学看護科、立正大学文学部地理学科、京都大学農学部、沖縄県立コザ看護学校と多岐にわたった。

こうして始まった選考方法は、長い間、選考委員の間で守り続けられた。

そして江副もまた、単に奨学金を給付するだけでなく、いかにも彼らしい心配りで、ほかにはない奨学金制度の容を作り出していった。

一般に奨学生は、選ばれてしまえば各自の学生生活を送るだけで、奨学生間の横のつながりは持ちようがない。しかし江副は、スカラシップ生の横のつながりこそ大事にしたかった。

鹿児島・志布志、岩手・安比に農園を開けばそこへスカラシップ生たちを集め、二泊三日のテント生活を通して彼ら同士の一体感を醸成した。安比高原にスキー場を開設すれば、冬の間彼らを招いて無料でスキー場を開放し、ホテルで開くクラシックコンサートに招待した。やがて彼らのなかに、スキーや音楽という趣味が自然に根付き育っていった。

この江副の長期にわたる無償の行為は、スカラシップのOB、OGたちに大きな影響を及ぼした。例えば、のちに起きるリクルート裁判のときである。最終判決言い渡しを前に、OB、OGたちは著名人や江副の友人たちに呼びかけて上申書を書いてもらい、江副の人柄を裁判官に訴えたのだ。呼びかけに応えた者は二百十九名にも上った。

ここでは、江副が作りだした奨学金制度とはどんなものだったかを知るために、元スカラシップ生の上申書を二つ引いてみる。

「高校三年生だった私は、どうしても自分の夢（学校の教師になること）をかなえたいと思い大学進学を決心しました。決心がやや遅いのは、家が貧しかったからです。（略）思案に暮れていた時、リクルートの進学ブックの中に、返済義務のない奨学制度を発足させる旨のチラシがありました。（略）運良く合格することができました。そして私の大学生活の四年間は保証されました。当初一万円だった奨学金はすぐに一万五千円に上げていただけ、月に稼げるお金が少なかった私にとっては、五千円アップだけでも家計はずいぶん助かったものです。その後二万円に再度アップしていただけました。（略）このような金銭的なことだけではありません。江副氏から受けた恩恵は、友です。そして価値ある経験です。まず友ですが、年に数回の懇談会を開いてくれました。全国から集まったスカラシップ生はそれは個性的な人ばかりでした。その人たちと会うことができ、語らうことができました。往復の運賃は全額出してもらえましたし、簡単な食事会も開いてくれて、それは本当によき友と温かいもてなしに包まれました。（略）今、私は群馬県の田舎の小学校に勤めています。激動の日本、激動の教育界。教育という仕事に就けて、充実しています。あの高校三年生のとき、リクルート進学ブックの奨学金制度開始のチラシを見なければあり得ない現実です。常に温かいまなざしで私たち奨学生を見ていてくれた江副氏には感謝以外の何ものもありません。江副氏は私の夢を叶えさせてくれた、人生のサポーターです。（略）」（リクルートスカラシップ第一回生板垣和敏）

「私はリクルートスカラシップ（江副育英会）大学院の部第一期生として、奨学金の給付を受けたもので、現在大学院を卒業し、京都大学助教授をしているものです。リクルートスカラシップOGのかたからの呼びかけにより、下記に江副育英会の社会的意義、その思い出を述べるものです。

一、リクルートスカラシップの理念について

それは経済的困窮者を救済するという目的以上に、優秀な学生を支援し、アルバイト等で貴

重な時間を使わせず、その時間を自らの将来のために有効利用して欲しいという理念であろうかと理解しております。これは、どちらかというと欧米流の奨学金制度に近いものではないかと思います。（略）大学院の学生が欧米のように親の生活から独立して、研究生活を行うことを困難にしているシステムに対して画期的であると考えます。

二、その選抜について

当時の選抜方法は、大学、大学院での研究内容、『大学院における研究内容をどういかすか』という題での小論文、そして書類選考の後、面接で合否が決まるというものでした。私の印象では、ただ単に優秀な学生ではなく、優秀でありかつ国家社会に役立つ人材に奨学金が給付されていたように思います。実は、私は第二次面接の時に面接官と私の小論文中の『国家に貢献する』という文言に関して、大喧嘩になってしまったのです。面接の後、これは不合格だとあきらめていたところ採用の通知を頂き、なんと懐が深く、かつ、物事の本質を見据えたフェアーな合格判定であったかと感心したことを今でも覚えております。

三、スキー合宿について

他の奨学金と異なることは、奨学金を頂いてからも月に一度の報告義務とスキー合宿を通じて、他の奨学生と触れ合える場を設けていただいたことでした。実は、最初、私はスキー合宿に関して、否定的でした。なぜ奨学金給付者に対して、甘やかしともとれるようなスキー合宿への招待が理解できなかったのでした。多忙を理由に断るつもりでしたが、熱心な誘いにより、一日だけという約束でスキー合宿に参加しました。しかし、そのスキー合宿で、私の学生生活でも最高の経験をさせてもらうことになったのです。様々な大学から専門を超えて、集まった学生たちが、スキーもさることながら、昼夜を問わず、自分の人生や将来計画に関して、熱い議論を交わしているのです。当初田舎育ちの私は東京大学法学部の学生等エリート学生に対して、偏見を持っていましたが、彼らがいかに国家のことを考え、世の中に貢献しようとしているのかを知り、自分とあい通じるものを感じ、感激した記憶があります。（略）その後も、そこで出会った友人たちと会うこともあり、非常に大きい財産となっています。（略）」（リクルートスカラシップ第十七回生日引俊）

事業としてリクルートスカラシップを導入した江副は、その意味を全社的に知ってもらうために、「リクルートのマネジャーに贈る十章」の最後の章でマネジャーたちにこう呼びかけている。

「リクルートとは社会、ひいては国家とともにある。したがって、社会のことを考えず、自らの利益だけを追求してはいけない。社会への奉仕、国家への貢献というシティズンシップが大切である」

のちに、法律改定によって法人名が使えなくなり、組織の名称は「江副育英会」に変わった。

対象者も大学生から大学院生に変わった。学問だけでなく、美術やスポーツ、音楽、オペラなどを学ぶものを含めるなど、給付対象者の範囲は広がった。こうした変化はあるものの、江副が取締役会に奨学金事業を発案した日から死を迎える日まで、「社会への奉仕、国家への貢献」は四十年続いた。江副の死の後、再びその事業はリクルートに引き継がれ、いまも多くのスカラシップ生が巣立っている。そこまで息の長い慈善事業になろうとは、発案者の江副さえ思ってはいなかっただろう。

江副浩正の開発事業 3 社会貢献・文化事業

江副育英会

七一年九月、文部省（現・文部科学省）の認可を受けて財団法人江副育英会（現・公益財団法人江副記念財団）が発足し、今日に至っている。愛称を「リクルートスカラシップ」と定め、大学生、または短大・各種学校生を対象に奨学金を支給することを目的とする団体であった。この育英会にはほかの奨学制度にはない特徴があった。

一、四年制大学に限らず短大、専修・各種学校生も対象になる
二、給付金額が月額一万円（初年度）と高く、返済の義務がないこと
三、卒業後の進路・就職先に条件がないこと
四、所得や学業成績は条件ではなく、面接と論文によって選考されること

この奨学制度は進学ブックを扱う事業部の新人から提案された。進学希望の高校生に対してリクルートの知名度を高め、イメージアップを図ろうというのが趣旨であった。これを聞きつけた江副は即断で実現を決めた。さらに、リクルートの独自性を盛り込んで、創業十周年記念事業として取締役会に提案したのである。

発足時の奨学生の選考委員は、扇谷正造（評論家）、平塚益徳（国立教育研究所所長）、吉田寿（前全国高等学校協会会長）、とリクルートから森村稔専務の四氏。論文審査を経て面接で奨学生

が選ばれた。初年度は十名が選ばれたが、「いい人がいれば人数はこだわらない」と定員はない。

スカラシップ生が中心になって機関紙「軽気球」が年刊で発行され、スカラシップ生同士の交流をはかっている。在学中には何度もワークキャンプやスキー合宿、講演会が実施されている。この講演会には各界で活躍するスカラシップ卒業生が講師として招かれることも多い。奨学生の選考に卒業生が選考委員として参加することもある。

長い間に対象者の変更が行われてきた。八八年から大学院生が加わり、九〇年には外国人留学生も対象になった。九一年からオペラ、九七年からスポーツとクリエイティブ（写真・グラフィック）、二〇〇一年から器楽部門が加わった。九七年にはこれまでの学部生募集が終了し、研究者、音楽家、スポーツ選手をめざす若者を支援することが鮮明になった。育英会出身の音楽家の活躍の場を提供するために、九五年から毎年リクルートスカラシップコンサートが開催されている。一六年九月にはサントリーホールで四十五周年記念コンサートが開催された。

これまでに五百人を超えるスカラシップ生が社会に出て様々な分野で活躍している。国際的なコンクールで優勝した音楽家、オリンピックや国際大会で活躍したスポーツ選手、国際学会で優れた業績を残した研究者、官界や民間企業で重要な仕事に就く人。

四十周年以降、育英会の理事・評議員にはスカラシップ出身者が増えている。スカラシップ出身者が次代のスカラシップ生を導くという構図ができあがりつつある。

オペラ振興事業

○二年江副は、請われて新国立劇場の振興委員会会長に就任した。リクルート創業のころからオペラに親しんできた彼は、これを機に猛然とオペラ芸術の振興に打ち込む。オペラ界の大御所である五十嵐喜芳や栗林義信、田島好一らの協力を得て、江副育英会にオペラ部門を設けて奨学金の給付を通して新人の育成を図り、その発表の場として演奏会を開催するようになった。株式会社ラ・ヴォーチェを設立し、江副のプロデュースで海外の一流演出家、歌手を招いてオペラを上演するとともに、オペラ歌手の演奏会を開催する。そのステージをハイビジョンで撮影しDVDとして販売する。考えられるオペラ振興策すべてを試みたのである。

オペラ上演

○二年八月　ドニゼッティ「愛の妙薬」新国立劇場
○三年七月　ベッリーニ「ノルマ」新国立劇場
○四年八月　ドニゼッティ「ルチアア」新国立劇場
○六年八月　ヴェルディ「椿姫」新国立劇場
○七年八月　マスネ「ドン・キショット」新国立劇場

演奏会開催

○一年一月　ニュー・イヤー・オペラ・コンサート
　指揮・大賀典雅　東京フィルハーモニー交響楽団

○二年九月　ジョゼッペ・サッバティーニ&ヴィクトリア・ルキアネッツ演奏会
○三年一月　レナード・ブルゾン&ステファニア・ボンファデッリ演奏会
○三年四月　ヴィクトリア・ルキアネッツ&市原多朗演奏会
○四年十二月　モーツアルト・レクイエム演奏会
　　指揮・大賀典雅　東京フィルハーモニー交響楽団
○四年八月　マリエッラ・デヴィーア&マルセロ・アルバレス演奏会
○九年十月　マリエッラ・デヴィーア&ジュゼッペ・フィリアノーティ演奏会

海外の有名歌手を招いたオペラの上演には一作品につき数億円を要した。五回のオペラ公演と七回の演奏会、そのＤＶＤ製作に、江副は私財五十億円を投入したと言われる。江副の奮闘もむなしく、日本のオペラ熱はいっこうに高まらず、○七年の「ドン・キショット」を最後にオペラから手を引き、育英会の募集枠から声楽部門を外した。

第九章　安比高原

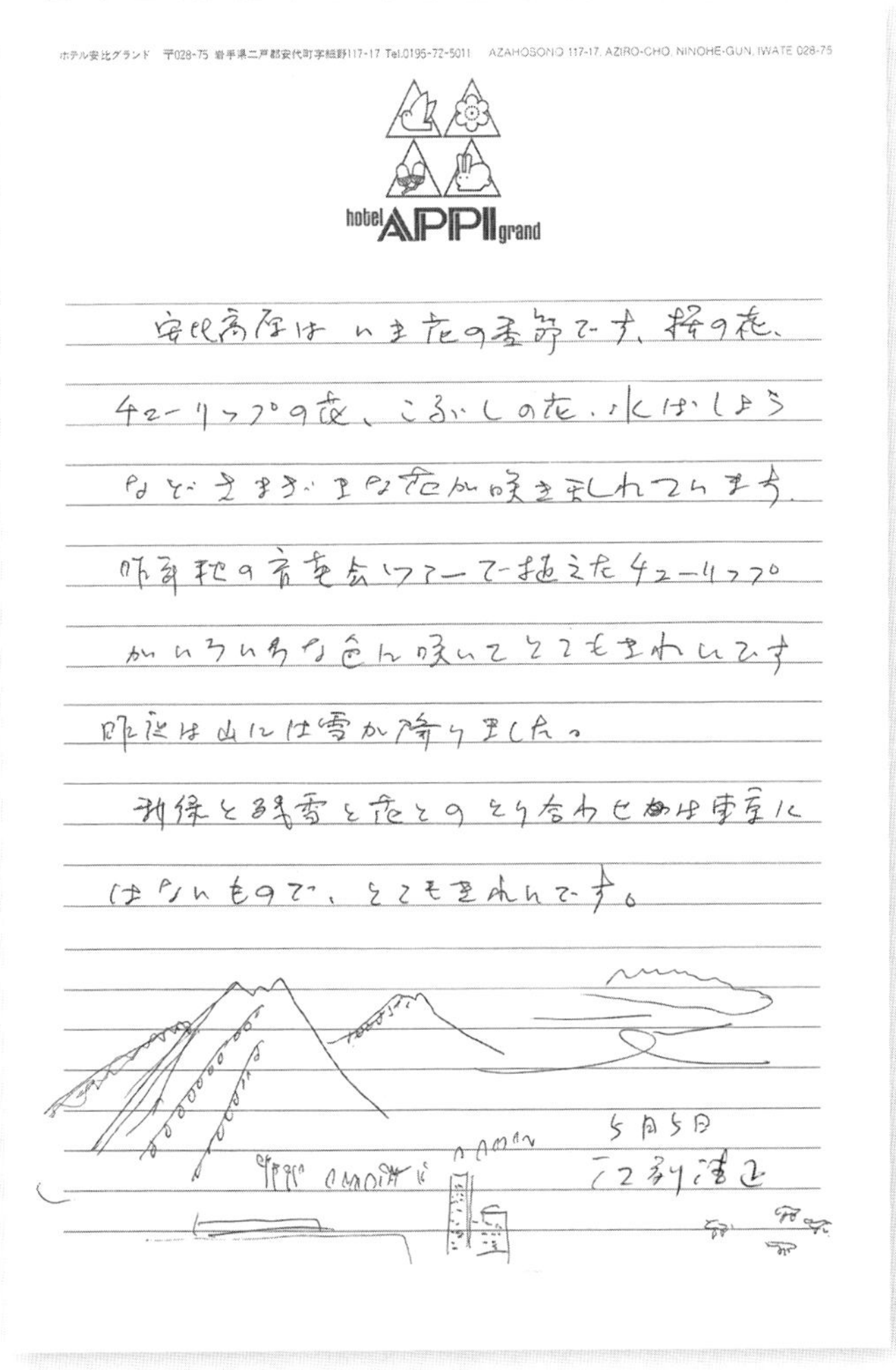
ホテル安比グランド　〒028-75 岩手県二戸郡安代町字細野117-17 Tel.0195-72-5011　AZAHOSONO 117-17, AZIRO-CHO, NINOHE-GUN, IWATE 028-75

hotel APPI grand

安比高原はいま花の季節です。桜の花、チューリップの花、こぶしの花、水ばしょうなどさまざまな花が咲き乱れています。
昨年秋の育成会ツアーで植えたチューリップがいろいろな色に咲いてとてもきれいです
昨夜は山には雪が降りました。
新緑と残雪と花とのとり合わせは東京にはないもので、とてもきれいです。

5月5日
江副浩正

一九七〇年の創立十周年を機に江副浩正には、ぜひやりたいことがもう一つあった。その最後の事業構想を江副が取締役会で提案すると、賛否は真っ二つに割れた。取締役たちの前で、めずらしく江副は熱く語った。

「国は林野庁のほかに、今年に入って環境庁を設立しました。林野庁が国民の健康レジャーの拡大ブームを受けて、森林レクリエーション整備構想を打ち出せば、その環境庁も来年には森林レクリエーションエリア開発計画を策定し、全国で十カ所の開発地域を指定すると言います。いま土地の取得に乗り出さなければ、健康レジャー事業にリクルートは後れをとることになる」

レジャー事業？　「日本株式会社の人事部」をめざすリクルートが、レジャー事業を手掛ける？　突然の事業の多様化の提案に取締役たちはとまどった。

「レジャーは福利厚生課の担当であり、それならリクルートが取り組んでもおかしくない。いやレジャービジネスうんぬんを言う前に、僕は故郷をもたないリクルートの社員に、土に触る喜びや大地で眠る幸せを教えたい。毎日深夜まで働く彼らに、還っていくところを用意したいんだ」

江副がぐるりと取締役たちを見回す。誰も反論しない。江副はここぞとばかりにたたみかけた。

「それに、なにより問題は農業だよ。日本の農業はじいちゃん、ばあちゃん、かあちゃんの三ちゃん農業だ。これでは将来農作物の自由化時代がきたときに、輸入品にたちまち負けてしまう。海外の農業に負けないリクルートブランドの農作物に取り組みたい。みんな土地購入の金利負担を心配するが、その金利はきっとここから獲れる農作物が払ってくれる。もし不況になっても、値上がりした土地の売却益が救ってくれる」

二の矢は田中角栄首相が提唱する「日本列島改造論」だ。たしかに土地の値上がりは続く。金利負担は心配ないのかもしれない。そんな思いが湧き始めたところに、江副の三の矢が放たれる。

「僕は幼かった戦時中のひもじさに、いまも怯えるときがある。いつ再び食糧難時代がこないとはいえない。そのとき、うちの社員とお客様の食糧ぐらい自給自足できるようにしておきたいんだ。幸い銀行からお金を借りられる体力もついてきたこの時期に、自分たちの食生活は自分たちで守りたい。やる以上、めざすのは日本一の農業会社。これは農協への挑戦でもあるわけです」

まだ記憶に残る戦時中の飢餓体験に訴えられると、同年代の取締役は弱い。

それなら候補地を見てからと、取締役の心が動き始める。ある程度大きな土地を安く手に入れるには、どうしても過疎地帯となる。しかしその過疎地が企業の進出によって開発されれば、土地に価値が生まれる。そこが、鉄道路線や道路の延伸計画がある国土開発予定地であればもっといい。そんな条件で探していくと、鹿児島と岩手が候補地として挙がってきた。

リクルートの創業時から、アルバイトで事業を手伝ってもらった男に、早稲田大学を出た小倉義昭がいた。入社をすすめると、「俺は組織に属さないよ、でも部下のいない一匹狼部長でやらせてくれるなら、リクルートをずっと手伝うよ」と言いだし、以来「リクルートブック」の配本流通や、学生の名簿集めなど、なかなか難しい案件を水面下でずっと担当してもらってきていた。その小倉に、鹿児島と岩手の調査を頼んだ。

小倉から、シラス台地のため放牧は難しいかもしれないが、鹿児島・志布志で十三万坪の土地が手に入るという知らせが入った。取締役全員で下見に行くこととした。

「僕も夫婦で移住して農業やりたいな」

当初は営農事業参入に反対していた森村が言い始める。その横で、一時は水産学者をめざした池田友之が目を輝かせている。

「俺はここで魚の養殖やりたい」

二人の取締役を味方につけて、志布志プロジェクトが動きだした。

社内報「週刊かもめ」に江副の名で、ちょっと風変わりな新規事業の案内と、就農希望者の募集告知がでたのは、一九七二年の年初めのことだ。

「求む！プランター＆ファーマー

鹿児島県の志布志に研修と人間回復および営農により収益を上げるという二つの目的をかねたセンター建設を計画し、約十三万坪（ただし畑地は約四万坪、後は山林）の用地を取得しました。そこでこれらの土地を有効に利用するため、これからの『志布志プロジェクト』の素地をなす農園を開設することに決めました。

わが国の農業は、戦後の農業改革で個人化、小規模化されてしまいました。その後の国の農業政策がずっと変わらないために、その遅れをいまだ取り戻せずにいます。（略）われわれがこの時期に早いテンポで農業に近代化マネージメントの方式を導入し『農家の農業』から大規模経営・近代経営の『企業の農業』へと発展させることに成功すれば、将来、この会社が日本一の農業生産法人となることも可能です。（略）しかしながら、そこまでの道は険しいでしょう。『企業としての農業』に失敗する可能性も小さくありません。だが少なくとも、われわれの毎日食卓にのる食品の一部が自家製になる日は近いでしょう。『俺には故郷がない』と木枯し紋次郎の歌の文句にあるが、リクルート社員の何人かの第二の故郷ができれば、それでもいいではないかと思うのです。（略）農業・牧畜業に興味をもっている人、現地に常住できる人の応募を望みます。（略）希望者は通常の人事異動同様、所属上長または総務部人事まで申し出てください」

江副の新規事業告知の後には、「志布志推薦のことば」として社内報編集人が夢とロマンをあおった。

「お酒が好きな人に最適です。ただ同然でお酒が飲める焼酎の産地です。黒潮が初めて本土にぶつかるところ。磯釣りの名所。黒鯛、まぐろ、カツオ食べ放題。六月から九月まで泳げます。海水浴場に隣接した社有地。内之浦のロケット実験も生でみられます。嫁さんを探している人に最適です。美人の産地」

男性社員三百人弱の組織から、たちまちのうちに二割に近い四十五人の応募があった。二、三の女子社員も手を挙げる。

会社が始めた新規営農事業への、突然の転職を社員へ命じれば、混乱や反発が生じる。それに対して、「社員の故郷となるべく、大地を用意した。ついては農夫求む」となれば、意気に感じた社員が自ら参加する。一本の辞令で組織を動かす旧来の日本企業にはできない江副の社員掌握術に、多くの社員がはまった。次々と手を挙げた応募者のなかから、大学時代に一年半農業に携わっていたことのある二十七歳の営業課長をリーダーに選んだ。後は馬力のある若者だ。

面接にあらわれた山本徹のやる気を計るように、江副はたずねた。

「で、志布志でなにをしたいの、君は」

「本当は会社員になりたくなかったのです。カナダで牧畜をしたいと思っています。志布志で開拓や牧畜を経験して、カナダに渡ろうと思います」

面談用紙の山本の名前の上に、江副は二重丸をつけた。

七二年五月、リクルートファームが志布志に開設され、応募した三人の社員が宿泊施設もない、シラス台地の荒野に足を踏み入れた。

山本たち三人は原野を耕し、買い入れた乳牛の堆肥を集め、畑を作り、薩摩芋と日向カボチャの苗を植えた。初めての乳しぼりには、みな苦労した。夏にやってくる社員たちのためのテント設営にも汗を流した。梅雨時だというのに、江副は毎週、週末にやってきては自分でトラクターのハンドルを握った。三人と一緒にドラム缶の風呂に入り、夕食には黒豚のスペアリブに食らいついた。小食の江副も、口元を豚の脂で光らせながらうれしそうに笑っている。

「早くみんなに、ここの生活を、味わってもらいたいな。そのために開いた農園だもの」

腹いっぱいになったところで、みんなで大地にテントを張り眠りについた。

そして夏がやってくると、社員たちが入れ替わり立ち代わり「ファーム研修」に訪れる。みんなで土地を耕し、真っ黒になりながら土と格闘した。人海作戦の効果は絶大だ。たちまちのうちに開墾地が広がっていく。ドラム缶の風呂が何本も並べられ、夜が更けてもテントの灯はいつまでも揺れ続けた。

「ひゃー、牛のおっぱい初めて触った。気持ちいい」

「涙が止まらないよ。牛の出産シーンを見てしまったら」

研修ノートは都会の若者らしい言葉であふれた。目にするもの、手にすることのすべてが初めての体験だった。そして、何より江副が望んでいた思いがそこにはつづられていた。

「好きではなかった上司のたくましい一面をここ志布志で知りました。そして寝袋に並んで夜中まで腹を割って話したことで、その上司を見直しました」

人材確保の面でもこのファームは大いに役立った。優秀な人材と出会っても、面接での即決は止めた。江副は、内定候補者をまとめて志布志に送り込んだ。そして五日間のテント生活を通し、学生たちをじっくり観察した。朝早くから牛の乳しぼりを課し、手掘りの開墾、苗つけ仕事と根気のいる仕事ばかりを課した。そして夜はキャンプファイヤーを囲み、みんなで酒を飲んだ。原始に還ったような集団生活の中で、面接試験では決して見ることのできない一人ひとりの素の表情が浮かび上がってくる。作業の日々が、人物像を明確にしてくれるのだ。そして最終日、夜のキャンプファイヤーが最終選考の場となる。江副自ら、こんな場では決まって大好きなさだまさしを歌い、得意の社交ダンスを披露した。ここで「馬鹿になり切れない」性格の学生の多くは不採用になる。結果、「お祭り好き集団」「大学サークルの延長気分」と、往々にしてマスコミからからかわれる体質の人間が選別されていった。こうして、リクルートの個性は維持されていく。

一年目の秋には大収穫祭が待っていた。収穫した有限会社リクルートファームの農作物はリクルートに買い上げられ、初年度から営農事業としての売上高を計上した。その農作物は社員に原価で売られ、家族や得意先に配られた。社員の顔はどこか誇らしい。

「私たちが育てたものです。もしよかったら来年の夏は一緒に志布志へ行きませんか」

志布志が順調に動きだした一年半後のことだ。小倉が苦労して十三万坪まで土地を買い集めたところで、志布志湾一帯が新全国総合開発の候補地に指定され、地価が急速に上昇した。これ以上の土地確保が不可能となる。が、江副は平然と言う。

「小倉君、岩手に回って志布志よりもっと広い土地を探そう」

「じゃ、この志布志の土地は？」

「農業経営をやるといっても、僕らは素人だ。この志布志で十分に経験を積んで、岩手で大規模な事業経営に乗り出せばいい」

すでに四十億円という金額を投入して土地を入手したにもかかわらず、そこを練習台の土地として、さらに大規模な事業を興そうというのだ。西新橋ビルの建設をいつか本社ビルを建設する日の、勉強の場と言い切った江副と同じだ。顔に似合わない、そんな江副の大胆な発想に驚きながら小倉は岩手に向かった。

志布志開墾二年後の春、山本徹は江副から呼び出しを受け久々に東京に帰った。

「岩手にもっと広大な土地を確保したんだ。一度その土地を見てくれないか」

山本がうなずくと、そのままふたりで夜行列車に乗り、盛岡から花輪線に乗り換え龍ヶ森駅（現・安比高原駅）に着いた。春とはいえ辺りは深い雪に包まれている。二人は安代町字細野の雪原の真ん中に立った。鹿児島も荒野だったが、ここは日本のチベットといわれるだけある。目の前には雪原と暗い空に覆われた深い山が広がるだけで、人の気配もない。

「あの山の先からこちらの山のすそ野まで、すべて徹の土地です。百十二万坪ある。カナダほどではないけれど、徹が牧畜をやるには十分な広さでしょう」

山本は「こくり」とうなずきながら、うれしくて鼻をすすった。

しかし、いくら雪深い不毛の土地とはいえ、どうやってこんな広大な土地を手に入れたのだろう。

「いやね、小倉君ががんばってくれてね。いい土地がありそうだと彼から連絡が入るんです。ではと、週末には上野駅から夜行に乗り、土地を見て村長さんに会う。そしてそのまま月曜日には出社する。そんな生活をこの三年近く繰り返してきました」

どおりで、初年度は鹿児島まで頻繁に来ていた江副が、次の年からはめったに現れなかったわけだ。東京の見も知らない若者が突然現れて、土地を譲ってくれと切り出す。そんな小倉に、村の人々は驚き、東芝府中工場三億円強奪事件の犯人ではないかと噂した。不毛の豪雪地帯とはいえ、先祖からの土地を大事にする東北人気質が交渉を難しくした。譲ってくれる農家は点々として、いっこうに広大な面にならない。江副は、それまで読んだこともない農地法の本を手に取り、その難解な文章と格闘した。そしてようやく、五十年間の借地借款という方法にたどりつく。どんな場合も江副は、やりたい事業や欲しい獲物を見つけたら、それが可能になるまで、手に入るまで執拗に方策を練り続けた。その江副のしつこさと粘り強さに小倉はただ驚かされながら、二百五十軒の農家を一軒一軒たずね歩いた。そして一軒当たり百万円ずつ支払い、ようやく百十二万坪もの土地を手に入れたのだ。

「話を聞いてくれない農家の家には、一升瓶を片手に上がり込み、囲炉裏端で酒を飲み交わした。わざわざ社長さんが東京から来てくださったんだからと、土地を譲ってもらえたよ。おかげで飲めない酒も飲めるようになった。西新橋ビルの用地に比べれば、ちょっとは苦労して手に入れた土地です。開墾は全部徹に任せるから、どこにも負けないリクルートブランドの農作物をここから作り出してください。牧場主は徹です」

江副の差し出す手に、山本は思わず手を差し伸べながら言う。

「任せるなんて言わないで、江副さんが牧場主になってください」

「いや、この安代町細野の地は徹の牧場だ」

そう言って、江副は安代町の雪原に背を向け、国道を挟んで広がる雪の森を指さす。

「こっちは竜ヶ森という。実はここも手に入れたんだ。志布志の研修を見ていて思いついてね。

大企業の福利厚生は保養所を持つだけで終わっている。自然のなかで英気を養いながら研修し学ぼうという発想がない。ここで僕は教育事業をやろうと思う。キャンプファイヤーやバーベキューのできる場所、そしてテニスコート、ゴルフ場も完備した社内研修施設を作るんだ。どこもやったことのない一大自然教育センターの開発です。それは日本株式会社人事部にふさわしい事業だと思わないか。レクリエーションとエデュケーションをめざすから、レック。『竜ヶ森レック』の開発に僕は乗り出すよ」

山本が志布志から移り安代町の土地の開墾を始めたのは七四年の五月のことだった。夏になると社員たちがやってきて、みんなでテント生活をしながらの「ファーム研修」が再び始まった。土地を耕し、苗を植え、牧地を開いていった。そして収穫が終わりみなが去ると、たった一人の冬が山本におとずれた。山本は日中の最高気温がマイナス五度という日が何日も続くなかで牛を育てた。その間江副は、竜ヶ森レックの開発に毎週末訪れ、研修センターの建設とゴルフ場の芝張り工事を見守った。

七六年四月、山本が精魂を込めて開発した百十二万坪の牧場と農園が、細野高原牧場の名前で開設された。そしてそれから遅れること二年の七八年、江副にとって初めてのゴルフ場のオープンにたどり着く。

そして再び冬がやって来てすべてが雪に埋もれるころ、細野高原牧場に来客が現れた。こんな雪のなか、いったいなんだろう。山本が応対に出ると、安代町町長だった。

「山本さんの農場の後ろに聳《そび》える山があるでしょう。あれをリクルートでスキー場として開発してもらえませんかね。冬場に町民が出稼ぎに出ざるをえない町の現状を、私はなんとしても変えたいのです。このまま放っておけば、人は夏にも還ってこなくなる」

細野高原牧場を麓にして北斜面に長いスロープをもつ富士山型の単独峰が、雪を被って聳えていた。標高千三百五メートル。前森山という。この山をスキー場にできないかというのだ。この地におけるリクルートの実績を見て、過疎化に悩む安代町町長自らの申し入れだった。

「今週の末にもこちらへ来てもらえませんか。町長からのたってのお願いです」

週末まで待てず次の日に飛んできた江副は、徹の前で興奮を隠さなかった。

「ここ数年、スキー場を開発したくて岩手県下の山々を探し歩いたけれど、国有林の木は一本たりとも伐採不可と言われてあきらめていたんだ。目の前のこの山で、まさかスキー場開発ができるとは考えもしなかった。徹、すぐに滑ってみよう」

ふたりでラッセルをしながら、息を切らして前森山の頂をめざした。体の半分が雪に埋まるが、雪質は柔らかく、いい。ようやく頂上に着くといっきに滑り降りた。江副の滑りは見事なもので、直滑降で雪煙を立てながら急斜面を下っていく。山本はおっかなびっくりで、転げまろびつ、ようやく麓にたどり着く。その態にも似た格好の悪さに、笑いながら江副が言う。

「日本にはめずらしいパウダースノーの雪質だな。特に北斜面は最高だ。今週末に、亀倉先生や万座スキースクールの黒岩達介校長に来てもらい、滑ってもらう。ふたりの保証がでれば、さっそくスキー場作りだ。夏は牧畜、冬はスキー。徹、忙しくなるぞ」

「亀倉先生はスキーが得意なんですか」

「得意なんてもんじゃない。筋金入りだよ。戦後すぐ始めたというから、スキーブームがやってくる前からのキャリアだ。しかも熱心。毎年二月になると一カ月仕事を休んで、ヨーロッパアルプスの各地を滑り歩くくらいだ。その雪だるまみたいな体はもう冷え切っているだろう。竜ヶ森にいい温泉がある。一緒に入ろう」

地元の人たちだけが浸かる湯に入ると、山本は滑りながら頭をよぎった疑問についてたずねてみた。

「江副さんはスキーをいつ、どこで覚えたんです。なみの技術じゃありません」

「数学の教師をしていた父からだ。数学は一度も教わったことがないけれど、スキーだけは中学三年のときからみっちり教わった」

以来、運動が苦手な江副にあって、スキーは例外的に得意なスポーツとなった。やがて亀倉と知り合い、お互いスキー好きと知ると、野沢温泉、蔵王、志賀高原と週末に日本の代表的なスキー場を一緒に滑り歩いた。亀倉に引きずられるようにして、何度かヨーロッパのアルプスまでもでかけた。アルプスの麓にある町々に泊まり、彼の地のウインターリゾートのありようと日本のスキー村の格差に驚いた。ヨーロッパに勝るとも劣らないスキーリゾートをいつか日本で興してみたい。それがいつからか、江副の念願となっていたのだ。そしてようやく、前森山という絶好の場を見つけたのだ。

「父がスキーをやっていなければ、スキー場を開こうとなんて思わなかっただろうね」

「で、お父さんはお元気なんですか」

「カラスの行水」の江副の姿は、もう湯船にはなかった。

さっそく週末に亀倉がやってきた。六十三歳とは思えぬ身軽さで腰までつかる雪をラッセルし、頂上に着くと南斜面、北斜面と、わが庭のように滑り降りた。

「最高だ、ちょっと日本にはない雪質だね。問題は唯一、東京から遠いこと。それだけがネックだ。ちまちまと開発しても話題にはならない。いっきに開発して日本中のスキーヤー憧れの地にしなくては。突然、ヨーロッパアルプス並みのスキーリゾートを出現させる。その突然感が大事なんだ。そうすればスキーヤーの間で前森山は話題になる。ブランドになる。僕にスキー場の設計やらせてもらえるね。ロゴマークだけなんて嫌だよ。なにからなにまで、すべて担当するよ。いや、担当させてください、ぜひ」

亀倉は、江副の前で素直に頭を下げる。七二年札幌冬季オリンピック、苗場プリンススキー場、小賀坂スキーなど、ウインタースポーツの広告ポスターを制作するだけでなく、長年ヨーロッパアルプスの各地を滑り続けてきた亀倉だ。スキー場開設事業はどうしても手掛けたいものだった。以後、その開発は亀倉に大いに助けられた。

七九年、リクルートを中心に、安代町と前森山の一部を所有する松尾村が参加し、第三セクター設立準備委員会が発足した。いよいよスキー場を作るための認可申請だ。地元の承諾は取っているものの、林野庁は自然保護を盾になかなか許可を出そうとしない。小倉が動き、最終段階になると江副が加わった。長年にわたって認可制の事業を避け、新規事業を興してきた江副だけに、認可制事業の困難さを初めて知った。

江副の政治好きを小倉はよく知っていた。高校・大学の同級生に政治家が何人かいて、彼らが政治資金集めに汲々《きゅうきゅう》とする姿を江副は早くから見てきた。政《まつりごと》に集中してもらうためにと、これはと思う政治家には熱心に政治献金をしていた。小倉は、田中角栄の子飼いといわれる辣腕若手代議士など、あれこれ思い浮かべながら言った。

「岩手県選出の代議士に頼みに行きませんか。十分政治献金もしてきたことでしょうし」

「それは違う。献金は、リクルートのためにしているわけではない。日本のために働いてもらいたいと思って個人的にしているものだ」

江副のいつもには似ぬ厳しい言いように小倉はほうほうの体で引き上げた。結局、各種書類を揃えて林野庁通いを重ねていくしかないようだ。そして、ようやく八〇年十月に、第三セクター事業として開発認可が下りた。

近くには安比川《あっぴがわ》が流れていた。「アッピ」はアイヌ語で、安住の地といった意味をもつ。開発面積千五十九万坪、山手線内側の三分の二の広さに相当する、誰も住んでいないその地を江副たちは「安比高原」と名付けた。そして、リクルート、林野庁、岩手県、安代町、松尾村、地元企業など、官民一体の株主から構成される「安比総合開発株式会社」が設立される。江副はその代表者に就いた。

冬が来て、本格的な測量と開発計画の立案作業が始まった。牛を牛舎に入れると山本もヘルメットを着け、冬山に入った。前森山の雪が解けると同時に、亀倉の構想のもとにコース工事とリフト建設が始まった。前森山北斜面に三十万二千五百坪のゲレンデと最長四・五キロのロングコースのほか五コース、リフト六基、四百席二階建てログハウスのスキーセンターを亀倉が言う通り、まさにいっきに秋までに建設し、雪の到来を待つことになった。その間亀倉は、安比のロゴマークやコースごとのシンボルマークはいうに及ばず、リフトのカラーデザインまで、安比スキー場で目にするあらゆるすべてのもののデザインを一人で手掛けた。そして八一年十二月二十日、安比高原スキー場はオープンする。

江副のこだわりは、駐車場の無料化にあった。遠路車を飛ばして来たのだ。それが着くなりお金を取られるのでは、うれしいはずがない。駐車場は無料にしようと地方の役人を前に言い張った。江副のもてなしの心は、こんなささいなところにも表れた。

やってきたスキーヤーたちは、日本では珍しいパウダースノーの雪質と、亀倉が設計したダイナミックなコースに興奮した。しかし、最初のシーズンは苦戦を強いられた。

休日の来場数は二千人とまあまあだったが、平日は二百人に落ち込んだ。盛岡から遠いうえに、宿泊施設がないのが致命的だ。ホテルの建設を急がざるをえない。だが、言下に亀倉が反対した。

「夏は閑古鳥だろう。冬場しか需要のないところにホテルを作ってもムダだ」

亀倉の見立てに、みながホテル建設をあきらめかけたとき、さらに亀倉が言いだした。

「ヨーロッパによくある会員制のコンドミニアムというのはどうだろう。建設費は会費で賄う。会員は自分が利用しないときは、ホテル利用客に貸し出すんだ。部屋を使っていないときも収入になるので、会員にとっては願ったりかなったりのはずだよ」

ヨーロッパのウインターリゾートの常連客である亀倉は、優れた経営感覚をもつデザイナーだった。銀行から借りずにホテル建設が可能になった。

「リゾートホテルというのはキンキラキンに金をかけるもの、と勘違いしているやつが多い」

亀倉は、このところ話題の物件を手掛ける、有名な建築家の名前を挙げる。

「ラスベガスがリゾートだと信じて疑わないヤツに任せたら、とんでもないものができあがる。安比は選ばれた人々が、だれにも見られずに、雪深い空間で、ひっそりとスキーを楽しむ大人の場だ。美術館のような、静かな空間リゾートが一番ふさわしい」

たしかにそんなホテルを江副は亀倉と一緒に、スイス・ツェルマット、ドイツ・ガルミッシュパルテンキルヘンなどで見てきた。ならば建築家はだれがいいのだろう。

「ここは、谷口吉生《よしお》しかいないね」

丹下健三門下生で地味だが、金沢市立玉川図書館や資生堂アートハウスなど、学術館に奇を衒《てら》わない建築造形美があった。スキーリゾートホテルを任せたら、彼の代表的な作品になるだろうと江副は信じた。

その期待を担った谷口が、模型を取り出した。たしかに、ゲレンデからそのままサンルームレストランに入り込めるなど、落ち着いた風格と、それでいて決して華美にはならない凝った作りが新しい。しかし、模型を見るなり亀倉が異を唱えた。

「谷口君、何を考えているんだ。スキーリゾートだからといって外観タイルが白とは。君スキー知らないね。真っ白い雪のなかに白いホテル建てて、どうやってその建物の存在感をだすの。それに白は、冬場に一番汚れるんだ。冬の雪の白と夏の緑のなかで、一番目立つ色を考えなければだめだよ。たとえば、そうだな、淡いレモンイエローだな」

新進建築家も亀倉の前では一言もない。以後、二人は土門拳記念館、葛西臨海水族園などを共同で手掛け、谷口はのちにニューヨーク近代美術館の再生設計で世界に躍り出ることになる。

ホテルが竣工すると、亀倉はレストランの内装デザインに取りかかる。メインダイニング「ラパンドール」、和食の「七時雨」、洋食「ARLBERG」、中華の「季朝苑」など、その店舗ロゴからメニュー、食器、箸袋に至るまでデザインをしていく。こうして八二年十月にホテル安比グランドが完成した。それと同時に亀倉は、江副に請われて、リクルート社外取締役に就いた。

亀倉のデザインになる、富裕層向けの豪華な販売カタログができあがった。そのコンドミニアムはぜいたくな作りと静寂さが好評で、たちまちのうちに完売し、安比は二年目の冬を迎えた。大宮、盛岡間の東北新幹線の開通と東北自動車道の松尾八幡平インターチェンジまでの延長開設が重なって、東京と安比間が短縮された。パウダースノーを求めて、東京からスキーヤーが安比に押しかけた。ホテルはフルに稼働し、メインラウンジでは江副が支援するクラシック奏者のスカラシップ卒業生によるコンサートが次々に開催され、安比の夜は静寂のなかにも豊かさが満ちていた。

八六年には世界的名スキーヤー、トニー・ザイラーを招いてザイラーコースを新設、三棟のコンドミニアムを追加建設、たちまちのうちに四百二十七室を完売した。竜ヶ森、細野高原、安比スキー場を統合してここに、岩手県最大規模を誇る研修・レジャー・農営施設、「安比レック」が誕生した。これを機に志布志ファームは閉鎖され、農営スタッフは全員、鹿児島から岩手に移動した。土地取得から農場経営まで、志布志開発のために投入した資金は十年で百億円を超えた。

「安比レック」開発の過程で江副は、想定外の案件とも出合うことになった。安比高原スキー場の評判を聞きつけて、全国にメイプルカントリークラブを展開する太平洋不動産興業が、江副のもとをおとずれたのだ。

オイルショック以来の不振続きで、メイプルは岩手県滝沢市で入手した土地をゴルフ場として開発する余裕をなくしていた。その肩代わりを江副に依頼してきたのである。調べてみると、地形はよく樹種は変化に富み、水も豊富でゴルフ場には最高の環境だ。しかし、安比のスタッフに相談すると、みな消極的だった。まだ安比は開発途上で、赤字続き。これ以上の赤字を上乗せしたくないと考えるのは当然だった。江副としても、岩手県下とはいえ、安比から離れていることが引っかかり、ちゅうちょしていた。そこへ突然、メイプル側が「話はなかったことに」と言ってきた。堤清二に全国のゴルフ場を売ることになったという。江副は頭を抱えた。

リクルートは、何ごとにつけてもナンバーワン、オンリーワンであることをモットーにしてきた。しかし、メイプルが堤の会社になれば、彼のことだ、岩手県下で安比高原ゴルフ場を上回るレベルのゴルフ場建設をめざすだろう。そうなれば、安比は後じんを拝すことになる。それは我慢できない。

何としても岩手県のメイプルは買い取ろう。取締役会にかけると、安比のスタッフと同じ不安が大勢を占めた。

江副は会議室の机をたたきながら力説する。

「たとえゴルフ場であろうと岩手県下でナンバーツーになるというのはごめんです。ここはどんなに反対があろうと、やらせていただきます」

江副は、マスコミなどからライバルと書き立てられることの多い、東大の先輩のもとをたずねた。

「今日はたってのお願いでお伺いしました。あの土地、ぜひ私にお譲りください」

江副の真摯な態度に、堤は全国のメイプルの所有地のなかから、岩手県内の土地だけを抜き出し、江副に譲ることに同意した。

八六年秋、メイプルカントリークラブのプレオープン前日になった。堤清二の手前もあり、東京で仕事をしていても、さすがに明日の天気が気になった。現地の様子はどうか、秘書に聞くよう頼むと、風情ある答えが返ってきた。

「夕焼けがとてもきれいだから、明日は快晴ですとフロント係が言っています」

翌日は、フロント係佐々木覚美の言う通りみごとな快晴になった。

二つのゴルフ場に加え、安比の開発は加速した。ここに電柱のない美しいリゾートタウンを作るのだと亀倉は張り切る。住所表示や街区案内図はいうにおよばず、外観色を統一した美しい街並みの別荘分譲地が売り出されると、すぐに完売する。開発から十二年目の九二年の冬シーズンが終わると、安比スキー場には全国から、岩手県の人口を超える百五十万人のスキーヤーが押しかけた。収容台数一万台の無料駐車場は車であふれ、三十基のリフトには長蛇の列が並んだ。オリジナルグッズの開発を佐々木覚美に任せると、その売り上げは十四億円にも上った。事故が起こってけが人が出れば、江副自ら「とらや」のようかんを持って謝罪に出向くなど、スキー場の経営はなかなか大変だった。それでも、パウダースノーの雪質のおかげもあり、全国で三番の集客を誇るスキー場にまで育っていった。

この間安比高原に江副が投下した費用は六百億円。その資金はコンドミニアム客室分譲、別荘分譲、分譲ペンションとして販売し、すべて回収した。かつて過疎に苦しんだ安代町長は、安比高原めがけてやってくる、長蛇の車の列を見ながらつぶやいていた。

「冬に出稼ぎに行く町が、とうとう出稼ぎを受け入れる町になったか」

江副浩正の開発事業 4 リゾート事業

志布志プロジェクト

一九七〇年、創業十周年記念事業として志布志プロジェクトがスタートした。これは、江副の「晴耕雨読は理想の生活」を実現させる計画で、農業生産と社員のリフレッシュの融合の場として構想された。その候補地として鹿児島県と岩手県を選定し、用地探しが始まった。まず、鹿児島県の志布志に十三万坪を購入し、社内公募から選んだ三人を送り込んだ。七六年に有限会社リクルートファームを設立して農耕と牧畜にあたり、農産物は社内で販売した。同時に、ファームへ社員を順に送り込み、自然のなかでのファーム研修を実施した。三年目の七八年には牛百六十五頭を飼育し、鹿児島県の乳出荷量は五位であった。しかし、敷地面積に限界があったために、八八年に土地を地元に譲渡して志布志から撤収した。

竜ヶ森プロジェクト

七五年に岩手県松尾村竜ヶ森地区で地元農協との間に百十二万坪の五十年間の借地契約が締結された。大規模開発の許可を得て、教育研修とレクリエーションの拠点とする「竜ヶ森レック」構想のもとで、研修本館とスキー場、テニスコート、フィールドアスレチック、オリエンテーリングコース、アーチェリー場、ロッジ、十八ホールのゴルフ場が着工され、七八年に竜ヶ森レック第一期工事が完成した。翌年には、ゴルフ場三十六ホールへの工事着工、スキーリフト二基が増設された。八六年にはメイプルカントリークラブをオープンさせた。

ホテル事業

岩手観光ホテル

竜ヶ森レック開業の前年七七年に、リクルートはこれまで岩手県が実質経営して赤字を続けていた岩手グランドホテルの経営権を三億円を出資して譲り受けた。新たな投資で増改築を施したうえで、岩手観光ホテルに改称して翌年に再オープンした。経営努力により、わずか一年で二億五千万円の累積赤字を解消した。そして、江副の「リクルートの関連会社であるならば、少なくとも『盛岡一』でなければならない。できれば『東北一』をめざしたい」の決意のもとで積極経営に転じた。八〇年に新館アネックスを着工し、八六年には安比高原にホテル安比グランドをオープンした。このホテルは各室のオーナーを募るコンドミニアム方式を採用している。八九年、三十六億円を投じて本館の増築工事を実施し、安比高原に安比グランドヴィラを建設した。

安比総合開発

スキーを愛好した江副は、国内外の有名スキー場を何度も訪問した。欧州へは亀倉雄策と同行することが多かったが、日本でも欧州のような広大で設備の整ったスキー場が必要だと、二人でスキー場建設の夢を語り合ってきた。用地探索のために安比高原を訪れた江副は、その機が熟したことを悟った。

八〇年、竜ヶ森とは道路を挟んで向かい側にある広大な安比地区七百六十万坪の開発をめざしてリクルートと青森営林局、岩手県、安代町等官民十六団体で資本金六億円の第三セクター安比総合開発株式会社を発足させ、代表取締役に江副が就任した。そして、八一年十二月に安比高原スキー場がオープンした。スキーコース五本、最長滑走距離四・五キロメートル、ゲレンデ面積三十万坪、リフト六基の東北でも有数のスキー場が完成した。続いて、スキー客受け入れのためにホテル安比グランドを建設し、ペンション群を周辺に配置した。

整った施設と本州ではめずらしいパウダースノーの雪質が評判を呼び、八二年のJR東北新幹線の開通、東北縦貫自動車道の開通を機に首都圏からのスキー客の大量動員に成功した。八九年には集客数が百万人を超え、東北を代表するスキー場となった。この年の安比総合開発の売り上げは四十八億円、営業利益は二億円であった。江副と亀倉が描いた夢は二十年かけて安比の地に花開いた。

二〇〇三年、リクルート再建策の一環として、岩手ホテルアンドリゾートは加森観光に経営譲渡された。

第十章　「住宅情報」

一九七五年秋、江副は結婚以来住んだ逗子の地を離れ、東京に居を移そうと土地探しを始めた。そこで、住宅用土地情報が入手しにくいことを身をもって経験する。麻布あたりに住みたいと思っても、土地情報を得るためには六本木や表参道、青山一丁目などの不動産屋に、直接足を運ぶくらいしか手立てがない。忙しい仕事の合間をぬってそれらを訪ね歩く日々。なんとも効率が悪い。

しかも、創業以来十四年間増収増益だったリクルートも、オイルショックの影響で各社の採用人数が縮小し、減益に転じていた。景気に左右されない、通年型の新規事業を開発したいと考えながらの土地探しになった。

幸い、偶然案内された土地が気に入り、家を建て始めた。しかし、初めての住宅を建築する高揚感がなかなか湧き起こらないのは、土地探しの段階ですっかり疲れ果ててしまったことが大きい。その主因は、情報の少なさにあった。

周りを見渡すと、自宅を建てようと思ったのは自分だけではない。同窓生もリクルートの取締役たちも、それぞれ家を建てマンションを買っている。オイルショックの影響で景気は悪いというものの、世の中が安定し暮らしにゆとりができてきたせいなのだろう、人々の意識は住宅に動いていた。

新聞に目をやると、マンションの広告が大きなスペースを占めるようになっていた。新しい流れだ。土曜日などは中途採用の求人広告よりも、マンションの広告のほうが多いくらいだ。長谷工の合田に勧められて始めた環境開発の「ネオコーポ」も、早く新聞広告を打てるだけの力をつけたいものだ。そう思いながら、ハタと気付いた。これだ。

「住宅情報」

東大新聞の先輩である天野勝文に言われた「新聞は下から読め」との格言は、あれから十五年たっても色褪《あ》せないものだった。ここに新規事業が眠っていると、なぜ早く気がつかなかったのか。視野が人事採用に偏り、狭窄的になっていたのか。やはり新しい事業のヒントは、生活者の視点のなかにあるのだ。江副は勢い込んで新規事業計画を書きあげると、取締役会に提案した。

「『日本株式会社の人事部』から『情報産業』へ『住宅情報』発刊」

リクルートの事業が、人事から情報分野へ大きく方向転換した瞬間だった。

自宅の建設と競うようにして、ようやく「月刊住宅情報」の見本誌ができあがった。

A４変形、オールカラー。広告主から費用をもらい、住宅購入見込客層や住宅融資制度をもつ大手企業の厚生課に無料で届けるという、いわば「リクルートブック」の住宅版だ。試作版を手にデベロッパーや不動産会社を回ると、その場で年間契約が取れて、なかなか好評だ。結果、江副の新居の完成よりも早く、七六年一月には創刊となった。最初の「月刊住宅情報」は各社のチラシをまとめたものにほぼ近かった。そのため情報に統一感がなく、雑誌としてのまとまりに欠けた。

「これでは、『企業への招待』を作ったときのキャリア誌と同じだよ。情報というのは企業から提供されたものを一冊に集めただけではダメ。住宅が欲しい読者の視点で比較検討できる情報が、同じ条件で書かれていることが大事なんだ。読者の代わりに、リポーターがそれぞれの現地の物件を取材し、リポートするというのはどうだろう」

就職と住宅。分野は違っても、「情報」のもつ意味を十年以上にわたり考え、商品化してきた江副の判断は間違っていなかった。リポーターが現地を取材し、写真を撮り、読者の視線での原稿に改めると、部数が急激に伸びた。次年度には黒字を達成し、三年目には累積赤字がなくなった。

江副は、掘り当てた鉱脈は深いと確信した。「リクルートブック」は企業からは人材採用、学生から見れば就職の情報誌だ。それはリクルートにとって、就職協定解禁日に焦点を合わせた、あくまでも期間限定の事業でしかないことを意味する。対して「住宅情報」は、日々の生活のなかで恒常的に情報を必要とする通年型の生活情報だ。ここが伸びれば、住宅だけでなく旅行、結婚、車と、あらゆる生活テーマでの情報提供事業が可能になる。営業・制作が特定の時期だけに偏る、創業以来の悩みと課題も解決できる。

まず「住宅情報」をより充実した生活情報誌に育て上げることだ。そこで蓄積した編集技術を基盤にして、さまざまな生活情報に進出すれば、業態は急速に拡大する。どうすれば「住宅情報」をいま以上に大きな市場に育てられるだろうか。現状の情報誌づくりに、なにか欠落しているものはないか。江副は考え抜いた。そして気づく。

「女性だ」

リクルートが人材事業にとどまるのか、生活情報事業に軸足を移しさらに業績を伸ばしていくのか。その分かれ目のキーワードは「女性」だ。なぜなら、生活者の半分は女性なのだから。彼女たちの感覚をつかまなければ、情報の感度は鈍る。マンションデベロッパーとして土地を仕入れているのも、商品を企画しているのも男ばかりだ。そして「住宅情報」も読者を男と想定して原稿を書いていないか。自宅から会社までの距離と時間は詳しくてもスーパーや、学校や、病院、そして美容院等の生活圏の情報はまだまだ手薄だ。不動産という男社会に女性の視点を持ち込めば、「住宅情報」は大きく伸びる可能性がある。なんとうかつだったのだろう。これまでは手堅い誌面を作るのに慣れた「リクルートブック」の男性編集長を「住宅情報」の編集長に充てていた。それは明らかに江副の判断ミスだと悟った。

では誰に託すか。結局、若いながらもやる気十分の女性ということで、渡邉嘉子《わたなべよしこ》に、編集長を担当させることにした。

「なぜ私なんですか？」

渡邉は、キックオフパーティーで江副に聞いた。

「君が悔し涙を知っているからだよ」

リクルートの中途採用でデザイナー職を募集したとき、家電系の広告制作会社から渡邉が応募してきたのは、彼女が二十七歳のときのことだった。作品を見ると、華やかな家電広告をたくさん手掛けている。それがなぜ求人広告の世界に足を踏み入れたいのか。どんなに忙しくても中途採用の最終面接は、自らがあたることにしている江副は、その理由をたずねた。渡邉は勢い込んで話しだした。

「就職のとき。大学の就職課に行ったのですが、全然女性の求人がなくて。それは皆無というくらいなかったんです。本当に情けなかった。一体自分は何のために、親に仕送りしてもらって大学で勉強したんだろうって。こんなにも女性に期待しない国があるのだろうかって。せっかく勉強したのに、まったく女性は世の中から期待されていないのかとがくぜんとしました」

幸い、広告業界で有名な制作会社に入社できたが、結局そこも男性中心の社会だった。女性でも一人で仕事ができることを見せつけるために、コピーから写真、レイアウトまで一人で作ったという朝日広告賞の入選作品を渡邉は持参していた。

「ずっと女性が生かされる職場を探してきたので、『求人広告は、人の人生に光と希望を与え、生きがいとなる仕事をもたらしてくれる。それは商業広告、企業広告よりもっと大切な人間の人生を応援する広告ではないか』と思ってきました。求人広告は本気で取り組める、大切な分野だと私は思っています」

地味なリクルートの制作から、商業広告に移っていく制作者は多い。そのなかにあって彼女は、商業広告から求人広告へ移ろうというのだ。その志が、江副にはうれしかった。

「男性は妻子がいていい仕事ができるなんて言いますよね。だったら女性も、夫と子供がいていい仕事ができるはずです。でも前の制作会社では、先輩女性のクリエーターは出産をあきらめてまで働いていました。それはあんまりです。出産後の女性をディレクターやマネジャーに据えている会社を探したんです。そんな会社はリクルートだけでした。ぜひここで働かせてください」

入社して働きだした渡邉の席に、ほどなくして江副は顔を出した。会社が大きくなり、社員数が大人数になろうと、江副は中途採用者の席にさりげなく顔を出し、声をかけることをずっと心掛けていた。

「がんばっているらしいね、どうリクルートは？」

「いかにいままで楽をしてきたかと思い知りました。これまでに比べて仕事量は十倍です」

「量は質をりょうがするといいます。がんばってください」

渡邉は、そばを離れる江副の背に、さりげなく言う。

「でもお給料は二倍というところでしょうか」

三十一歳のときに念願の子供を授かった渡邉は産休に入る前に、江副に手紙を書いていた。

「仕事はずっと続けます。母も子育てを応援してくれています。子供を産んだ女性でも、仕事では役に立つことを必ず証明してみせます」

渡邉は、出産一カ月目からもう出社し、徹夜もいとわず働いていた。社会人になって以来、女性ゆえの悔しさをバネに力を発揮してきた渡邉なら、「住宅情報」編集長という責務に十分応えてくれる。そう確信しての、江副の人事だった。

「僕が君に編集長を頼むもう一つの理由は、家は奥さんが決めるもんだからさ。『住宅情報』は子供を持つ女性の視点で作りたい。子育ての環境とか、お医者さんとか、学校とか、しっかり調べてからでないと家は買えない。いまの『住宅情報』にはその視点が欠けていると思うんだ」

渡邉の肩をたたき、会場の人ごみのなかに去っていく江副の後ろ姿を見ながら、渡邉は思う。

「子供を持つ女に期待してくれる江副さんの船に乗って、新しい誌面を作ろう」

編集長に就いてすぐだった。江副はにこにこ笑いながら忙しく働く渡邉のそばに来ると、さりげなく言った。

「がんばってるらしいね。この前のパーティーのときに言い忘れたんだけどね」

なんでしょうと、手を止める渡邉に、コーヒーを頼むような気軽さで江副は言った。

「『住宅情報』をそのうち週刊誌にしたいんだ」

考えてもいなかった要求に、渡邉はあきれながら言った。

「いまでも大変な編集作業を強いられる月刊誌を週刊誌にするのですか」

「そう、住宅情報というのは、物件が売れてしまえば価値がなくなる。住宅の情報を月刊で提供している間は、鮮度の低い、古くなった情報を提供し続けることになるからね。売れた情報は削除し、新たな情報を掲載するには週刊誌化しかない」

「それを、子供を持つ私にやれと？」

あまりにも無茶な要求に、思わず渡邉は、江副に強い視線を向けた。

「そう、子供を持つ君だからこそ頼みたいんだ。いまでも大変な仕事量なのはわかっている。週刊化すればもっと大変だろう。そのうえ子供を持って仕事を進めようというんだ。仕事にも、子育てにも、ますます創意工夫が必要になる。そこに進化が生まれる」

平然とした顔でケタ違いのスピード感と生産性を要求する江副の発想に半ばあきれ、半ば面白いと感じながら渡邉はうなずいた。

しかし、実際に取り掛かってみると、江副のスピードに関する要求は、渡邉の考えるそれを超えていた。江副は「月刊住宅情報」の隔週化を三カ月で実現することを迫ったのだ。

三カ月目に隔週化がなった。するとすぐに江副は、再び三カ月後の週刊誌化を要求し、言い放った。

「僕の要求するスピードに応えられる才能と意欲をもった人材を僕は採用し続けてきたという自負があります。応えられないようだったら、それは僕の目が節穴だったということ。編集スタッフにいま以上の大きな任務を課してください。彼らはきっと応えてくれます。スピードが彼らの秘めた才能を引き出すのです」

渡邉が編集長に就いて半年後、新しい時代の到来を感じさせる表紙デザインに一新された「週刊住宅情報」を発売する。

この間、情報量とスピードに応えるなかで編集内容は激変し、情報の質は格段に向上した。まず編集部員が結束して悪徳不動産会社を排除するための情報審査システムを作り、正確な情報だけが掲載される誌面作りを推進した。

編集記事は、主婦が不動産を選び購入するために必要な基本知識が得られるものにして、物件情報は新築と中古に分けた。さらに、読者が選択しやすいよう沿線別のインデックスをつけ、駅名・物件価格・駅まで徒歩何分か・専有面積・間取りなどを手がかりに希望の物件を検索、比較検討しやすくできるよう配慮した。

新築の物件リポートページは、読者が望む項目を比較検討しやすいようにレイアウトをパターン化した。そして現地取材をして生活者、購入者の視点で、ていねいに物件の魅力を紹介する優秀なリポーター集団を確保、育成することに力を注いだ。

こうした誌面は、自由な広告づくりに慣れた掲載企業をとまどわせた。当初は「物件の独自性が訴求できない」との苦情が相次いだ。しかし、その独自性という名の過大表現、誇大広告こそ、これまでの不動産広告をうさん臭いものにし、住宅購入希望者の間に不信感の芽を育ててきた要因だったと、江副は考えていた。そして、同一条件での比較検討こそ読者が望む情報だと信じた。そこで渡邉には、不動産情報掲載基準の厳格な制度化を徹底的にこだわり迫った。

結果、読者のアンケートはがきには「住宅を求める側の視点に立って作られわかりやすく便利」と大いに歓迎され、住宅情報雑誌の編集手法と技術が確立されていった。

それはインターネットの概念がない時代に、紙媒体で、情報の受け手がたやすく必要な情報にたどりつく、情報革命の先駆となるものだった。

同時に主婦層の読者たちは、「住宅情報」の存在によって、住宅購入に必要な知識を手軽に得られるようになった。物件選びの主導権は、夫から妻へと移ったのである。そうなれば、企業側も女性の目に選ばれる商品づくりをめざさざるを得なくなる。銀行も働く女性に銀行ローンを提供するようになっていった。

いまや「リクルートブック」と肩を並べるだけの売上高を誇ることになった「住宅情報」を

さらに伸ばす方法はないだろうか。

江副は考えた。

週刊化なった不動産情報に絶対的な信頼がなければ、多くの読者は安心して手を出さないだろう。そのためには、情報審査システムで悪徳不動産会社を排除するだけでなく、「不動産情報のうさん臭さ」を自らが払拭し、市民権を得る必要がある。

そのための広報活動が必要だ。いまの事業規模からすれば、膨大な広告費を投入するのは暴挙かもしれない。でもやるべきだ。キャラクターに信頼性十分な人物を起用し、テレビCMを打とうと、江副は決心した。キャラクターにはだれがいいか、社内で討議を繰り返した。黒柳徹子の名が挙がった。

彼女なら信頼性も、親近感も申し分ないと江副も賛成する。当時の黒柳は「NHK専属」ともいえるような状況だったためか、最初は断り続けられた。広告代理店の報告に業を煮やした江副は、NHKのスタジオに自ら何度も黒柳をたずねる。あまりのしつこさにようやく首を縦に振った黒柳は、結果として十年間にわたり「住宅情報」の広告に出演し続け、リクルートが提供する不動産情報、そして不動産業界そのもののイメージアップに大いに貢献した。

オイルショック後の好景気で地価がたちまちのうちに上昇した。それと団塊の世代の結婚時期が重なった。持ち家信仰が強い日本人に一戸建ては高嶺の花となった。七八年から八〇年にかけてマンションブームの波が押し寄せた。

「住宅情報」はまさに時代の子だった。渡邉には、江副とともに、時代の船に乗り、時代を疾走する、爽快感があった。

江副が読んだ通り、渡邉と黒柳徹子の起用は、生活情報事業という大きな可能性を切り開いた。それは就職シーズン前に繁忙期が集中するリクルートの労働の平準化を実現すると同時に、経済の好不況に大きな影響を受けがちな採用事業の比重を低下させることでリクルートの経営の安定化を約束した。時代に即した生活情報事業を経営基盤に組み込むことで、江副の言う通り、「伸ばそうと、思うまで育つリクルート」に、変質したのだ。

そんなときだった。七九年の一月に銀座八丁目の電通通りの、土橋の角地にあったキャバレー「ショーボート」の跡地五百坪が売りに出されるという情報が飛び込んできた。

江副は、西新橋ビル建設時に亀倉と交わした約束を守るように、土橋の現地に亀倉を案内した。新幹線を背にしながら、亀倉が満足げに言う。

「ここなら新幹線の乗客だけでなく、銀座エリア全体に、リクルートの経営思想を発信できる」

要する費用概算を大至急はじき出すと、土地と建築費を合わせ五百億円の資金が必要となる計算だ。売上高三百五十億円、経常利益四十二億円のリクルートには、さすがに荷が重い。IBMコンピュータの初導入のときと同じように、江副は悩みに悩んだ。「日本株式会社の人事部」にとどまるならば、銀座の入り口角地に本社ビルを建てる必然性は薄い。しかし、リクルートが、情報産業に本格的に乗り出すならば、話は違ってくる。「顔」の見えにくい企業にとって銀座入り口の「顔」は、今後どのような情報誌よりも分かりやすい「顔」になってくれるだろう。

「時代と並走する情報産業リクルートのシンボルとして」

江副は、そんな副題のついた本社ビル計画案を役員会にかけた。

「銀座の角に居を構えると若い社員が多いだけに遊んでしまわないか」

生真面目な顔で大沢が反対した。他もつられたようにうなずく。要するに、あまりにも大きな投資額にとまどっているのだ。

「新大阪駅前ビルから始まり、名古屋、神戸、静岡と新幹線駅前にビルを建設してきました。東京でもぜひと思っていましたが、東京でそんなことができるわけない。しかし、この土地ならできるのです。亀倉先生のハーフミラービルに新橋、東京間を次々に通過する新幹線が映り込む。人の動くところにリクルートという企業メッセージが、東京で朝から夜まで展開できるのです。広告費用に換算したら建設費なんて安いものです。こんな機会は二度とおとずれないでしょう」

江副の熱弁と亀倉の太鼓判に押され、本社ビル計画が動きだした。江副は、建築プロジェクトの総合ディレクターに亀倉を指名した。

「日本一の繁華街銀座は明るくなければならない。銀座電通通りの入り口に立つこのビルの使命は明るさにつきる。そしてそれは経営の明るさ、社員の明るさという社内風土、経営思想を、街に発信していくことになる。すべてを『明るい』の一語に集約し、新しいビルを建設したい」

亀倉の明確なコンセプトのもと、新幹線駅前ビルで展開してきた、ブルーのガラスウォールの十一階建て延べ床面積五千坪の本社ビルの建設が進むなか、江副のもとに十一月二十五日訃報が届いた。

江副にとって三番目の母にあたるきくゑの死だった。

佐賀の疎開先から、二番目の母咲子とともに帰った大阪豊中の借家で、初めてきくゑと出会った。そして深夜まで帰らぬ父と、義弟洋二を抱えた咲子、見知らぬ女きくゑとの奇妙な生活から、江副の「戦後」は始まったのだ。

家にほとんど金を入れぬ父、良之だった。貧しい中で、当時一番授業料が高いといわれた甲南学園に六年間通えたのは、阪急百貨店の美術部の店員をしていた働く女、きくゑがいたからこそだった。江副は盛大な葬儀を催し、きくゑを野辺に見送った。

きくゑが亡くなって三カ月後の八〇年二月、江副は「女性の仕事手帖」を編集骨子に、女性転職情報誌「とらばーゆ」を創刊する。それは働く女性きくゑへの、江副からの手向けの一冊となった。そして同時に、五年後にやってくる男女雇用機会均等法を先取りした、働く女性のための応援誌ともなったのである。

「とらばーゆ」は女性の熱い支持を受け、発売翌日にほぼ完売。新聞は一面で「女性の転職時代の到来」と大々的に報じた。結婚すれば寿退社して女性は家に籠もるものという社会通念は、この年を境に、日本から徐々に崩れていく。「とらばーゆ」の創刊は、戦前戦後に築かれてきた日本の社会構造を変える、一つの要因となったのである。

「住宅情報」に次ぐ「とらばーゆ」の成功で、江副はますます時代を演出し、時代と並走する経営者として注目を集めるようになった。

八一年三月、ガラスウォールの空を背景にかもめが高らかに羽ばたくリクルート本社ビルは、銀座入り口に明るくデビューした。新幹線が映り込み、夜になると競合会社のネオンが映り込む。ようやく自分の満足いくビルが建てられた。江副は、銀座八丁目ビルを通称「G8＝ジーエイト」と呼び、西新橋ビルのときには見送った「リクルート本社ビル」の名を冠し、竣工式を祝った。

「浩正が銀座に大きなビルを建てたと新聞で読んだ。お前の建てたビルを見たいし、久しぶりにゆっくり温泉にも一緒に入りたい」

長い間、疎遠だった父、良之から連絡があった。父はもうすぐ八十歳になる。生涯一教師として大阪市立淀商高校で教え、定年退職後も大阪・大谷学園に請われ教壇に立ち続けた。同時に、大阪私学研究会を組織し、精力的に数学教育の充実にも奔走していた。しかし、年齢が年齢である。さすがにそれも体力的な限界が来て、きくゑを亡くしたあたりから急に衰えだした。昨年にはとうとう体調を崩し、教壇を降り、寝込む日が多いと聞いていた。そんな父が新聞で息子の記事を読み、東京に出てくるというのだ。江副はうれしかった。

五月十六日、思いのほか足取りもしっかりした父に寄り添うように、江副は新しいビル内を案内した。

「ほう、ここからは新幹線が見えるのか。大阪支社からも新幹線が見えたが、なかなかたいしたものではないか」

父の携わる数学振興会事務局を大阪支社に置いた関係で、そこをたびたび訪れていた父は、支社長や総務の社員を相手によく酒を飲んでいたらしい。狷介《けんかい》な父のことだ、代々の大阪支社長には、随分と迷惑をかけているのではないかと心配していたのだ。

江副の社長室の椅子に座り、指で肘掛けの隅をたたきながらも父は満足げだ。その後、二人は新幹線で小田原に向かい、箱根で湯に浸かった。父と温泉に入るなど、何十年ぶりだろう。おそらく、中学時代に野沢温泉で父にスキーを教わった後、一緒に入って以来ではないか。

「就職のとき、わしと同じようにお前が教師になってくれればと願った。それが嫌なら、せめてこれからの時代、電通か大広にでも入ってくれればとも。それが大学新聞の仕事をそのまま続けてやるというので、どうなることかと長いこと気になっていた」

「そうなんですか。一言もそんなこと言ってくれなかったじゃないですか」

「お前のことだ、どうせ言っても聞きはしないだろう。だから黙っていた。しかし、いまの仕事は電通にも負けない仕事だ。よくやったなぁ。電通通りの真横に、それより大きなビルまで建てて」

父に褒められたのは初めてかもしれない。これまでの長い年月、江副が胸中に抱き続けてきたわだかまりが、ようやく氷解していく。新しいビルを建ててつくづくよかったと思う。父が問うた。

「お前の家に行っていいか」

箱根から帰り、父の兄弟、知人を集めて会食をした。父の体調を心配したが、食事は思いのほか進んだ。翌朝起きると上機嫌で、久しぶりに朝湯をつかわせてもらおうかと言った。ずいぶん長湯をして、出かける江副を玄関まで送ってもくれた。

「ああ、さっぱりした。こんなにうまい酒と食事は久しぶりだった。行っておいで」

江副が出かけた後、父は突然睡魔に襲われ眠り込むと、そのまま息を引き取った。

疎開先の佐賀から焼け野原の大阪に帰って以来、ほとんど心を通わせることなく過ごした親子だったが、父の最後の数日をともにできたことに江副は感謝した。幾つになっても父は父だったので、薬隠の精神を説く父が生きている間、江副は自らの思いを封印し生きてきた。

やっと父の束縛が解け、江副は変容していった。

投機性の高い株式投資の世界に傾斜していった。同時に、江副のなかから、少しずつ謙虚さが薄れていくのを、旧知の人たちは見過ごさなかった。

「住宅情報」が「リクルートブック」と売り上げが並ぶまでに育ってきた。「就職情報」「とらばーゆ」も快進撃を続ける。時代を読む自分の判断に満足げな江副の前に、新たな巨象が立ちはだかった。

八三年二月、不動産業界の広告が「住宅情報」に流れ、新聞広告の売り上げを激減させていた読売新聞が、巨人軍の江川卓投手をキャラクターに起用し「読売住宅案内」を立ち上げたのだ。不動産広告の主役が、新聞ではなく新しい媒体、情報誌へと移っていきつつあることを読売新聞が自らの身をもって認めた瞬間だった。負けられない一戦になった。江副は社内報で檄を飛ばす。

「チャンス到来　打倒Y　全社をあげてY誌と戦う

これからの戦いは、リクルートの歴史に残るものとなる。情報誌は『一位』でなくてはならない。かつてのダイヤモンド社出現と同様、Y誌のおかげで飛躍的な成長ができるように住宅情報事業全体をスケールアップして、リクルートの全機能をあげて戦う。

『脅威と感じるほどの事態のなかに、隠された発展がある』

ドラッカーの言うように、われわれはやり方を変えることで活路を見いだそう」

読売参入の報を聞きつけてわずか一週間の間に、強権ともいえる大規模な人事異動を江副は全社で展開した。採用広告事業、中途採用事業、教育事業の精鋭を住宅広告事業に投入する。当然、現場からはこれではやっていけないとの悲鳴が上がる。江副は無慈悲に、平然とそんな声を切り捨てる。

「いままでの方法でやろうとするからやっていけないのです。何とかこの緊急事態を切り抜けようという創意工夫が、われわれの事業を新しい高みに導いてくれるはずです。読売の住宅事業の参入で、うちの採用広告事業がより強くなればありがたいことではないですか」

狙いを首都圏で店舗を広げてきたコンビニに定めた。コンビニの入り口を入ると雑誌類がずらりと並ぶ風景は今では当たり前になったが、八三年時点では雑誌を置く棚さえなかった。リクルートはそこに狙いを定め、売り込んだのだ。広告収入で利益を確保するリクルートは、定価は書かれているが代金は徴収しない。つまり、売り上げはすべてコンビニのものになるのである。各コンビニ本部が「住宅情報」の導入を即決する。各部から急きょ集められた直搬部隊が、首都圏のコンビニ一軒一軒をめぐり、ラックを置き、雑誌を納入し、在庫がなくなれば補充し、店頭を掃除した。駅の売店売り中心の読売との間に、たちまち販売拠点数にして十倍の開きができた。

そもそも誌面では、初めの一歩で勝負はついていた。先行者の影響は大きい。読売の誌面づくりは、どうしてもリクルートの誌面をまねたようなものになっていた。そのことが「安直」といった印象を与えたのだろうか。読売は掲載企業と読者の双方からリクルート以上の支持を集めることはできなかった。長い間かけて開発してきた、どんな項目からも読者が望む物件にたどり着けるマトリックス検索性能の高さもリクルートの優位性の一因となったようだ。物件を紹介するリポーターの質に至っては歴然たる違いがあった。結局、どれだけ読者と掲載企業双方の求める要望について考え抜いたかという、知恵に裏打ちされた情報の質が勝負の分かれ目だったといえるだろうか。読売という巨象が、住宅情報誌から撤退するのに、さほどの時間はかからなかった。

競合の存在はいつも豊かな果実を生みだす。

読売との戦争のなかでより精度を増した検索の利便性は、リクルートが発行するほかの雑誌にも移植され、情報誌としての媒体価値をさらに高める結果になった。そしてなによりも、部数を拡大させる「住宅情報」に続き、「とらばーゆ」「Ｂ‐ｉｎｇ」「フロム・エー」などの情報誌が、次々とコンビニ店頭に置かれるようになった。このことが広告効果の拡大と広告売り上げの増加に大きく寄与し、リクルートは採用事業から情報事業へと大きく脱皮を図っていった。

八五年四月、男女雇用機会均等法が改正され、職場における男女の差別は禁止、女性にも総合職が開放された。時代を先読みすること五年早く創刊された「とらばーゆ」はますます部数を伸ばした。創業以来、女性総合職が当たり前のリクルートからは、のち三代目社長になる河野栄子が取締役に起用されたのをはじめとして、「就職情報」神山陽子、「とらばーゆ」の江上節子、松永真理などの女性編集長が、時代に呼応するように羽ばたいていった。

編集長だけではなかった、リクルートでは「企業への招待」のころから雑誌や情報誌編集の制作現場は数多くの女性制作者により支えられていた。リクルートが高収益の会社であり続けられたのは、数々の創意工夫を積み重ねて生み出された編集技法が次代の女性たちへと受け継がれてきたからだ。突き詰めていえば、編集現場で働く女性たちの生産性の高さにあった。

その実績と、それに裏打ちされた自負をもって、リクルートの女性はいきいきと働いた。編集長たちのその後の社会的活躍も加わって、男女雇用機会均等法の早くからの実践企業として、リクルートは八〇年後半の「女性の時代」をリードすることになるのである。

その道筋をつけた渡邉が「住宅情報」から企画制作に戻り、新たな雑誌を作ることになった。

挨拶に来た渡邉に、江副は得意げに言った。

「僕が見抜いた通りだろ、君ならきっとやってくれると思っていた」

「私のことはともかく、江副さんが人を見抜く力はすごいです。怖いくらいです」

「いや、これだけ採用に力を入れて、毎年人を見てきても、人なんてなかなか見抜けないですよ。ただ一つ僕が見るのは、その人に悔し涙を流した経験があるかどうかだけかな」

「私はリクルートがここまで大きくなったのは、江副さんもまた、悔しさを力にしてきたからだと思います」

「いや、僕はそんなことはないよ」

問いをはぐらかす江副に、渡邉は笑いながら言った。

「だって、結婚披露宴の主賓席で流したという悔し涙の話、あれは有名ですよ」

創業十年入社の土屋洋が二年目に結婚式をあげた。仲人の大学教授が新郎を紹介した。

「新郎は、名前も聞いたこともない、わけのわからない会社に就職しまして、いや私は反対したのですが」

「あれはね、本当に悔しかった。何としてもリクルートを世間から認められる会社にしてやる、もう社員に肩身の狭い思いをさせないぞと、その日、僕は誓ったんだ」

マネジャー会議など、ことあるごとに江副は、その土屋の披露宴の話に触れ続けた。それを思い出したように、江副は渡邉にうなずいた。

「たしかに、あの結婚式以来、僕もみんなもがむしゃらに働いてリクルートは大きくなった。あの悔しさが、道を切り開いてくれたと言ってもいいかもしれないね」

「私は悔しさをエンジンに、『住宅情報』号という時代の船に、江副さんと一緒に乗れて幸せでした」

渡邉は「住宅情報」を離れるにあたって、心からそう思い、改めて江副に頭を下げた。

「君が悔し涙を力に『住宅情報』を大きくしたように、今度の本づくりでも新しいことをどんどんやっていってほしいな」

渡邉の背中を見ながら、江副は思う。

悔しさをバネに、大きくするのは環境開発だ。きっと「野村」を後悔させてみせると。

江副浩正の開発事業 5 **生活情報誌事業**

「住宅情報」

リクルートが就職と進学の分野から、大きく生活情報へかじを切ったのが七四年創刊の「住宅情報」である。当時の不動産広告は新聞広告とチラシが中心であった。そこへ、物件の網羅性、検索性が高く、比較検討しやすい、情報豊富な住宅情報誌を提供することで、不動産購入希望者の利便性を高めた。紙面は新規分譲物件、中古仲介物件、賃貸物件、住宅に関する情報の四部構成であった。しかし、この情報誌をいかに住宅購入希望者に届けるかが課題であった。創刊当初は、大手企業の住宅積み立て制度加入者や銀行窓口などで無料配布していたが、やがて出版取次を通して首都圏の書店千二百店に置くようになった。その後も私鉄・地下鉄売店、キヨスク、コンビニへと販路を広げたが、欠本などをなくすために販売拠点へ直接搬入し、担当者がきめ細かくフォローする仕組みに変えた。

同時に厳しい審査基準を物件掲載に持ち込み、悪徳不動産業者を排除して情報の信頼性を確保した。制作の効率化を進めて納期を短縮し、最新の情報が読者に届くようにした。読者と不動産業者の広い支持を受けて、隔月刊でスタートした「住宅情報」首都圏版はわずか六カ月で週刊誌化が実現し、全国へと広がっていった。

不動産不況の八四年、不動産会社各社は広告効果に対して厳しい判断を下した。新聞広告への出稿を減少させ、費用対効果の高い「住宅情報」への出稿を増やしたのである。結果、その年の「住宅情報」の売り上げは三百二十億円に達し、不動産広告におけるナンバーワン媒体となった。その後も首都圏、関西においてはシェア一位を確保し続けた。

首都圏版に続いて関西版（週刊）、東海版（隔週刊）を創刊し成功させると。続いて北海道版（月刊）、九州版（月刊）、東北版（月刊）、中国版（月刊）と全国主要都市の住宅購入希望者ニーズに対応していった。「住宅情報」首都圏版九〇年一月三・十日号は「世界一ページ数の多い雑誌」としてギネス社に認定されて注目を集めた。

八三年、家を建てる人向けに、ハウスメーカー、工務店の住宅や住宅関連商品を集めた「ハウジング情報」を創刊した。その後も、リゾート別荘の情報誌「ほしいリゾート」（九〇年）、賃貸住宅の情報誌「フォレント」（九五年）と創刊が続いた。

江副がリクルートを去ることになる直近の九一年三月期決算の数字では住宅情報関連の売り上げは五百四十五億円に達した。

ほかの生活情報誌群

「住宅情報」の成功は、リクルートの生活情報誌の展開を加速させた。「新聞を下から読む」を具体化して、リクルートは広告費の大きな市場に順次情報誌を投入していく。

八四年には、海外旅行の情報誌「エイビーロード」、中古車情報誌「カーセンサー」が創刊され、これまでの就職・進学・住宅のライフイベント情報から遊び情報へと市場を広げた。九〇年には国内旅行情報誌「じゃらん」が創刊され、国内海外の旅行情報がリクルートを経由して提供される仕組みが完成した。これらの情報誌はバブル経済崩壊後も売り上げ百億円を超えて順調に拡大を続け、厳しいリクルートの経営を支える役割を果たした。

九二年に江副は所有株式をダイエーに売却してリクルートを離れた。その後もリクルートは、結婚式場の情報誌「ゼクシィ」（九三年）、書籍情報誌「ダ・ヴィンチ」（九四年）、地域の生活情報誌「生活情報３６０（後のホットペッパー）」（九四年）、金融情報誌「あるじゃん」（九五年）、起業家支援雑誌「アントレ」創刊（九七年）、地域の求人情報誌「タウンワーク」（九八年）と新しい情報誌を投入し続け、いずれも社会に受け入れられることに成功した。

江副後のインターネットへの進出

九五年は日本のインターネット・ユーザーが百万人を突破した年と言われている。この年にリクルートは、インターネットの実用実験「Mix-Juce」を開始した。「じゃらん」など六誌の情報の抜粋を載せてユーザーから高い反応をえた。翌九六年には「カーセンサー」「エイビーロード」「住宅情報」「じゃらん」等九誌がネット上にサイトを開設した。さらに同年には大学生向けの就職情報サービスサイト「リクナビ」がオープンし、学生の就職行動を変える影響力を持つに至った。かつて江副が予測した、ニューメディアによってユーザーが自分に必要な情報を手軽に入手できる時代が到来したのであった。

第十一章　店頭登録

一九七六年に「住宅情報」を創刊し、初めて住宅分野に進出した。そこで、思わぬ効用を示し始めたのが、甲南の同窓生合田耕平に勧められて始めたマンションデベロッパー企業、環境開発だった。

創業以来、「日本株式会社の人事部」をめざしてきたリクルートにとって住宅情報部門への進出は、本来大変な苦労を強いられるものだ。それまで人事情報の編集に慣れ親しんだ編集制作者が、右も左もわからぬ不動産の編集に携わらなければならないからだ。新設なった「住宅情報」編集部にとって、環境開発から教えられるデベロッパーの内情や専門知識が、どれだけ役に立ったことか。

社外のデベロッパー各社からは当初、媒体の発行元が不動産事業に携わっていることに対する批判が少なからずあった。情報が流れるのではとの不安からである。社内でも、決して温かく見られていたわけではない。世の中にない事業を興そうと主張する江副が、新味に欠けるマンション事業を続けることに対し、一部の取締役や社員が冷ややかな視線を向けていたのである。

その一方で、「住宅情報」は順調に売り上げを伸ばし、社外でも社内でも必要不可欠な媒体に育っていった。そして「住宅情報」と環境開発は、ワニとワニドリのように共存することでお互いが発展する、共栄関係を生み出し始めたのである。

環境開発は設立から四年、細々と事業を続けていた。それでも、百戸を超えるマンションを東京芦花公園に建設、さらには大阪にも進出するなど、確実に実績を積み将来への布石を打ってきた。そこに、七八年から八〇年にかけて、合田が予言していたマンションブームがやってきた。この間の三年間で環境開発の供給戸数は千八百戸強にまで増えた。社員数二十三人の陣容ではまずまずの数字だろう。ようやくデベロッパーとしての基礎固めもできた。「住宅情報」の媒体力を存分に活用し、本格的にマンション販売に打ってでようとした矢先のことだ。

八一年、第二次オイルショックの大波に襲われた。江副にとっては、不動産がこれほど景気と敏感に反応する事業だとは驚きだった。物件はまったく動かない。世の中には在庫のマンションがあふれ、廃業する会社もいくつかある。

それを尻目に、「住宅情報」は快進撃を続けていた。各社とも広告費を節約しようと、高額の新聞広告掲載をやめて、「住宅情報」に資金を集中投下し始めたからである。売れなければ在庫がたまり、毎週のページはどんどん厚くなっていく。

一方、環境開発は在庫をかかえ、次の開発もままならなくなっていた。

「マンションおしんの時代」

江副は、状況を自虐的に表現しながら、八一年から八三年の第二次オイルショックの不況をしのいだ。

大学新聞広告社を興して以来、身をもって知った事実は、景気の変動期間は三年だということだ。ならばこの第二次オイルショックも三年後には好転する。この不景気の三年は、いままでためた利益をすべて吐き出してでも耐える。そして、やってくる次の時代に備える。つまり、不動産会社としての体力強化だ。江副は腹をくくった。

まず、やらなくてはならないのは、土地情報の入手網の充実だ。

不動産各社にとって、土地の仕入れは命綱である。旧財閥系のデベロッパーが強いのは、系列の銀行から土地情報が流れてくるからだ。しかし、不況になって土地の流通が手詰まりになれば、逆に主幹銀行を設けずにきたリクルートの立場が利点となる。そう江副は読んだ。そして、環境開発に持ち込まれた物件については、ちゅうちょせず即座に仕入れるよう指示した。

大手になればなるほど土地の仕入れには慎重になる。駅近の環境の整った土地を仕入れようとする。しかし、環境の万全な好立地の土地などほとんど出ない。四割方は良好とはいえない環境下の土地だ。不動産が六勝四敗の世界といわれるのはそのせいだ。しかし、その四割の良好でない環境の土地に付加価値をつけ、開発することこそ不動産事業の醍醐味でもある。苦戦するとわかっている土地だからこそ、手を出す。そこに商品開発の知恵と独創性が生きると、江副は信じた。

江副は、銀行が持ち込む土地物件に対して、即断での仕入れを促した。やがて銀行各行の間で「この不景気下、環境開発だけは、土地を持ち込めば買ってくれる」ということが定説となった。その結果、旧財閥銀行が、なかなか決裁のおりない系列不動産会社を嫌って、土地情報をいち早く環境開発に持ち込んでくるようになったのである。リクルートが長年にわたり主幹銀行を置かず全方位で金融対策にあたってきたことが、ここでは強みとなり、独自の土地仕入れ網を構築する原動力になった。

ただ、土地が入手できても、それだけでは利益にならない。土地状況に対応した挑戦的な商品企画を開発できるかどうか。そこが勝負の分かれ目なのだ。

不況でデベロッパー各社が採用を控えるなか、江副は「普段ならうちなどへ応募しない工学部の優秀な学生を採れる最大の機会」と公言し、積極的な採用活動を展開した。三年間でたちまち環境開発の組織は、全社員の七割が建築、土木、都市工学の専攻者が占める、ほかのデベロッパーには例のない人員構成になった。しかも平均年齢は二十四歳だ。大手の不動産設計部では、徒弟制度にも似た環境下で旧態依然とした商品づくりが行われている。三十代半ばを過ぎても総合開発の責任者にもなれない。そんな現状にあって、江副は大量に採用した新人設計者に商品企画の責任を委ねた。環境がいいとは言えない土地なのだ。思い切って冒険しなければ、お客さんは振り向いてくれない。マンションの間取りといえば「田の字」といわれる区画割りと固く信じている他社の設計部からは決して出てこない、斬新な間取りのマンションが環境開発では次々に開発されていった。不況の三年で、これまでにないデベロッパーへと思考改善が図られたのである。

そうなれば、あとはこうした開発物件をどう売るかだ。不動産に詳しい重田里志以外は素人を集め、斬新な切り口で不動産事業を見直していこう。江副は各地に散る広告営業の精鋭を環境開発に集めた。

「花田君、明日から東京の環境開発に出向してください」

九州支社長の花田幸弘は、江副からの突然の異動通達の電話に驚愕した。新幹線博多駅前にはリクルート博多ビルの建設が進められていた。来年の春には、竣工なった新社屋の新しい支社長の椅子に座り「さあ、この支社をもっと大きくするぞ」と鼻息を荒くしているはずだった。その花田に、未経験の不動産を担当しろというのである。

「こんなむちゃくちゃな人事お断りします」

はっきり断ったのに、次の日にもまた電話がかかってくる。地方支社ナンバーワンの売り上げを誇る九州支社長が、環境開発のマネジャーになどなれるか。電話口で再び断る。しかし翌日には、何事もなかったように江副から電話が入るのである。

「いつ東京に転勤できますか。花田君の席、ずっと空いたままです」

とうとう根負けだ。東京への転勤が決まる。こうして、冬の時代の環境開発にリクルートの営業の精鋭が集められた。リクルート採用の新卒内定者から、一番優秀な学生、一番元気な学生を環境開発に回したのである。

「不動産業界の常識といわれることを一度すべて否定し、新しい方法論を生み出したい。そのためには、不動産に関してはまったく素人の君らを環境開発は必要としているのです」

江副の説く言葉に、花田たちの表情が変わる。

マンション販売はコミッションセールス主体の、口八丁手八丁の世界とされていた。しかし、住まいに一番長い時間いるのは多くの場合、女性なのだ。その女性に向かって、なぜ女性が商品の良さを訴えないのだろう。「住宅情報」誌の成功の要は女性だと早くから確信して渡邉嘉子を編集長に就け、女性の力を引き出した江副である。その江副からすれば、マンションを売るために女性視点を持ち込むのは、ごく当然なことだった。女性のセールス部隊を創設した。

江副はそれを「セールスレディー制度」と名づけた。

そしてセールスレディーとお客さんの間で取り交わされる会話は、設計部に上げられ、次の物件の新たな提案となった。ここでも「分からないことはお客様に聞く主義」は生かされた。

こうして、「マンションおしんの時代」に環境開発は、土地仕入れ網、開発設計部の充実、革新的な販売方法の開発を着々と果たし、やがてやってくる春に備えて十分な戦闘力を蓄えていった。

だが一つ、大きな問題が残っていた。本格的な好景気がおとずれ、土地情報が環境開発にいち早くもたらされたとして、そのときどう資金を調達するかだ。

銀行融資の決裁を待っていたのでは、絶好の機会を損失しかねない。土地情報入手と同時に、即断で買い取れるだけの資金力が欲しかった。

そんな折、野村證券の第二事業法人部の廣田光次が江副のもとに耳寄りな情報をもたらす。

「今度、店頭登録（後ジャスダック、現廃止）の公募増資規制が緩和されて、二百人の株主がそろえば二年の実績審査を経て株式公開が可能になります。中小の優良企業を育てて、経済の活性化を図る狙いがあります。規制の厳しい一部や二部市場に比べて規制の少ない非常に自由な市場ですので、江副さんの感性にも合うはずです。環境開発さんの資金確保という意味からも、よい話ではないでしょうか」

野村證券の事業法人部は一部上場企業だけを得意先とし、企業の資産、年金運用にあたる株式のプロ軍団だ。非上場だったが、早くから多額の株運用で経営資金を賄ってきたリクルートは、西武流通グループとともに事業法人部の大きな得意先だった。

その事業法人部でリクルートを担当していた廣田の「非常に自由な市場」という言葉に、これまで所轄官庁の審査や規制に縛られず事業を展開してきた江副はいち早く反応する。

マンション冬の時代が終わり第二次マンションブームが到来したとき勝負のカギになるのは、

どれだけ他社よりも早く土地を仕入れられるかだ。耳寄りな土地情報がもたらされたとき、その場で決済できるだけの資金力がものをいう。ここは、店頭登録の門戸緩和の機会に懸けるべきだ。

申請準備に半年、そして審査が認められれば二年間の実績審査をみて店頭登録になる。いまから準備をすれば、江副が見通しているマンションブームの到来期と市場から資金を集める時期が重なる。そのことが、環境開発の飛躍を可能にするはずだ。

「株式上場をしようと思う。土地の仕入れ資金を広く市場に求めるのです」

八一年一月、江副が初めて上場という言葉を口にしたとき、環境開発の経理担当役員や重田里志は冗談だと思い笑っていた。ところが江副は、ことあるごとに上場の話を持ち出す。江副は本気なのだ。そう気づいた財務部と監査法人は、あわてて「店頭登録目論見書」作成に着手する。

江副は、日本橋のたもとの野村證券本社ビルの前に立った。三〇年に建てられた旧館から本館、新館と日本橋川に沿って百四十メートルも続く重厚な赤レンガの建物が威厳を誇る。ある種の感慨を抱きながら、江副はエレベーターの到着を待った。

「大学新聞広告社を興して二十年余、歯を食いしばってきたかいがあった」

本館二階にある役員階のエレベータードアが開いた。江副は厚く敷き詰められたじゅうたんの廊下へ一歩を踏み出す。靴底が吸い込まれるようにじゅうたんのなかへ沈んだ。

役員応接室のドアの向こうで、事業法人部リクルート担当取締役の鈴木政志、担当の廣田光次、引受審査部取締役を従えた社長の田淵節也が立ち上がり、江副を迎えた。

「証券界のドン」という呼び名から、いかめしい男を思っていたが、なかなか愛嬌《あいきょう》のある笑顔だ。自分より十歳も年上とは思えないほど若々しい。さっそく店頭登録目論見書を差し出す。その報告書に軽く目をとおすと、田淵は切り出した。

「御社がいろいろな事業に果敢に取り組むご様子、ずっと拝見しておりました。その江副さんから今回、店頭登録にあたり主幹事証券会社として弊社をご指名いただいたのは光栄です。店頭登録で、江副さんのご活躍にますます弾みがつくでしょう」

横に座る引受審査部の取締役に田淵は顔を向けると、大きな声で言った。

「すぐに検討するように」

証券会社の引受審査部は、情報漏洩の防止と審査の独立性順守のために本社とは別のビルに居を構えるなど、厳正な審査体制を敷く。上場準備企業が、上場会社としてふさわしい経営管理体制や財務内容を備えているか、人事・労務状況は万全かなど、細かな審査をする。問題があれば、上場基準に達するまで組織や制度の改善指導に取り組む。証券会社の上場審査を終えた後、さらに証券取引所の審査がある。だが、主幹事証券会社の引受審査が通れば、差し戻しはまずない。なかでも野村の審査は、業界で一番厳しかった。

田淵がすぐに検討せよと命じたにもかかわらず、一向に返事は来なかった。

江副はいらついた。この話を持ち込んだ事業法人部の廣田に何度も問い合わせた。しかし、引受審査部の情報が一切入らない彼には、江副への返答は一つしかない。

「いましばらくお待ちを」

それが何度か繰り返された。

「ならばもういい、野村には頼まない」

江副は大和証券に向かった。会長の千野宣時《ちのよしとき》、社長の土井定包《どいさだかね》ら首脳陣が、江副を笑顔で迎え入れた。野村の引受審査部にいくつかを指摘されて改善した、完璧ともいえる店頭登録目論見書を江副はふたりの間に差し出す。じっくりと目をとおした千野が顔をあげた。

「私どもで主幹事を務めさせていただきます。早めに二百人の株主を確保してください」

千野の好反応に接して、早く大和に来るべきだったと思いながら江副は確かめた。

「その株主確保なのですが、法人だけでなく、これまでお世話になった個人の方にも株をお持ちいただきたいと思っているのですが、問題はありませんでしょうか」

「おつきあいのある人、お知り合い、社会的に信用のある人々に公開前の株を持ってもらうのは、どの企業もやっていますし、証券業界では常識です」

軽快に答える千野に対して、重ねて江副は問うた。

「政治家の方に持っていただくのはどうでしょう」

「問題ありません」

千野の後を受けるようにうなずきながら、土井社長が言う。

「不思議なもので、上場が近づくと創業時の苦しいときを思い出すのでしょうか、誰もがお世話になった方々に株を渡したくなるもののようです。証券業界の内規では、上場一年前からの株譲渡は禁じられていますので、お渡しになるならお早めにお願いします」

両首脳の笑顔に送られ、江副は満足して大和証券を後にした。その後、江副はことあるごとに、こう言って表情を硬くした。

「野村に断られた。いまに臍《ほぞ》をかむのは野村だ」

マンション不況でほかのデベロッパーが疲弊し廃業する会社も少なからずあるなか、環境開発は八一年から八三年の三年間に四千戸近い住宅を供給し、マンションデベロッパーとしての体質改善を果たしていた。

八三年十二月二十七日環境開発の御用納めの日に、五十人の社員を集めると江副は切り出した。

「一年間ご苦労様でした。マンション不況のなか、みなさんの労苦を厭《いと》わない熱心さで、今年も千六百七十三戸の住まいを供給することができました。売上高は五年前の十倍、四百二十五億円です。これはマンションデベロッパー八位の成績にあたります。この不況もあと半年で底を打つ。そこから見える不動産風景は、まったく違ったものになるでしょう」

底を打った地価は反動として急激に上昇するだろう。一戸建ては日本のサラリーマンが一生かかっても買える価格ではなくなる。三十代半ばを迎える団塊世代が子供を持ち、そろそろマイホームをと思っても、とてもそれはかなわぬ夢になる。一戸建て志向はたちまちのうちにしぼみ、来年には多くの人が雪崩を打ってマンションを求めるようになる。そして、環境開発の快進撃が始まるのだ。

それを野村に見せつけてやる。そう心の中で叫びながら、江副は年度末の挨拶をしめくくる。

「マンションというのは新しい産業なので、経験者と未経験者の間にそれほど差はないのです。素人集団でも創意工夫で何とかやれる。そこが魅力なんです。この三年間に手をうってきたさまざまな施策が来春には花開き、必ず環開《かんかい》を業界トップクラスに躍進させます。これまで以上にみんなの力を貸してください」

江副は、環境開発の一人ひとりと握手し終わると、今度はリクルートの御用納めの会場に向かった。銀座本社の大講堂に、仕事を終えた社員千人近くが集まっていた。

どの顔も少し華やぎ、会場は熱気に包まれている。江副は軽やかに小気味よく腕を振りながら、演壇へ駆け上がった。本当に軽やかに。いつものはつらつとした表情に加え、江副の顔には高揚感が満ちていた。話し始めた江副の声は、環境開発のときより高らかだ。

「みなさんこんにちは。今日はうれしい報告が二つあります。ここ二年言い続けてきた売り上げ千億円をみなさんのがんばりで一昨日ついに、達成しました。ありがとう。九百九十九億で終わってはと、ここずっと気が気ではなかったのですが、最終的には一千飛んでゼロが二つ並び、一千三、あるいは四億円という数字に達しました」

そして、江副はちょっと声をひそめ、小鼻を少し広げると、満足げに言う。

「同時にここのところ新聞紙上をにぎわせている日軽金ビルの購入ですが。来年一月十三日に、購入金額のすべてを払い込む契約をついさきほど締結いたしました」

ここ数日来、日本重工業界の代表的存在でもある日本軽金属（以下、日軽金）が、新興のリクルートに自社ビルを売り渡すらしいという噂は、経済界に衝撃をもって伝えられていた。

鉄の代替金属としてアルミが注目され始めたのは、戦後の朝鮮動乱需要が起こってすぐだ。銀座電通の斜め向かいに本社を構える日軽金は銀座通産省とさえ呼ばれ、メーカーが押し寄せた。銀座通りにある「電通」と「日軽金」の両社は、戦後経済復興の胎動の旗艦企業になった。江副は、学生の間で人気の高い日軽金に日参し、求人広告の注文をもらった。就職シーズンが終わると、今度は向かいの電通に日参した。ソニーのテープレコーダーなど、業界用語で「回し」

といわれる、新製品広告を転載してもらうためだ。こうした縁から、江副のなかで向かい同士にある両ビルへの思い入れは、格別に深い。

だがその日軽金も、電気代の安いアメリカ、カナダのアルミ製品に価格で太刀打ちできず、リストラを迫られた。その一環として、まずビルを売出したのである。

思い入れのあるビルである。当然ながら、江副はすぐに手を挙げた。数社間の競合になった。日軽金の社長松永義正は、大学新聞広告社のころ人事部長だった。その関係で、早くから知っていた。松永の社長就任時には、「リクルートブック」のトップインタビューで取材もしていた。江副は、日軽金ビルへの思いの丈を手紙に書いた。

その手紙が松永の心を動かした。松永は築地「吉兆」に江副を呼ぶと、切り出した。

「僕がリストラのため本社を売却すると言ったら、取締役会は『そこまでしなくても』と反対だった。そこで僕は『おやじが家を売って借家住まいをすると言えば、女房子供は、おやじの懐はそんなに大変なのかと、ようやく気づくでしょう』と言って取締役連中を説得しました。そこへあなたの手紙だ。とてもうれしかった。あなたにお譲りしますよ」

時代の中心が、戦前の製鉄業から、戦後はアルミ業に代わり、それもまた新興の情報産業へと取って代わられる。

吉兆の二人の会談は、「重工業から軽産業へ」産業構造と時代が動いた瞬間でもあった。

八四年一月十三日、銀行の融資を受けて代金の全額を振り込んだ。電通通りにはヘリコプターが飛び交い、日軽金ビル買収はテレビ、新聞で大きく報道された。

その日を境にして、いままで「山師」「隙間産業」としか見てこなかった経済界の江副とリクルートを見る目は大きく変わった。まず経団連事務局から電話があった。

「会長がお目にかかりたいとのことなので、お越しいただきたい」

会うなり、なんの前置きもなく経団連の稲山嘉寛《いなやまよしひろ》は核心を突いてきた。

「私は反対なのだが、経団連は最近の産業の変化に対応すべきだという意見が出て、新会員にリクルートはどうかということになった。日本は産業立国。モノをつくらない会社が繁栄すると日本の将来は危ないと思う。どうです、私の意見に反論してくれませんか」

人を呼んでおきながら、面と向かって「私は反対だが」もないが、けれんみのない率直さはなかなかいい。江副は真剣に稲山に対し反論を述べた。

「モノづくりも大切ですが、経済の成熟に伴いサービス業の役割が大きくなるのは資本主義の必然です。モノ作りにこだわっていれば、いずれ日本は衰退します」

「なるほど。ところであなたの会社の資金は、最初だれに出してもらったの」

「だれの援助も受けてはいません。大きな先行投資を必要とするモノ作りの会社との違いが、そこにあります」

日本の製鉄業を長く生きてきた稲山にとって、江副の打算のない、本音の日本経済に関する見立ては新鮮だった。そして、江副の飾りのない笑顔は多くの経済人の先輩の心をとらえてきたが、稲山もまた同じだった。稲山の推挙で、飯田《いいだ》亮《まこと》のセコムとともに、江副のリクルートは新興企業として経団連入りを果たした。しかし、一度顔を出してみると、そこでは老醜をさらしたお歴々が、のんびりとお茶を飲み交わしながら、もって回った談議を繰り返している。意見を求められ、しゃべれば鼻先で笑われた。

「あそこは現役を引退した経済人の老人ホームだね」

若手経営者にして論客としても知られるウシオ電機の牛尾治朗にぼやくと、彼は経済同友会入りを強く勧めた。新しい視野を持った経営者が集うことで、旧態依然とした経済体制に風穴が開くと信じ、江副は経済同友会入りを決めた。

それを祝うように八四年秋、大和証券から正式に店頭登録審査、合格の連絡があった。

「二百人以上の株主構成になるようお急ぎください。二年間の実績審査のもとに八六年秋ごろには店頭登録になると思います」

江副は、自分の持つ環境開発株を一株千二百五十円で放出することにして、未公開株の譲渡を引き受けてくれる法人、個人にあたり続けた。

リクルートを興して以来この二十年、一緒に歩んできた取引銀行、印刷会社などとの話は、とんとんと進んだ。それ以外に、法人関係で江副がどうしても株を持ってほしかったのは「日本青年社長会」（ＹＰＯ）の会員たちだった。

五十歳になると退会しなければならないという規約があるＹＰＯの会員とのつきあいを、江副は早くから大事にしてきた。身一つで事業を興したものが多いだけに、交流は刺激的で、心底楽しかった。江副は、飯田とともにＹＰＯの幹事として会員を増やさなければならない立場になった。大学時代の友人で、百円化粧品で大成功を収めるドゥ・ベストの菅原茂世や、彼の学習院時代の友人である新倉計量器社長の新倉基成などにもＹＰＯに加入してもらい、同年齢若手経営者の輪は広がっていた。みな、自社の社員とは腹を割った話ができない孤独な立場の人間だった。気のおけない者同士で週に一度はうまいものを食べ、酒を飲み交わす仲が続いてきた。江副は一人ひとりに電話をかけた。

「果たしていくらの値がつくかまったくわからないが、迷惑をかけないようがんばるので、株をもってもらえないか」

「江副ならやれるさ」

そう言いながら、彼らは大量の株を引き受けてくれた。菅原茂世は、社長を務めるビッグウエイで十二万株、自分が運営するドゥ・ベストで八万株の計二十万株を引き受けてくれた。新倉基成は個人会社「三起」の名義で十六万株。婦人服ワールドの社長、畑崎広敏は個人会社

「ワールドサービス」で二十万株、セコム会長、飯田亮も個人会社「エタナルフォーチュン」で同じく二十万株を引き受けた。

問題は、親しい友人や、これまで世話になった方々にどう株を持ってもらうかだった。まだマンションデベロッパー八位の環境開発だ。株主になってもらっても、譲渡価格よりも株価が低迷したときには合わせる顔がない。何としても環境開発を大きくし、江副浩正の経営力に懸けてくれた人々の恩義に応えるしかない。江副は決意を新たにしながら、自身が選んだ人々に電話をかけ始めた。まず、最初の電話の相手が出た。

「先生でいらっしゃいますか。おかげさまでこのたび、環境開発の店頭登録に向けた準備に入りました。これも先生に長年ご教授いただいてきたおかげです。日ごろからお世話になっている先生にも、ぜひ未公開株を持っていただきたいと思います」

相手は亀倉雄策だった。亀倉は喜んで応じてくれるという。同じように多くの人が、江副の申し出を受け入れてくれた。

八四年十二月、江副は川崎市助役と森喜朗ら三人の国会議員を含む七十三人の個人と、ウシオ、CSK、セコム、ノエビア、ヤクルト、そしてYPO会員関連六法人を含む三十七法人に対して未公開株を譲渡した。株主構成は、店頭登録の条件である二百人の基準をようやく満たし、環境開発は二年後の店頭登録に向けて動きだした。この二年間に業績悪化があれば公開は不可能となる。江副は気を引き締めて新しい年、八五年を走り始めた。

八五年三月、前年に買い取った日軽金ビルの内装が整い、本社G８ビルと道路を挟んで対《つい》をなすG７ビルが稼働を始めた。江副は環境開発本社をそこへ移し、社名をリクルートコスモスと改めた。店頭登録会社の社長として、銀行にも押しがきき財閥系の不動産会社社長とも伍《ご》して戦えるような、貫禄のある人物を社長に据えたかった。そう考えると、人望、風貌、学歴、そしてなにより創業時から一緒にやってきて気心のしれた池田友之しかいなかった。彼は「週刊就職情報」「とらばーゆ」「フロム・エー」などの中途採用事業を成功に導いた。不動産は苦手だと嫌がる池田を拝み倒して社長に就いてもらい、自らは土地情報収集、金融対策、そして採用に徹するために会長に退いた。

年明けから続く異常な土地価格上昇に危機感を覚えた中曽根康弘政権は、土地臨時調整委員会、通称土地臨調を立ち上げると、江副に委員就任を求めた。

この要請に江副は悩んだ。土地はどこまで上昇するのか。下落ポイントはどこか。委員になっていればその情報はいち早く入手できるだろう。だが政府の役職に就くことは、免許制度の仕事を避けてきた身としてためらいがあった。しかし、結局は野村證券に「その実力を痛いほどみせつけてやる」との思いが勝った。土地臨調入りをした。

意見を求められると、需要に対して供給地が絶対的に不足していることが土地を高騰させていると考える江副は、国鉄清算事業団が保有する東京駅、汐留、品川、梅田周辺の膨大な土地を早急に売却することを迫った。だが国土庁は、土地上昇に対して上限価格を決めるという。

「そんなことをすれば、国土法の網にかからないように東京の土地は細分化され、大胆な再開発計画はなくなります。対象とならない首都圏郊外の土地の高騰も招くでしょう」

江副は声を大にするが、空気は変わらない。初めから、旧国鉄地売却はしない、国土法は発動するという結論があるのか、会議は終始、国土庁の主導で進んだ。何のための臨調委員なのか。こちらの意見を聞く耳を持たないというのなら、水面下の動きにいち早く対応するだけだ。

東京の再開発が行き詰まれば、大量のマンション需要が首都圏郊外で起きる。首都圏郊外の土地が高騰する前に、コスモスは土地を買いまくるのだ。八六年春、江副はコスモス内に「首都圏郊外で土地情報があれば即決で仕入れるように」との緊急通達を出した。コスモスはマンション供給デベロッパーでナンバーワンに躍り出るだろう。需要に対して、コスモスの現有社員ではきっと今後は対応できない。ここは勝負時だ。江副はリクルート採用の新卒を大量にコスモス配属にした。若さに任せてモデルルーム周辺にアパートを借り、合宿しながら完売をめざす。コスモスの社員たちの「合宿販売」と快進撃に、競合他社はたじろぐばかりだ。

業界のパーティーで顔を合わせた住友不動産の安藤太郎会長は、ばったり顔を合わせた三井不動産の江戸英雄相談役に思わずこう言った。

「うちでは上司のかばん持ち程度しかしていない年齢の人たちが、土地情報を入手して二、三日後に購入の結論を出している。信じられないことだ」

江戸もうなずきながら返した。

「江副君という人は、旧財閥系の組織で育ったわれわれには、とうてい及びもつかない発想をする人ですね。あの時代への斬りこみ方は、大企業に身を置いた者にはとてもまねができませんよ」

その江副は不動産業界ではみられない、年に一度の合同竣工式を開催した。そして土地情報提供銀行、ゼネコン、建築設計事務所などを一堂に集めると、各社が見守るなかコスモスへの協力度が高い順に感謝状を読み上げた。自然、次はうちが最初に情報提供を、入札を、ということになる。江副は笑顔とおもてなしの裏で、お互いを競わせるすべを天性に備えていた。同時に物件ごとの竣工式では、そのきめ細かな配慮は、お土産の品にまで発揮される。東京・赤坂で開催した祝賀会のことだ。開発責任者はサントリーのワインをお土産に用意していた。江副は「明日のお土産は？」とたずねると、答えを聞いたとたんに声をあげる。

「そんなもの、だれも喜ばないでしょう。安比高原のとうもろこしですよ。大至急用意して」

今日の明日では、安比からとうもろこしを運ぶのは無理だ。開発責任者は都内の生鮮食料品店をめぐり、大量のとうもろこしを用意した。

「ほら、みんな安比のとうもろこしに喜んでいたでしょう。何ごとにもきめ細かい気配りを。それが次に結びつきます」

ものごとの本質を瞬時に見ぬき、総論を端的に構築する江副は、同時に各論のすみずみまでにこまごまと気を配った。そして、自分ですべてに納得しないと気がすまない人でもあった。銀行各行もゼネコンも、そんな江副に魅せられて、最新情報をまずはコスモスに持ち込んだ。コスモスはわずかの間に、社員百人の会社から千人の会社へ膨れ上がった。マンション供給数の伸長はもっと著しい。八四年が千三百九十八戸であったのに対して、八五年二千六百二十戸、八六年は四千三百三十三戸を供給し、そしてマンション供給数業界第二位のデベロッパーに躍り出る。もちろん成功の主因は、異常な地価の値上がりを見通した江副の先見力である。

八五年九月、行政改革を進める中曽根内閣から今度は教育課程審議委員会入りを要請された。「リクルートブック」「リクルート進学ブック」と大学教育、専門学校教育で大きくなってきたリクルートだ。その知見と経験は、よりよい教育制度改革に役立つと信じて要請を受けた。

さらに、政府税調特別委員の要請も舞い込んだ。土地臨調、教育課程審議委だけでも手いっぱいのところに、これ以上政府関係の要職を受けることは不可能に近い。いったんは断るものの、中曽根首相の「今回の税調は民間のあばれ馬」をそろえてほしいとの、たっての願いだった。あばれ馬として指名されたのは堺屋太一、牛尾治朗、江副浩正だった。この身も堺屋、牛尾と並べられるまでになったかと受けることにした。

税調に参加すると、人気の転換社債の税金を株式並みの十倍にして増税を図るべきだという持論を展開する。その大胆な意見にマスコミは、「素手でのし上った男」に「民間のあばれ馬」のキャッチフレーズを加えて報道した。

土地臨調、税調特別委と国の要職にかかわってみると、いち早くさまざまな土地や金融情報が手に入ることがわかった。それで、コスモスやFFの仕事は先手、先手が打てた。サービス精神あふれる江副のことだけに、マスコミが与えた「民間のあばれ馬」にふさわしい態度も多々取ることになった。

登録準備二年間の観察期間が終え、コスモスは八六年十月店頭登録を迎えた。

「上場が近づくと、創業時の苦しいときを思い出すのでしょうか、だれもがお世話になった方々に株を渡したくなるものです」

不思議なものだ。大和証券の土井社長が言った通りの心境になってきた。どうしてこうも的確に人の心を読みとることができるのだろう。しかも、コスモスの快進撃で、新聞は、店頭登録後にコスモス株はどこまで上がるかとの憶測記事を連日書き立てる。二年前に株譲渡を申し入れたときには、公開後に株価が低迷して頼んでもらった人々に迷惑をかけないかと心配したが、それは杞憂《きゆう》に終わりそうだ。

ならばあの人にも、この人にも株をもってもらいたい。リクルート創業以来、お世話になった人たちの顔が次々に浮かんだ。

上場一年前の株譲渡禁止の内規の実態を、江副は大和証券に問い合わせた。

「それは一部、二部上場の内規で、店頭登録には当てはまりません。けれども正直、あまりお勧めできることではありません。どうしてもということであれば、私どもではお止めできませんが。ただ一つ気をつけていただきたいのは、江副さんご本人の株を渡すことはできないということです」

創業者が保有する株を譲渡できないとなると、ＹＰＯ会員の連中にもってもらった法人株を分けてもらうしかない。お互い起業家として遠慮のないことを言い合ってきた彼らのことだ、ざっくばらんに自分の気持ちを伝えれば応えてくれるだろう。

まずは、学生時代からのつきあいで、一番気心が知れているドゥ・ベストの菅原茂世に電話をかけた。

「上場直前になって、大変申し訳ないけれども、リクルートの昔からの幹部やお世話になっている人たちに、もっと株を回したいのだが、僕がもっている株式を回すことはできない。君の会社にもってもらった株を、僕がお願いする人たちに回してもらえないだろうか」

ドゥ・ベストを起業したばかりの菅原は、商品の開発資金に四苦八苦する毎日だった。けれども二年前に譲り受けた株が思ってもいなかった高値をつけそうな気配で、店頭登録日を楽しみにしていた。それなのに、その一カ月前に江副のたっての申し入れだ。とまどう菅原に江副は言う。

「一株千二百五十円で引き受けてもらったけれど、それを一株三千円で、僕が指定する人たちに分けてあげてほしいんだ。もし、上場初日の付け値がそれを上回ったら、その分はリクルートの株券で返すから」

十八歳からの友好関係に甘えず、ビジネスマンとして金銭のけじめはきちんとつけようとする江副の申し出に菅原は好感を覚え、その条件をのんだ。

「ありがとう、恩にきるよ。近く担当者を差し向けるから、株の名義を指定する人たちに差し替えてくれ」

江副から譲渡先のリストが届いた。ビッグウエイが保有する十二万株は十四人に、ドゥ・ベストの八万株は九人に割り当てる指定だった。

古河久純。菅原の学習院時代からの友だちで、古河林業を営んでいるYPO仲間だ。

井上健治。いまは社会的にも有名な東大の心理学教授だ。早くから採用時の心理テストの開発にかかわり、リクルートの人事教育事業の根幹を作った男の恩義に江副は応えようとしていた。そして大蔵大臣である宮澤喜一の名前もあった。

しかし、後は菅原の知らない名前ばかりだ。自分のあずかり知らぬ世界で江副が活躍しているさまが見えた。そんな江副の飛躍を頼もしく思いながら、指定された名前をドゥ・ベストの社内箋に菅原は書き写した。

江副は、菅原に電話をし終えると、同じように新倉、畑崎、飯田に次々と電話をかけた。八六年九月、そうやって確保した七十六万株を江副は一株三千円で、政治家、官僚、NTT関係者、文化人、そしてリクルートやコスモス役員の総計八十三名の個人に譲渡した。

十月三十日、コスモス株の株価は店頭登録と同時に、うなぎ上りに上昇した。最終株価五千二百七十円。翌三十一日五千四百二十円。江副は百四十七億円の売却益を得た。

それは、いまや首都圏マンション供給数二位に躍り出たコスモスに対して世間が評価した数値である。だがそれだけではあるまい。たった一人の力でどこからも資本援助を受けず、リクルートグループを育て上げた起業家江副浩正の技量を世間が評価し、さらなる躍進を期待した数字でもあった。大学一年の春以来、その才能を見つめ続けてきた菅原にとって、その数字はわがもののように誇らしかった。

満面の笑みをたたえて、江副は店頭登録の祝賀パーティーで挨拶した。

「私はかつて三十歳のときに、リクルートの『就職ジャーナル』の連載企画で三井不動産の江戸英雄さんにインタビューをしたことがありました。そのとき以来、近しいおつきあいをさせていただいており、不動産業に進出するときにもご挨拶に伺わせていただきました。あなたにはだれもやったことのない情報産業をもっと大きくする使命があるとおっしゃり、江戸さんは私が不動産に参入するのを反対なさいました。私の決心が固いとみると、江戸さんは『不動産取引では金で誘惑してくるものが現れる。その手の話に乗るとやがて身を滅ぼします。そういう人を私は多く見てきました。どうしてもおやりになりたいというのなら、そんな誘惑に乗らないことだけです』と、このビジネスでの秘訣を教えていただきました。江戸さんの教えに従い、ようやくコスモスも店頭登録を果たすまでに至りました。本日は本当にありがとうございました」

コスモス店頭登録が、さらに土地の仕入れを自由にした。コスモスは市場から流れ込む現金で、土地情報が入ると同時に、銀行融資を待つことなく即決で土地を仕入れた。コスモスの営業利益額は、何と八四年からの二年間で十六倍に膨れ上がり、あっと言う間にマンションデベロッパーのトップにのし上がった。マンション供給数は五千七百九十七戸と大京に次いで二位だ。何事もナンバーワンでなければ気が済まない江副は、もっと土地を仕入れて来期こそ、営業利益率だけでなく供給数でもトップに躍り出よと社内に檄を飛ばす。

十一月初頭、江副と菅原はリクルートの地下にあるピアノバー「パッシーナ」で会うと、乾杯のグラスを重ねた。江副は浮かれる様子もなく、菅原に言った。

「おかげで皆さんに喜んでもらえた。株券を回してもらって本当に感謝するよ」

しばらく黙り込み、ワイングラスをゆっくり回すと、やがて静かにつけくわえる。

「野村に断られたおかげかもしれない。なにくそとこの二年やってきた」

コスモスだけではない。本体のリクルートそのものが、これまた快進撃なのだ。その原動力は、江副の時代を見る目だけでは決してなかった。

野村證券に店頭登録の審査を断られた悔しさとは別の、もう一つの悔しさが強力なバネになったのである。

江副浩正の開発事業 6 不動産事業

ビル事業部

江副リクルートが不動産を最初に取得したのは、一九六九年、大塚駅前の六十八坪の土地三千二百万円であった。当初、その土地は社員寮建設が予定されていたが、オフィス需要がひっ迫したために事務所になってしまった。続いて中野に社員寮を建て、七二年には西新橋に本社オフィスビルを構えた。この時の土地購入に五億円を要したが、その三年後には地価の高騰により同じ土地は十五億円になっていた。短期間での土地の値上がりに驚くとともに利殖の機会と見た江副は、それ以降全国主要都市に大型ビル建設を急展開することになる。自社のオフィスとして使用するだけでなく、余ったスペースを賃貸するとともに、地価の上昇による含み資産の形成が目的であった。大阪、名古屋と、亀倉雄策デザインの特徴あるガラスウォールのビルを建てていった。それらのビルの管理のために、八三年に社内にビル事業部を発足させた。この年に三宮ビル、四谷ビルの取得、静岡ビル、横浜ビルが竣工し、保有ビルは十四棟になった。賃貸収入と管理収入を合わせて売り上げ二十一億円。所有ビル合計で十パーセントの高利回りを達成した。その後も、博多、神戸、京都明治生命、難波ビルが竣工したが、八六年の川崎コンピュータビルの着工以降はコンピュータビル建設へ力を入れた。江副のもくろみ通り、地価の上昇は含み資産となってリクルート経営の安定に貢献した。九〇年、ビル事業部は別会社リクルートビルマネジメントと変わったが、バブル経済崩壊とともに所有ビルの売却に奔走することになった。同社は二〇〇〇年にＭＢＯ（経営陣が調達した資金で親会社など株主から経営権を取得すること）によりリクルートから独立し、現在はザイマックスとして総合ビル管理業を展開している。

リクルートコスモス

七四年、リクルートは不動産デベロッパー環境開発を設立し、マンション事業へ乗り出した。長谷川工務店との提携で販売のみを行う事業であった。当初は、社員に手ごろな価格で住宅を供給したいとの思惑が先行していた。資金力と実績では大手のデベロッパーには太刀打ちできないので、地価の安い土地にマンションを建ててサラリーマンにも手が届く価格で住宅を提供しようとした。当時に江副が掲げた経営方針は次の四つであった。
一、都心まで一時間以内の勤労者向け住宅に限る。
二、できるだけ低価格とする。
三、資金の固定化を防ぐために「青田売り」を原則とする。
四、値上がりを期待した土地の先行買いをしない。
地下鉄東西線行徳駅の二十六戸に続いて江東区大島の九十六戸と、はじめは小規模なマンションを建てていった。しかし、旺盛な住宅需要に合わせて、建築戸数を大幅に加速させた。創業五年目の七九年には、ネオコーポ田園調布、同南馬込、同門真、同瑞光寺公園の四棟を竣工させた。この年のマンション新規分譲戸数八百五十一戸は、マンション業界ランキングで十九位であった。

江副は「日本は東京の一極集中が進むために住宅が不足する」との見通しの下でマンション用地の大量仕入れを推進し、環境開発の拡大路線を牽引した。やがて「首都圏そして地方へ」の方針のもと都市に支店を広げ、マンション事業の全国展開をめざした。その成果として八五年には二千六百二十戸を販売し、大京に次いでマンション供給戸数全国第二位に躍り出た。この年の売り上げは六百三十四億円、税引き前利益は六億円であった。同年三月に社名をリクルートコスモスに改めるとともに百億円の増資を行い、翌年十月東証の店頭市場への登録を果たした。

店頭登録三年目、バブル経済の絶頂期、創業十五年を迎えたコスモスは売り上げ三千五百億円、経常利益百八十億円、大京に次ぐ日本第二位のデベロッパーに成長した。その後すぐに日本経済はバブル崩壊に至るが、江副はその兆しをいち早く察知し、用地の売却や建設計画の縮小を命じ、地方支店を閉鎖していった。しかし、時すでに遅く、コスモスとFFとの合算で一兆四千億円の負債が残された。その負債を親会社リクルートが引き受けるが、FFは清算解消され、コスモスはリクルートの支援で再建の道を歩む。〇五年、コスモスはMBO（経営陣買収）を実施してリクルートグループから独立し、コスモスイニシアと社名を変更し、現在に至る。

ファーストファイナンス

八三年、江副は住宅金融のためのノンバンク、ファーストファイナンス（FF）を設立し、不動産購入者向けに銀行融資以外の道を開いて、成長に弾みをつけた。創業当初は銀行融資を受けるのが難しい職種の人や外国籍の人、資金力の乏しい不動産会社を対象に不動産融資を行ったが、次第に地上げ屋への資金提供に転換していった。創業当初はリクルートからの出向者と銀行の出向者、転職者を中心に少数で業務を進めていたが、コスモスの成長とともに陣容を強化し、創業五年目の八八年には東京、大阪、新宿、横浜、千葉、大宮、大阪に支店を開設し、資本金五百六億円、従業員数は三百人を超えた。その年、売り上げ四百六十二億円、税引き前利益二十七億円を得て、店頭登録をめざして社内体制の整備に力を入れていた。しかし、FFは、マンションが売れないと債権の回収が難しくなるという事業構造上の問題を抱えていた。バブル経済が崩壊すると、巨額に達していた融資の不良債権化によって経営は立ち往生に至った。事業停止、経営縮小を経て、不良債権八千億円をリクルートに肩代わりしてもらい、FFは九五年に事業清算された。

スペースデザイン

七八年、江副は日栄興産を江副の個人会社として七八年に設立した。はじめは長谷工以外のデベロッパーから紹介された用地に「ルミネ」ブランドのマンションを首都圏で建てていた。その後、しばらく休眠会社になっていたが、阪神淡路大震災を機に復興需要をねらって九六年に関西への進出を果たした。しかし、マンション分譲では他社と変わるところはない、何らかの付加価値をプラスして他社と差別化した不動産サービスを提供したいと江副は考えていた。そして、欧米で盛んだという家具付きの「高級賃貸サービスアパートメント」事業に着目した。マンションを建てて分譲し、その買い主にマスターリースで運営を任せてもらう形式をとった。九九年に社名を「スペースデザイン」に変え、本格的に事業化に乗り出した。外国人の家族向けの賃貸住宅はすでに多数供給されていたので、欧米人で日本に短期間だけ在住する単身者をユーザーに想定した。品川を皮切りに、銀座、秋葉原と、都心近くにジムやプールを持った家具付きの豪華マンション「ビュロー」シリーズを建てていった。江副は内装にこだわり、豪華な設備と家具を用意したために採算悪化が助長された。部下の提案を取り上げて海外進出にも挑戦し、ドバイにマンションを建てたが、採算がとれず、短期間で売却した。国内でも所有する千戸余りの部屋を満室にはできず、赤字を累積させることとなった。江副の死後、スペースデザインは外資に売却された。

第十二章　江副二号

江副浩正48歳。1984年「月刊かもめ」新春号より

一九八三年十月十二日、東京地裁はロッキード裁判丸紅ルートで田中角栄元首相に対して懲役四年、追徴金五億円の実刑判決を言い渡した。この判決で田中元首相の政治的求心力は急速に衰える。一方、「田中曽根」内閣とさえからかわれた中曽根政権は、ようやく自立の道を歩み始め、臨時行政改革審議会など行革行政が前に進み始めた。

その年の十二月、リクルートは初めて売り上げ一千億円を達成した。しかし江副は、その感激に酔い創業以来の二十三年の月日を振り返るのではなく、いかにして次は一兆円をめざすかに思いを巡らせていた。果たしていまの十倍規模の企業経営が、自分にはできるか。

可能だ。

己の気力と体力、そして後に続く人材、それを考えれば可能だ。そのために「自分たちより優秀な学生を採れ」の号令のもと、膨大な経費をかけ社員全員がリクルーターとなって全国から優秀な人材を集め抜いたのだ。

では、どの事業を基盤としてグループ売り上げ一兆円を実現するのか。

一つは、ようやく途に就いた不動産とノンバンクだ。リクルートコスモス、ＦＦがきっと花開く。

問題はリクルート本体だ。

現在の事業規模の少なくても三倍から五倍の成長をめざすには、いまの紙媒体ではきっと限界がくる。体力があるうちに将来の可能性に向けて、何らかの手を打たなければならない。未来マーケティングの本をいろいろ読んでみたものの、江副がめざすべき新たな事業のキーワードはみつからない。

そして「ＷｉＬＬ」八三年九月号に出合った。

「特集　ニューメディア燃ゆ　ビジネスチャンスはニューメディアにあり」

この後、世界中を席巻することになるニューメディア時代の到来を日本で最初に予告し特集した記事に、江副は夢中になった。

「これだ。リクルート一兆円の事業基盤はニューメディアだ」

難解な論文が多いなかにあって、日本電信電話公社（以下、電電公社、現・ＮＴＴ）情報システムサービス本部長式場英《しきばえい》が書く「電電公社がＬＡＮ事業に参入する真意」はとても分かりやすかった。

早速、ＩＢＭ出身でコンピュータに詳しい位田尚隆を室長としたニューメディア室を立ち上げる。江副は早速、位田とともに、電電公社総裁の真藤恒《しんとうひさし》をたずねることにした。

八〇年鈴木善幸内閣の行政管理庁長官に就任した中曽根康弘は、高度成長が終わり踊り場に差し掛かった八〇年代の日本経済を、三公社を民営化することで活性化させようとしていた。

その第一弾として、中曽根はまずは硬直化した電電公社を解体し、通信の自由化を図った。

彼の意を受け、真藤が八一年、石川島播磨重工業（現・ＩＨＩ）社長から電電公社総裁に就任した。就任当時、すでに真藤は七十一歳。だが、造船業界で二流と言われていた石川島播磨を業界一位に押し上げた実績をもつ真藤は、財界では「ドクター合理化」の異名で知られていた。

何ごとにおいても単刀直入を好む江副は、名刺を交換すると同時に時候の挨拶もなく、その日の来訪の目的に切り込んだ。

「ニューメディアで、何かいい商売はありませんか」

臆する様子もないその一言が、合理性を第一に生きてきた真藤の心を瞬時につかんだ。

「この男の頭の良さはなんだ。こちらの頭が一回転している間に十回転はさせている。実に緻密だ。しかも大言壮語はなしに、正々粛々としながら、やっていることは知恵の塊だ。いつのまにか仕事を手掛け、気が付いたらこちらが完全に取り込まれているのだからな。こういう人間が電電公社にも欲しい」

以後、真藤はだれ彼となく、感心しきりで江副評を語るようになる。

二十五歳年上の真藤の心を初対面でとらえたように、江副は年上の財界人を瞬時のうちにとりこにする不思議な魅力と能力を備えていた。

「式場君、すぐこちらに来てくれないか。紹介したい人がいる」

呼ばれた式場は、お役所然とした電電公社にあって型破りな男だった。五七年、東北大学工学部を卒業すると電電公社に入社し、青森電気通信局に配属された。堅物が多い技術系にあって、根が社交的で商売好きときた。青森県下三千人の通信部長に就くと、ホームテレホンや親子電話機を搭載した移動展示車を県下の隅々にまで走らせた。ねぶた祭りになると、電話機のぬいぐるみを着て自ら祭りの先頭で踊る。たちまち青森電気通信局は電話機売上全国ナンバーワンの局になった。石川島播磨から一人乗り込んできた真藤が、その式場のお祭り営業に目を付けた。

「これからは技術だけではだめだ。君には技術屋崩れの営業マンになってほしい」

真藤の指示を受けた式場は、「電電公社ＬＡＮ構想」をひっさげ、通信の未来を語る場所ならどこへでも駆けつけた。筆も弁も立つ式場は、マスコミでも欠かせない存在となり、「技術屋崩れの営業マン」として未来学者だけではなく女優との対談までこなし、たちまちニューメディアの旗手になっていた。

真藤に呼ばれ総裁室にやって来た式場に、江副は単刀直入に頼み込んだ。

「『ウィル』の特集ではあなたの論文が一番分かりやすかった。ぜひリクルートのニューメディアをお手伝いいただきたいのですが」

式場は、江副の率直な感想と申し出を、うれしく聞いた。

位田室長が、自分と同じ東北大の三年後輩というのもなにかの縁だ。さっそく電電公社とリクルートでニューメディアの勉強会を始めた。ふたりは、まずは住宅情報オンラインネットワーク（ＪＯＮ）の開発に取り組んだ。

それは住宅購入希望者が町の不動産屋の端末から、「住宅情報」の情報を駅名、間取りなど希望する項目から物件を検索できるという、八三年時点での発想としては画期的なシステムだ。ＩＢＭの端末と電電公社の通信システム、そしてリクルートの住宅情報を組み合わせ、八三年四月、ＪＯＮは町の不動産屋店頭に登場し不動産業界を驚かせた。

そうしているうちに中曽根政権が成立し、以前から論議されてきた電電公社の民営化が次年度、八五年からいよいよスタートとすることが国会で決まった。

中曽根政権が進める規制緩和と構造改革、そして技術革新。そこには新しい事業の機会が潜んでいる。

その機会によってリクルートを変えよう。通信の自由化は江副の心を熱くした。

しかし、たった一社でこの国の通信事業に立ち向かうほどリクルートの体力は大きくない。トヨタ自動車が主体の「日本高速通信」（現・ＫＤＤＩ）、国鉄を中核に置く「日本テレコム」（現・ソフトバンク）、京セラが中心の「第二電電」（現・ＫＤＤＩ）が、新しい通信会社として設立に向け動きだしていた。このどれかに参加しなければ、リクルートのニューメディアも何もあったものではない。

江副は、敬愛するふたりの起業家、京セラの稲盛和夫とソニーの盛田昭夫が組む「第二電電」への参加をめざした。江副は足繁く「第二電電」の設立準備会に通い、いち早く参加を申し入れた。

次年度からスタートする第二電電の構成企業を決める、最終判断のときがきた。候補企業、一社一社の検討に入った。リクルート参加の是非が問われた。

票が分かれた。議長である稲盛和夫にその判断が任された。

「リクルートはまだ早いのではないか」

稲盛の一言で、リクルートの「第二電電」参加は不可能になった。稲盛が、「第二電電」の出資構成会社二十五社に、新興企業から選んだのは、飯田亮率いるセコムだった。

セコムはまだ売り上げ六百億円の企業にすぎない。

自分はリクルートを単体で売上一千億円の企業に育てた。

飯田セコムのどこが十分で、江副リクルートのどこがまだ早いのか。

起業家の先輩、稲盛に自分は切り捨てられた。その悔しさが江副の身をもだえさせた。

八五年三月三十一日、江副は昭和女子大人見記念講堂で開催された創立二十五周年記念社員総会で壇上に立つと、「稲盛よ、よく聞け」と言わんばかりに話し始めた。

「まず初めにご報告したいことでありますが、一昨日、最終的に決算が確定いたしました。その申告所得は百六十二億三千万円となりました。で、偶然でしょうか、朝日新聞が百六十三億三千万円、そして電通が百六十一億三千万円と、一億刻みで並んでおりまして、ついに電通をリクルートが利益の面で抜いたことが確定いたしました」

一拍置くと、江副にしては珍しく感傷的になった。

「私の若いころに一番かかわり合いの深かったのは、実は電通なんですよね。『大学新聞広告社』を興したころは、就職シーズンはものすごく忙しくて、オフシーズンになると、ぱったりと仕事がなくなりました。そこで、電通の扱う広告を大学新聞広告社に回してもらうよう、いつもお願いに上がっていたんです」

講堂の一番奥に座る取締役の何人かが、懐かしげな顔で江副の話に聞き入る。

「そのころの電通は大変に活気があって、ほとんどの人が電話を立って掛けている。夜九時や十時でもキラキラと電灯がついて、まるでいまのリクルートのようで。私は電通に対して大変な憧れをもちました。で、『いつの日か電通を抜く会社になろう』と思って頑張ってきた。それがまさか申告所得で抜くとは、思いもよりませんでした」

江副は、少し声を詰まらせながら、続けた。

「自分の能力がない分、私より優秀な人を採用することに、ずっと血眼になってきました。そんな私よりも優秀なみなさんが作り出した数字を、私は本当に誇りにします」

同じ日、真藤率いる電電公社は亀倉雄策がデザインする、ダイナミックループと呼ばれる青いシンボルマークのもと、日本電信電話会社（以下、ＮＴＴ）として民営化の第一歩を歩み始めた。

そして、稲盛和夫率いる第二電電も同じく通信キャリアとして始動した。

しかし、第一種通信事業に参入できなかった江副には、情報誌に代わる新しい事業の明確な像は、いつまでたっても見えてこなかった。

いち早く真藤の協力を得てニューメディア室を立ち上げたものの、新しい通信事業の姿は一向に見えてこない。ＮＴＴと一緒にはじめたＪＯＮにしても、町の不動産屋の店頭に大金をかけてコンピュータ端末を設置してみたものの、間取り図面の読み取りに時間がかかりすぎた。理想のニューメディアと現実のコンピュータ処理能力に差がありすぎたのだ。その間に低価格のファクスが出現し、どの町の不動産屋にも瞬時に間取り図が送れるようになった。ＪＯＮは次第に、無用の長物となっていく。

通信事業の自由化時代になったというのに、リクルートはこのままいくとその波に乗り遅れてしまう。

そんな江副の焦りに拍車をかけるようなことが勃発した。広報部員が青い顔をして、社長室に一枚の新聞記事のゲラを持ち込んだ。

「明日の日経産業新聞の一面にこんな大きな記事が出ることになってしまいまして」

広報部員は、事前に回ってきた大きな見出しが躍る新聞記事のゲラを差し出した。

「リクルート、回線リセール事業に進出。NTTより市外通話五十パーセントオフ」

「こんなことを始めているの、情報システム部は」

江副のもとに上がっては来ない事業が、現場の長の権限で新規に興されるのはリクルートではよくあることだった。それは情報システム部の若手が通信の自由化の動きに合わせて取り組んでいた、新しい事業だった。デジタル回線をNTTからまとめて買い取り、小口に分割して安く売るのだという。

「興味を示した記者に担当が、事業が成功すればNTTの電話代の半分になると、つい口を滑らせたら、こんな大きな記事になってしまったようで。明日、掲載されるといいます。見出しもまるでうちがNTTにけんかを売る内容です。これだけ大きい記事になってしまうと、NTTさんにご迷惑をおかけしないとも限りません。江副さんすいませんが、真藤社長にわびを言ってもらえませんか」

広報担当の青い顔を見るなり、江副は真藤に電話をかけていた。

「恐れ入ります、緊急にお時間をいただき、おわび申したいことが」

真藤の反応は意外なものだった。

「いやこんなに大きな記事で取り上げられるとはありがたい。通信の自由化のお手本になります。どんどんやってほしい。通信の自由化はどうも第一種事業ばかりが注目されて、第二種事業は置き去りです。リクルートさんがこの分野で力を注いでもらえれば、これから第一種事業者と猛烈な戦いを進めないといけない、生まれたばかりの民間企業にとって百万力の援軍となります。うちの式場とリクルートさんで、ぜひこの事業を本格化してもらいたい。私からもお願いします」

謝りに来たはずなのに、逆に真藤に頭を下げられてしまった。

「第二種事業？　それはそんなに将来性があるものなのですか」

江副はとまどいながら、初めて聞く言葉を繰り返した。真藤は式場を呼んだ。

「言ってみれば通信業界にも、代理店制度を導入しようというものです。われわれは営業の効率化と大幅な人員削減ができ、代理店は利ザヤを稼ぎ、個々の法人は電話代が安くなるわけですから、三者みんなが満足する、自由化ならではのメリットです」

式場の話を聞くなり、江副の目の色が変わった。

「われわれリクルートに、その第二種事業者を本格的にやらせてください」

社内で細々と進められていたデジタル回線の「また貸し」事業の本格参入を、江副は入室からわずか十五分もたたずに決めてしまった。真藤が言う。

「これで、おそらく何万人という人員削減が果たせます。親方日の丸とはよくいったもので、お客様から頂戴する回線料以上の人件費を払っていたのが電電公社だったのですから。よろしくお願いします。事業開発に関しては、式場が全面的に協力させていただきます」

市場調査は？　デジタル回線の品質分析は？　回線の割引率も決めていない。

それでも即断とは。式場は、江副の決断の速さにただ驚く。

江副は、真藤のもとを去ると、その翌日緊急に全マネジャーを集め興奮気味に語った。

「こんないい商売が世の中にあったとは、ほっぺたをつねりたいくらいです」

実際、自分の頬をつねってみせ大笑いした後に、真剣な顔で言う。

「六メガのデジタル回線で、普通の企業が使う専用回線を四百八十本ほどまた貸しできるというのだから、原価が数万円のものを二十万円以上で貸せることになるんですよ」

一週間後、式場に出会うと同時に、江副は息せき切って言った。

「先週の取締役会でニューメディア事業本部を立ち上げまして、来年度の新卒採用に五十億円を投入することに決めました」

江副は、新しく興した事業のトップ営業に、自ら次々と繰り出した。いつもの通り時候の挨拶もなく、江副はすぐに本題に入っていく。

「回線リセールというのは、当社がＮＴＴから鉛筆をダースで買って、ＮＴＴよりお安く一本、二本と御社に売るものです。これはＮＴＴに行ってもありません。リクルート独自のメニューです。ＮＴＴには売っていない私たちだけのお得な鉛筆です」

「ＮＴＴとリクルート。国鉄と交通公社だと思ってください。リクルートが回線という車両をチャーターしていますから安いんです。だからと行って相乗りじゃありません。専用ボックス席なので安心してください」

江副の売り口上はとてもわかりやすく、同行する式場の出番を必要としないくらいだ。

七月三日、東京、大阪間に高速デジタル回線がいよいよ開通、リクルートの営業活動も熱を帯びてきた。式場の目から見ると、江副の営業スタイルも独特だが、そのリクルートの営業展開は、それ以上に変わっていた。

「デジタルの芽・いもづる豊作キャンペーン」の大号令が全社にかけられた。重視する新規事業は、全社を挙げて取り組むというのがリクルートの慣例だ。

とりあえず得意先を紹介すると、一点でイモの芽、アポイントが取れて担当営業マンが訪問できると五点でイモの花をプレゼント、プレゼンテーションまで持ち込めると八点でイモ一本が贈られる。受注が決定すれば一万円と安比リクルートファームで採れた薩摩芋とイモタルトのスイーツ、芋焼酎の、イモセットがもらえるのだ。で、「あなたの親、親戚、兄弟、知人にいもづる式にデジタルを」なんていう呼びかけの垂れ幕が社内に下がり、そこにイモの芽やイモの花の絵が何枚も貼られていく。

「こういう会社に芽がある」として、「地方拠点とオンライン通信をしている会社をあなたが知っていたら狙い芽」と社内報で呼びかける。

新規ニューメディア事業といいながら、なんとも泥臭い。そしてそれを東大出の社員たちが実に楽しそうにやっている。

まさに式場が青森時代にやってきた、なんでもありのお祭り営業だ。同行の道すがら式場は江副にたずねた。

「で、いもづるキャンペーン、だれの売り上げが一番多いのですか」

「それが困ったことに、私がトップなんですね。自分の手でニューメディア社会を引き寄せようという気概が、社員のなかに少ないせいでしょう」

江副が最新の社内報を見せてくれる。それは年度末の総括特集号で、キャンペーンのランキングが載っている。

「やっぱり江副さんはトップ営業マンだった」

年間を通じて江副の営業成績は群を抜いている。ポイント数二十八・五パーセント、達成率五百十八パーセントとある。ちなみに二位は広告事業部青山営業所の若手でポイント獲得十九・八パーセント。以下、取締役が続く。こうして社員の紹介から営業機会ができると専任営業が訪問し、具体策を詰めていく。縦組織ではなく、横に広がるアメーバー営業こそリクルートの武器なのだろう。社内報を閉じながら江副は言う。

「私は、事業とはスピードだと思うのです。言っちゃ悪いが代理店をやろうというのだから、回線リセールに独自性はない。でも、だれも手をつけていない事業をいち早くやることで唯一の存在になれるのなら、まず全速力でそれに注力したいのです。ここのところ、隔週で数十人単位の人事異動を実施して、ニューメディア事業本部はいまじゃ五百人態勢になりました。式場さん、どんどん新しい事業を提案してください。私はこの通信の自由化を機に、リクルートの体質を一気に変えたいのです」

江副は自らの言葉通り、デジタル回線事業が動きだすと、次に外部から持ち込まれた新たな事業、コンピュータレンタル事業に取り組み始めた。どこの企業でも二十四時間フルにコンピュータを稼働させることはない。企業事情により稼働時間はさまざまだ。休眠時間のあるコンピュータを一社ごとに導入するのは非効率なので、リクルートが処理能力の高いスーパーコンピュータを導入し、各企業に時間貸しし、コンピュータを二十四時間有効利用する事業だ。これも構想が決まると同時に、スーパーコンピュータを導入、通信事業とコンピュータ事業の拠点となるインテリジェント・ビル、リクルート川崎テクノピアビルの建設に乗り出した。

またたく間に、リクルートのニューメディア事業は、デジタル回線リセール事業と、コンピュータレンタル事業の二本柱となった。

八〇年代後半に入り、日本経済は好調な輸出産業に支えられ、毎年、膨大な貿易黒字を生み出した。貿易赤字に苦しむ米国のレーガン政権は、アメリカ製品の積極的な購入を中曽根政権に激しく迫る。しかし、貿易不均衡は一向に収まらなかった。業を煮やしたレーガンが注目したのは年間一兆七千億円の巨大設備投資と、七千億円の資材買いつけをする民間企業、NTTだった。

「閉鎖的日本市場の代表であるNTTは、もっとアメリカ製品を買え」

八六年五月、シュプレヒコールのデモがワシントンの街を練り歩いた。「ガイアツ」に抗しきれなくなった真藤は、アメリカで「資材調達セミナー」を開催せざるをえなくなった。しかし、子供の使いではない。手ぶらでアメリカに渡り、「貿易不均衡に鋭意努力したい」と談話を読み上げるだけでは許されない。お土産が必要だった。

「式場君、うちを通してクレイ社のスーパーコンピュータを購入してくれるよう、江副さんに頼んでくれないか」

式場の話を聞くなり、江副は即答した。

「わかりました、買いましょう」

驚くのは式場のほうだ。一台二十億円もするスーパーコンピュータの購入を、担当取締役にはかることなく、江副はその場で約束した。

しかし、買ったはいいが、コンピュータの時間貸しをするほどの能力は備えていないクレイ社のコンピュータは、川崎のテクノピアビルに納品することもできず、横浜のＮＴＴ局舎に置かれたままだ。

しかも、リクルートが払った二十億円など焼け石に水で、八七年に入っても日米の不均衡は一向に収まらない。自国経済の衰退を棚に上げ、レーガン政権はさらなる貿易摩擦解消策を中曽根政権に迫った。

リクルートを日米貿易摩擦の絶好の救済者とみた中曽根政権は、さらにもう一台クレイ社のコンピュータを導入できないかと、ＮＴＴ式場を通じて打診してきた。

今度は約十億円の買い物になる。しかし江副は、今度も取締役会にはかることもなく、式場の、いや中曽根政権の要請に即答で応えた。

リクルート二台目のクレイ社のスーパーコンピュータは、大阪堂島にあるＮＴＴのインテリジェントオフィスに置かれ、市場規模の小さい大阪で、今度はようやく稼働し始めた。

「日米摩擦の解消のためとはいえ、政府筋の案件を、真藤が押しつけるカタチになってしまって申し訳ありません」

同行セールスの途中、式場が恐縮して頭を下げると、江副はあっけらかんと答える。

「今回のクレイ社の購入は、立ち上げたばかりのコンピュータレンタル事業の必要経費と考えると、採算を悪化させるマイナス要素です。しかし、プラス要素にするために、このクレイ案件経費を私が、どんな科目で処理していると式場さんは思います？」

総計三十億円にものぼる経費を、リクルートは交際費ででも処理しようというのだろうか。いくら日米摩擦解消の政府筋案件とはいえ、それは危険だ。慌てる式場の顔を見ながら、江副はさも楽しそうにつけ加える。

「ははぁ、心配ご無用です。採用経費で処理しますから」

考えてもいなかった答えに驚く式場に、江副は続ける。

「そう、人材採用費です。二十年後に花開くであろうデジタルの時代を先取りする理工系人材の採用です。ただ、そう願ってもいまのリクルートでは、だれも応募はしてくれません。悔しいけれどどしょうがない」

「では、クレイのコンピュータ二台は、三十億円をかけた、理工科系人材広告ですか」

こんどは感心しきりの式場に、江副はていねいに頭を下げた。

「その通りです。初年度に三十億円投入して優秀な理工科系人材を採用できれば、次の時代のリクルートビジネスの根幹を構築できます。式場さん、うちの体質改善にご協力ください」

リクルートの回線リセールの利用社数は初年度四百四十社、それが翌年には千七百四十社に、そして四年後にはついに二千社を超え、ＮＴＴの第二種通信サービスではシェアの六割以上を占め、他社を寄せつけない存在に育っていった。

創立三十周年を前に、江副はさらに疾走した。亀倉雄策に頼み、「情報は人間を熱くする」のキャッチフレーズのもと、大々的な企業イメージアップキャンペーンを展開する。同時に、住宅情報から、生活一般情報へと足掛かりをつける「カーセンサー」「エイビーロード」を次々に世に送り出した。

リクルートは、プラザ合意前の好景気の風を受け、採用広告事業と不動産事業という二本のメインマストにニューメディア、生活情報という新たな帆を張り出し、日本経済の海原を快走した。その疾走感に酔いしれる江副のうちに、この機会に自らを変えよ、という新たな気持ちがわいてきた。

八七年、年末の取締役会が終わると、江副は位田尚隆専務を社長室に呼び入れた。

「来期から君にリクルートの社長をやってもらいます。いまから準備を始めてください」

八八年四月一日、早朝の取締役会で、位田はその所信を述べた。

「リクルートのこれまでは人材採用広告事業を頂《いただき》とした富士山経営でした。しかしここ数年の地殻変動で、さまざまな事業の頂が隆起しました。これからは八ヶ岳経営を遂行します」

全取締役はその足で、武道館で行われる社員総会に出席した。

理工科系人材を中心に、何と千人近い新入社員を迎え入れた江副会長は「リクルートグループ一兆円構想」を発表し、新たなる出発を宣言した。

その第一歩として江副は、ＮＨＫとリクルートの間で極秘の新たな事業を興し、その参画を式場にもちかけた。

「今度ＮＨＫと組み、新たな視聴率測定会社を設立することになりました。猫が見ていても視聴率としてカウントされる電通の旧態依然とした計測方法に対し、個人別の視聴率、番組への評価が計測できるシステムを開発します。ＮＴＴの通信システム技術のご協力をぜひ仰ぎたいと思います」

それにしても、次の事業がなぜ新たな視聴率の計測会社なのかわからず、首をかしげる式場に、江副は答えた。

「テレビ媒体は、電通の子会社であるビデオリサーチ社の調査する視聴率データをもとに、独占販売されてきました。しかし、そこには不足しているデータがあります。個人視聴率や年齢別の視聴率、そして番組への視聴者の評価を明確にしたい。電通が価格設定の際に錦の御旗としている視聴率に根拠がないとなれば、媒体費としての根拠が崩れます。多くの企業が電通支配から逃れることができます。お手伝いください」

ＮＨＫと組んででも電通を攻め落とそうとする江副の事業計画を聞き、式場は江副の電通への強烈な対抗意識と、限りない上昇志向を思い知る。そんな式場に、江副が小声でささやいた。

「これが漏れたら、電通はかさにかかってわれわれを潰しにきます。くれぐれも内密に」

八八年四月、西新橋ビルの一角に関係者以外立ち入り禁止の部屋が設けられた。ドアの内側にさらにドアがあり、限られた社員しか出入りできない厳重さだ。

リクルートのデジタル回線リセール事業部から三人の若手が引き抜かれ、ＮＨＫの出向者、そしてＮＴＴの技術スタッフで、個人視聴率の研究とテレビ番組の質を算定するシステム開発の取り組みが始まった。

江副が次々と打ち出すニューメディア事業のスピード感に、経済界からは賞賛の声が上がった。

第一生命保険の櫻井孝頴《たかひで》は「江副さんは、すぐれたジャーナリストだとも言えますね。ジャーナリストというのは、時代の感性というか、時の流れをうまくつかまえます。（略）このジャーナリスティックなセンスと経営センスはなかなか両立しないものですが、江副さんはそれが珍しく両立する人だな、という感じがするんですよ」と語り、日本ＩＢＭ社長の椎名武雄は「江副哲学の特徴は、先進性と合理性が同居しているところにあると思う。だから大胆というか度胸のあるやり方に通じる。とにかく江副さんのやりかたは、まず初めに道をつくっちゃう。それで、リクルートの組織全体が、その道を歩いて行くという大きな流れになる。ＩＢＭだったら絶対やれません、そんなこと。大胆だけどでたらめじゃない。ちゃんと彼は計算しているんです」と評す。

ダイエー社長、中内㓛は「情報に価値を与え、情報を商品化するという意味で、ソフト化が進展している。その典型を見せてくれるのが江副さんです。同時に、卓越した先見性にはいつも敬服させられる。時代の変化を先取りし、不動産や通信、コンピュータ事業へと積極的に多角化を推進できるのも『わからないことはお客様に聞く』というポリシーがあるからだろうね」と、だれもが大激賛だ。（八八年四月五日号「財界」「情報産業から農場経営まで手がけるリクルートの発想」より）

もうそこには稲盛の「リクルートは早いんじゃないか」の声はない。

江副は稲盛によって与えられた悔しさをバネに、財界でもうるさ型とされる年長者の心を次々にわしづかみにし、押しも押されもせぬ若手ナンバーワン経営者として躍り出ていた。

だが、リクルートが大きく成長し、経済界で江副に対する声望が高まるのと反比例するように、あれほど好意的だった一部マスコミが江副たたきに転じ始めた。その見出しはなかなか刺激的だ。

「売り上げが千五百億円　急成長江副リクルート商法に騙されるな」（「週刊現代」八四年八月

四日号）

「女連れ新財界人たちの沖縄旅行　リクルート、ノエビア両社長の素晴らしい沖縄旅行」（「フォーカス」八五年十月二十五日号）

「リクルート江副浩正社長に急成長体質を質す　ゴシップ写真も標的　『情報』と『土地』の急伸の経営も、二千億円にのぼる借入金問題が明るみに出て五年後はどうなる」（「週刊ポスト」八五年十一月八日号）

「日経ビジネス」は八五年十月十四日号で、金融界で噂されるリクルートの借入金の多さを「負債合計、二千五百億円」と初めて報じ、担保は成長力しかなく、成長が止まればリクルートの経営は危なくなると警鐘を鳴らした。そして、その状況下で江副がニュービジネス事業に新たに三百億円も資金を投入することに疑問を呈した。

「寿命に挑む大胆な借金経営　『踊る経営』曲がり角　人材不足と投資の危険　自転車操業から脱却できるか」

特集記事のタイトルに異議を唱えるように、同じ誌面で江副は激しく反論している。

「借金があると不安ですよ。しかしそれがまたバネになるんです。無借金だと、緊張感がなくなって、かえってよくないと思います。えっ、うちが銀行のために仕事をしているですって？　そんな言い方をしたら、どこの企業だって、そういうことになりませんか」

しかし不動産やノンバンク事業に傾斜し、ニューメディア事業で疾走する江副のなりふり構わないワンマンぶりに対して、社内ではひそかにこう言い交わされ始めていた。

「江副二号」

敬愛の念を込めて「江副さん」と言っていた社員たちが、絶対君主のようにふるまう江副にとまどい、その変容ぶりを嘆くかのようにそう呼んだのである。「住宅情報」を開発したころの江副が「江副一号」だとすると、いまの江副は「江副二号」だというわけだ。

「江副一号」が徐々に「江副二号」に変容していった契機は、父、良之の死にあったといえるだろう。かつて「リクルートのマネジャーに贈る十章」の最後に書いた言葉は、父にたたき込まれた「謙虚であれ、己を殺して公につくせ」という葉隠精神からきていたといっていい。

「社会のことを考えず、自らの利益だけを追求してはいけない。社会への奉仕、国家への貢献というシティズンシップが大切である」

江副自身がその言葉を忘れた。

そして、江副の言動から少しずつ謙虚さが消え、傲慢さが顔を出し始めた。

内なる父からの解放と重なるように、経団連、経済同友会入りを果たした江副の口から、一つの言葉がたびたびこぼれるようになっていった。

「リクルートは実業ではない。実業をしたい」

その言葉を江副から聞くたびに、江副が掲げた「誰もしていないことをする主義」を信じ、新たなサービスを開発することにまい進してきた多くのリクルート社員はとまどった。ならば、いまやっている、かつて誰もしたことのなかった仕事は、虚業だったということか。

父の死、そして政府要職の座。これらが重なり、江副は少しずつ変容していった。もともと贈りものをすることに並外れた執着と心配りを示す江副だったが、それでも親しい人への贈答品は、たとえば安比高原のとうもろこしのようなものだった。それが、松阪牛「和田金」の最高級ひれ肉に、そして「吉兆」の三段重ねの豪華なおせち料理に変わっていった。政治献金を課税枠ぎりぎりまで際限なく増やしたので、パーティー会場では政治家たちがまず江副の席にあいさつに来た。

「申告所得だけでなく、売り上げでも電通を抜いて、ナンバーワンの会社になる」

「電通通りを、リクルート通りに、きっと名称変更させる」

取締役会は江副の独壇場になった。江副の成功体験に引きずられ、誰も反対意見を言い出せないまま、取締役会は江副の思い通りに動いていった。そしてリクルートは「誰もしていないことをする主義」からはほど遠い、デジタル回線、コンピュータレンタルの下請け事業、そして不動産業へと急激に傾斜していく。

次々と新規事業を開設していった「江副一号」。それとは対照的に、「江副二号」は何一つ新しい事業を開発し、軌道に乗せられずに、リクルート王国の国王として君臨した。

その変容を見逃さない老マスコミ人がいた。扇谷正造だ。

事件は突然、第十四回のスカラシップ生選考中に起きた。扇谷は例年通り、朝三時から起きて、三日間を費やしスカラシップ応募生の論文を読み続けた。そして朱を入れた論文を妻を通して宅配業者に渡した。それから一週間後、スカラシップ事務局から電話があった。

「先生早く論文の選考を願います」

「いや、一週間前にすでに送ったはずだ」

「届いていません。早く論文審査を」

事務局員の言葉に、扇谷は妻や宅配業者を叱責して応募論文を探し続けた。一週間後、スカラシップ事務局員から何事もなかったように電話があった。

「私の書類の下に埋もれていました。で、先生、面接は明日十時からです」

この対応に扇谷の怒りが爆発した。旧知の森村が謝罪に動き、審査は終わった。改めて森村が扇谷に対してはわび状を書いた。その返事が来た。

扇谷は、これを機会に審査委員長を降りると告げ、手紙をこう結んだ。

「過去十四年間、私は江副君やあなたに友情を持ち続け、私なりに一生懸命、努力してきた。しかし、これがその限界点です。企業というものは、繁栄の最中に崩壊の芽をはらむものです。

チェック機能の喪失、これこそがリクルートの『黒い芽』です。早期に刈りとられんことを切望してやみません。私が、他社の社員である、おたくの社員を声を大にして叱ったのも、事の重大さに気づいていない、ということの外に、気の弱いあるいは紳士的なお二人に代わって私が大声を発したものでした。いわば置土産です。トップたるもの、時には蛮勇を振るわれることだと思います」

ジャーナリスト扇谷の鋭い嗅覚がとらえた「リクルートの黒い芽」は、リクルート社内で刈り取られることなく、間もなくリクルート事件を迎えることになる。

同時期、同じように「江副の黒い芽」を警告する財界人がいた。

リクルート調べ大学生人気企業ランキングで技術系トップの座に就くことをNECの関本忠弘社長は長年めざしていた。そしてようやくその座を射止め、喜んだ関本は江副を築地の吉兆に招待する。お互い囲碁好きのふたりは、食後和気あいあいと碁を打ち別れた。

翌朝、リクルートのNEC担当営業部長が、相手方の人事部長に呼ばれた。

「うちの関本が昨夜の江副さんに危惧をいだいたとのこと、老婆心ですがお伝えします」

何が起きたのだろう。営業部長は青ざめながら聞いた。

「江副さんは吉兆のなじみらしく、出された料理を、僕はこれが嫌いだからほかのものにしてよと代えさせた。あの席は自分の招待した席だから非常に気分を害された。ちょっと傲慢になっていないか、これじゃ先行きが危ないよと、関本から私に、朝一番の電話でした」

このとき扇谷七十三歳、関本六十歳。マスコミと実業界を己の勘と嗅覚でたくましく生き抜いてきた二人から、偶然同時に発せられた警告だった。

だが、二人の声は、江副の心には染みなかったのかもしれない。江副は四月二十日、「江副会長、位田社長就任お披露目会」会場のホテルオークラ平安の間に入った。リクルートがスポンサーになった「メトロポリタン歌劇場引っ越し公演」の歓迎パーティーを兼ねていた。会の最後は、元ワールドカップチャンピオンであり、ダンスの師でもある鳥居ダンススクールの鳥居瑤子をパートナーに、江副の華麗なソシアルダンスの披露となった。万雷の拍手に包まれた江副は、再びスポットライトの真ん中に立った。

そして、あろうことか世界の並みいるオペラ歌手を前に、江副はオペラ「椿姫」のアリア「乾杯の歌」を歌い始めた。小学生の唱歌で「可」をとって以来、高校のグリークラブでも音痴のあまりマネジャーに回された男が、ボイストレーナーについて血のにじむような努力を積んだ結果の歌声だった。だが、どんなに練習を重ねようと、謙虚さを身に付けた「江副一号」ならば、決して世界の巨匠の前では歌わなかっただろう。

眉をひそめてもおかしくない大歌手、プラシッド・ドミンゴとキャスリン・バトルも、なんと江副の歌に合わせて歌い始めた。そして、東京での江副会長お披露目会は大盛況のうちに幕を閉じる。
「江副二号」は満足そうに両手を広げて、来場者の拍手に応えた。

江副浩正の開発事業 7 **通信・コンピュータ事業**

住宅情報オンラインネットワーク・サービス

八三年、リクルートと日本IBMで共同開発したシステムが稼働を開始した。住宅購入希望者が町の不動産の店頭に置いた端末から、求める条件に合った物件情報と間取り図を取り出せるシステムである。最初は公衆回線を利用してスタートしたが、いずれは日本電信電話公社（現・NTT）との共同開発を進めて高度情報通信システムの利用を可能にし、より高度なシステムに発展させる計画であった。「週刊住宅情報」に掲載された一万五千件の情報に加え、ローン計算ができるソフトが付けられた。五年後の八八年には首都圏に六百五十台の端末機が備えられ、利用回数は二十万を超えて、関西へも進出した。売り上げは三十億円をえたが、六億円の赤字。翌年から台数、売り上げとも減少へ向かう。画像の出力に時間がかかったのと店の負担金が高額であったために設置店が広がらず、収益化が困難になり、九六年に事業撤退となった。

高速通信回線リセール事業

八五年の電気通信事業の自由化と民間開放にともない、リクルートは一般第二種電気通信事業者の届けを行い、回線リセール業に進出した。NTTの協力を得て、大容量の高速デジタル回線の全国ネットワークを構築し、多重化装置によって小容量の専用線を顧客に提供する音声およびデータの伝送サービスである。利用企業は大容量の高速デジタル回線を共有することで通信コストを削減できる。これにリクルートは「第二の創業」事業として取り組んだ。

回線リセール事業は、やがて広域内線電話サービスとファクシミリネットワークサービスに分かれた。江副の陣頭指揮により、リクルート社内は大規模な人事異動でこの新事業シフトを敷いた。全社挙げての販売キャンペーンが実施され、すべてのマネジャーは受注目標を持って走った。その結果、リクルートは回線リセール市場のシェアの大半を短期間のうちに獲得することができた。スタート四年目の八九年には広域内線電話社数三千三社、売り上げ二百三十七億円、専用線リセールは百二億円、計三百三十九億円の売り上げを上げていた。そして、事業開始八年目の九三年、単年度黒字化を果たした。しかし、九〇年に実施されたNTT料金値下げにはリクルートも値下げで対抗するしかなく、たちまち赤字に転落した。収益力強化のためには、回線リセールから利幅の大きな付加価値サービスへ移行せざるを得なくなった。それはビジネスモデルの転換を意味していた。十年間で顧客三千社を獲得していたが、「一種事業者の政策の変化にともない、収益的な面で将来が不透明なこと」、そして「リクルートの持てる技術力、経験、商品を考えると将来も継続して顧客の満足のいくサービスを提供することは難しい」（マネジャー向け社内報より）との理由により、九八年に事業撤退を決めた。

コンピュータレンタル事業

コンピュータは通常時の稼働率が低いために余剰のパワーを他社に貸すことができるのではないか、との江副のアイデアでリモート・コンピューティング・サービス、つまりコンピュータの時間貸しビジネスを八五年に開始した。利用企業は、高性能なマシンを必要な時間だけ低コストで利用できる。ＩＢＭ、日立、富士通の大型汎用機四台を備えてサービスを開始した。その年のうちに五十社を超える企業の利用があった。一時はスーパーコンピュータ四台を所有し、スーパーコンピュータ研究所を設立するなど成長を遂げた。経営システム部とスーパーコンピュータを扱う科学システム部に分かれてサービスを提供したが、徐々にハードウエア中心のサービスからコンピュータの運用やコンサルティングなどのソフトサービスに移行し、パッケージソフトの開発と販売まで手掛けた。ここでもビジネスモデルの転換が起こったのである。しかも、この事業は技術革新のスピードが著しく、大規模な投資が継続することになり、収益性が見込めないために九二年に撤退を余儀なくされた。

回線リセール業とリモート・コンピューティング事業において、リクルートは十年足らずの間に二千億円を投資したといわれている。

第十三章　疑惑報道

1988年6月18日付「朝日新聞」

一九八八年六月十六日、亀倉雄策はその日ゆっくり目覚めた。

ここのところリクルートの「情報が人間を熱くする」の企業広告のポスター、コマーシャル制作にかかりっきりで、ずいぶん忙しい思いをした。しかし、ようやくその企業CMの放映が始まり、ほっとした気分で迎えた久しぶりの土曜日の、穏やかな朝だった。亀倉は自宅の窓辺から広尾の緑を見下ろすとリビングに戻り、いつものように朝日新聞を開いた。亀倉の気分を汲み取ったように、穏やかな記事が続く。そして社会面をめくった。見慣れた社名の大きな文字があった。

「『リクルート』川崎市誘致時、助役が関連株取得　公開で売却益一億円　資金も子会社の融資」

川崎市が計画した『かわさきテクノピア地区』へリクルートの進出が決まった時期に」

この春、その地に竣工したビルの外観設計を担当したのは、ほかでもない自分だ。

地区内の周辺ビルとともに、「通信発信基地＝川崎」のイメージを図りながらも、全国で統一展開するリクルートのガラスウォールビルイメージをどう残すか。なかなか難しい課題の外観設計だった。記事の横の、亀倉自信作のビル写真を見ながら、独り言をつぶやいた。

「いかにも江副さんだな、地方の公務員にも渡していたか」

一見、スマートな外見からはうかがいしれないのだが、江副は無類の贈りもの好きだった。もちろん、何を贈るかにも徹底的に心を砕く。とにかく、相手をよろこばせたくて仕方がないのだ。

亀倉のもとにも、折々に多数の贈りものが届いた。志布志に農場を開いてからは、夏には黒豚の燻製、冬には薩摩芋と、子供がいない亀倉夫婦にはとても食べ切れない量の農作物が江副から送られてきた。安比高原を開発してからは、安比ファームのとうもろこしが、それこそ庭に牛でも飼えそうなほど届いた。

亀倉が銀座の和光でしかスーツを仕立てないと知ると、何かあるたびに和光の仕立て券を持って現れた。おかげで何着のスーツをあつらえたことだろう。

それが、リクルートに「政治部長」との異名をとる元教科書出版会社の営業経験者が入ってきてから、さらに様相が変わってきた。

接待営業に慣れたその男の指図で、リクルートの歳暮・中元時の贈り先は顧客だけでなく政官界にまで広がり、贈答物は年々派手になっていった。

この延長として、江副は長年のリクルートとの関わりへの感謝の気持ちとして、自分にコスモスの未公開株を渡してくれた。川崎市の助役への譲渡も、江副にしてみれば、これまでの延長線上の、人をよろこばせたいがための「贈りもの」なのだろう。たわいのないことだ。江副の癖が世間に知られれば、いずれこのような疑惑は消えるだろう。そんなことを思いながら、亀倉は新聞を畳むとリビングを離れた。

だが亀倉の予想に反して、その日を境に疑惑報道は川崎から東京永田町に移り、さらに燃え上がった。

元文部大臣森喜朗の名前が上がるなか、リクルートの企業ＣＭ「情報は人間を熱くする」は、疑惑報道から一週間目に放映中止となった。

江副のもとにも、ＮＨＫからすかさず電話が入った。

「四月以来極秘で進めてきた視聴率測定プロジェクトですが、当方の参加は見合わせさせていただきたい」

西新橋ビルの、極秘の組織は解散になった。

江副は、川崎市助役のコスモス株譲渡疑惑報道のネタ元は、おそらく大和証券川崎支店か横浜支店に違いないとにらんだ。大和証券を訪れると、千野会長に詰め寄った。千野は言下に否定する。

「当社に限って、そういうことは考えられません。社員やコンピュータからの情報漏洩はありえません」

江副は報道以来ずっと気になっていた、上場前の株譲渡には本当に違法性がないのか、再確認した。千野は何の迷いも見せずに答えた。

「大丈夫です。株のことを知らない社会部の記者が書き立てているのです。特段問題にされることはないですよ。これが違法だとなれば、証券業界はやっていけなくなってしまいます」

七月に入り、新聞各社は未公開株の譲渡先として渡辺美智雄自民党政調会長、加藤六月前農水大臣、加藤紘一元防衛大臣、塚本三郎民社党委員長、中曽根康弘前首相、安倍晋太郎自民党幹事長、宮澤喜一大蔵大臣と、要職に就く政治家の名前を次々に暴いていった。

そのほとんどが、コスモス株店頭登録当日か翌日に株を売却。三千万から五千万円、多い政治家は、一億円を超える売却益を手にしていた。

来年度四月から導入される消費税をめぐって、国会では連日激しい論議が繰り返されている。庶民には増税を迫る一方で、政治家たちは、一般人にはまず手に入らない未公開株で巨額の金を手にする。その事実が白日の下にさらされ、庶民の怒りに火がついた。

「ぬれ手でアワ」

新聞がつけた見出しに、庶民の感情が激しく共鳴。報道はますます過激になった。

株を譲渡されたとする政治家、官僚、有名人、文化人の名前が、虚実あい乱れたまま次々に報道されていく。

名前が挙がった人物をテレビは追い続け、否定記者会見を開く者、突き付けられたマイクの前で黙り込む者と、事件は劇場化した。

さまざまな譲渡リストが世の中に流れるなか、江副は報道各社の前から身を隠した。

七月六日午前、東大の先輩で、競技ダンス協会を長年一緒に運営してきた日本経済新聞社社長、森田康の株譲受がスッパ抜かれた。

不正を追及する側の新聞社の社長さえもが売却益を手にしていた。しかも新聞記者に株の売買を禁じる日経だ。

その事実に世間は驚き、批判の声は一段と高まる。森田は責任を取って、即日、社長の座を辞した。

過酷なスポーツ競技にもかかわらず、「男女が手に手を取り澄まして踊る」ものと見下されかねない競技ダンス。その魅力のとりこになった二人は、共同でテレビ番組を提供し、競技団体を設立、その普及に取り組んできた関係だった。

森田辞職の報を受けると、江副はその日のうちにリクルートの会長職を辞した。

同日深夜、会長辞任の報に大勢の報道陣がリクルート本社を取り囲む。

会長専用車での脱出はとても不可能だ。江副は地下駐車場からライトバンに乗り換え、帝国ホテルに入った。

森田に迷惑をかけたという罪の意識で、眠れぬ夜を過ごす。このまま、黙って経済界を去るわけにもいかない。創業以来世話になった人々に謝罪状を書いた。

「皆様にはご迷惑をおかけして申し訳ありませんでした。公私ともに親しくさせていただいた森田さんが辞めざるをえなかったことが最大のショックでした。私もただちに辞任することに致しました。ご相談することができませんでしたが、事情をおわかりいただきたいと思います。今回のことを一つのレッスンにして、すべて一から出直すつもりでおります」

最後の一名分を書き終えたとき、コスモスの社長室長、松原弘から電話があった。

「『AERA』が単独インタビューに応じてくれたら、撃ち方、止めにすると言っています」

江副の心が少し和らいだ。

「アエラ」は朝日新聞が創刊したばかりの週刊誌だった。出版担当専務の中江利忠と編集長が創刊前に、見本誌を持ってあいさつにきた。意見を求められたので「とらばーゆ」の体験をもとに、薄い紙を使うなど、いくつかの助言をした。頼まれるままに、創刊案内に小文も寄せていた。

会長辞任翌日の夜、赤坂の料亭で会食をする中江を電話でつかまえ、江副は念を押した。

「本当に、撃ち方、止めにしてもらえるのですね。ならば、編集長お一人とだけ会いましょう」

江副は約束した場所に単独で赴いた。

江副が『リクルート事件・江副浩正の真実』で記すところによれば、そこで待ち受けていたのは六人の記者だった。彼らが繰り出す執拗な質問攻めに、江副は錯乱した。

「アエラ」七月二十三日号には、事件報道以来、初めてマスコミの前に姿を現した江副の顔写真が大きく載っていた。

痩せ細った体を紺の背広に包み、眉間に皺《しわ》をよせ、顔をゆがませる江副浩正の顔写真。それは「撃ち方、止め」どころか「撃ち方、始め」になり、炎はますます勢いを増した。眠れず、食欲もなく、汗だけが限りなく流れる日々に、江副の心身は急激に疲弊していく。七月二十六日、毎年人間ドックを受診してきた半蔵門病院に、倒れるように担ぎ込まれた。

副院長の小早川勝登《こばやかわかつと》が診るところ、一人での起立、歩行もままならず、問診応答も鈍い。焦点の定まらぬ目は宙を向いたままで、呼びかけても反応がない混迷状態だ。

小早川は精神安定剤、睡眠剤を急いで投与した。たちまち深い眠りに落ちた患者を見ながら、同行してきた若い男から経過を聞いた。

「この一カ月、ほとんど眠れない毎日でして、寝ようと酒をがぶ飲みするのですが、たちまち吐いてしまい、ますます眠れなくなって食べ物もほとんどとっていません」

「過剰なストレスからくる心身障害と思われます。しばらく精神安定剤を投与し続ければ落ち着くでしょう」

社会面には興味がなく、株疑惑報道に目をとおしたことのない小早川は、呼吸を荒らげながら眠る男の素性もストレスの原因もわからず、一般的な所見を述べるだけだった。

「そんな悠長な。このままでは死んでしまいます。何とかしてください」

涙を浮かべながら必死に訴える付き添い人から、患者は特別の人物なのかもしれないと、初めて小早川は気づく。

江副が半蔵門病院に入院したらしいという情報がどこからともなく広がり、報道陣が病院の周囲を取り囲み始めた。それを見物するやじ馬も次第に増え、病院の周囲は警官が出て整理しなければならないほどの混乱状態に陥ってきた。

「今日も元リクルート会長、江副浩正氏はこの正面に見える半蔵門病院に逃げ込み、病気治療と偽り、病室に立て籠もったままです。『ぬれ手でアワ』と怒るわれわれ庶民に、江副氏は一切の疑惑に答えようともせず、このまま病院に居座り続けるのでしょうか。以上、半蔵門病院前からの中継でした」

一応、氏と敬称は使っているものの、罪人扱いで、仮病と決めつけ糾弾するテレビ中継を見て、小早川はようやく眠り続ける男の素性を知った。

眠りから覚めた江副が、ぼんやりとそのテレビ画面を見つめる。やがて目は宙に浮き、呼吸が荒くなる。

小早川が血圧を測ると百六十を超えている。再び、精神安定剤を点滴投与して、眠りに落とすしかない。

所用で出かける小早川に、無遠慮にマスコミのマイクが突き出され、タクシーに乗り込むこともできない。

「あなたがたは本当に記者なのですか。これは法律の枠を超えた拷問でしかない。立ち去っていただきたい。ただちにこの病院敷地から」

声をからして叫ぶ小早川は、小突き回されるだけ。記者たちもはや暴徒だった。

カーテンを閉めたままでも、病院の周りをとり囲む報道陣のざわめきは病室に忍び込んでくる。そのたびに江副は身を縮め、激しい痙攣《けいれん》に襲われた。

江副が精神を病んでいるのは明らかだった。精神科のない半蔵門病院では、もはや対応しきれない。転院もならず、文京区の神経科開業医、井上博士《いのうえひろし》が招き入れられた。

井上は東京大学文学部心理科を卒業後、精神心理科医になるために医学部に再入学した経歴をもつ。本郷大和荘に菊池安行を訪ねるうちに、隣室の江副とも親しくなった。卒業してここ三十年近く、年に何度かはゴルフをし、食事をする関係が続いていた。

突発的に痙攣を起こし多量の発汗を繰り返す後輩に、心を痛めながら井上は睡眠薬を処方し、消化機能を促すためドグマチールを投与した。しかし、江副の精神の回復は一向に進まない。起き上がったかと思えば、またベッドの上でほうけて座りこむ。その姿に、医師として自分の力のなさを覚えるだけだ。残された手段は、この環境を変えることしかない。

「どうだろう、海外にでも出かけたら。マッターホルンでも眺めてのんびりすれば」

「僕の不注意で迷惑をかけた人々が苦しんでいるときに、逃げ出すわけにはいかない」

安比高原が療養先になった。佐々木覚美が、弱り切った江副を迎え入れた。

佐々木の顔を見るなり、泣き言になった。

「覚美、僕は死にたいよ」

「死んでどうなるんです。変えてしまったみなさんの、その人生を見届ける責任が江副さんにはあるんじゃないですか。生きて全うしてください」

佐々木に励まされるように身を起こした。

しかしテレビもあり、新聞も届く安比高原は安住の地ではなかった。その報道に過剰に反応して、たちまち江副は痙攣を起こす。医師のいない安比では手の施しようがなく、結局、再び半蔵門病院に入院した。

ときたま井上と一緒に病院を抜け出し、大和荘の隣人だった菊池も加わり、三十年前の思い出話にふける。それを一番の治療にしながら、江副は夏の暑い日々を送った。

八月十日南麻布の自宅に銃弾が撃ち込まれた。意味不明の犯行声明が通信社に届く。

「コスモスは反日朝日に金をだして反日活動をした。赤報隊一同」

妻は二人の子供を連れて、コスモス上場後の八六年初冬に南麻布の家を出ていた。結婚以来、お互い行き違いの多い夫婦だった。事件報道が始まると、マスコミから難を逃れるように再び三人は転居し姿を消した。江副さえその住所を知らないため、幸い家族に被害はなかった。だが、この襲撃は江副をさらにおびえさせた。

一年近く前に起きた、朝日新聞神戸支局記者二名の殺傷事件。その犯人は政治団体、赤報隊を名乗っていた。しかし、本当に彼らが実行犯だとしたら、朝日新聞が糾弾する江副を襲撃するはずはない。

株式投資の失敗で膨れに膨れた江副の個人的な借財は、銀行の借り入れ限度額などとうの昔に超えていた。何枚もの借用書を書いた。その一部は、地下組織に渡った。その負債を一掃するため、無理筋の「売り」を仕掛けた。そのために、また何枚もの借用書を書いた。そこへ、赤報隊を名乗るものたちが襲ってきた。

江副は震え、おびえ、投機はさらに無謀になった。破たんすることがわかっている投機に傾斜する自分をどうにも止められない。それができるほどの精神の健全さは、江副にはもはやなかった。

あの日、一枚の株券を父が送ってくることがなければと、亡き父を呪いながら、病室に持ち込んだラジオから短波放送で株式市況を聞く日々を送った。

八月三十一日、江副はそのラジオを止めた。そして病室のテレビで始まった国会中継に見入った。消費税導入大蔵特別委員会は、消費税の討議どころではなく、リクルート事件の解明で紛糾していた。その日、野党は大蔵省（現・財務省）証券局長に出席を求め見解をただすことになっていた。

これを事件化すれば、未公開株の株主数をそろえることが困難になり、今後上場できる企業はぐっと減るかもしれない。またそれ以前の問題として、急ぎ消費税導入の本格的討議に入らなければ、来年四月からの導入ができなくなり、いつまでも事件報道に振り回されているわけにはいかない。株譲渡先リストの公開を迫る野党に対して、早く事件の幕引きを図りたいとの意図があってか、大蔵省の証券局長はこう答えた。

「リクルート社に今の段階で当時の関係書類を提出させる法令的根拠はありません」

大蔵省の「撃ち方、止め」とも言わんばかりの国会答弁で、過熱していた報道はようやく沈静化した。大蔵省の見解に対する批判報道はあったが、それも当初だけで、マスコミの関心は消費税に移っていった。

九月に入って、疑惑報道はぴたりとやみ、江副の心にようやく平穏がおとずれた。

こうした状況を受け、リクルートでは、開催を見合わせていた、亀倉のここ一年のポスター作品を集めた「情報は人間を熱くする」展を、九月五日から急きょ開くことになった。

江副は亀倉に電話をかけて、オープニング・パーティー欠席の無礼をわびた。

「先生の作品展のお祝いにも駆けつけられず失礼します」

「なに、かまいません。それよりもお疲れさまでした、江副さん。いままで多くの企業がやってきたことなのに。それが問題になれば、これからはどこの企業も上場できなくなるでしょう。まあ、江副さんが犠牲になって、体を張って経済界のために貢献したということで、本当にごくろうさま。今度ゆっくり安比で話しましょう」

江副は、亀倉との電話を切ると、夕方のニュースを見るためにテレビをつけた。

そして、再び事件は起きた。

第十四章　東京特捜部

1988年11月12日、衆議院リクルート委員会の証人喚問に立つ江副浩正。写真提供:共同通信社

一九八八年九月五日の日本テレビ系夕方六時からの「ニュースプラス1」では、ニュースキャスターの徳光和夫アナウンサーが、興奮し、叫んでいた。

「日本テレビがリクルートコスモス社による政界工作の、まさに決定的瞬間の取材に成功しました。登場人物は社民連の楢崎弥之助議員とリクルートコスモス社長室長の…」

画面には楢崎代議士の前で深々と頭を下げ、五百万円の紙包みを差し出す松原弘の姿が映っている。江副は思わず叫び声をあげた。

「松原！」

株譲渡先リストの公開を迫る楢崎に対して、松原は八月中旬から三度にわたって、国会での追及をやめるよう、金包みを持って国会議員宿舎や楢崎の地元福岡宅を訪れていた。そして四度目にとうとう、金品を差し出す姿を隠しカメラに撮られたのである。

大日本印刷、凸版印刷の両社長が列席するにもかかわらず、銀座の「亀倉雄策『情報が人間を熱くする』ポスター展」ギャラリー会場には、リクルート関係者の姿は一人も見られなかった。報道のせいである。気まずい雰囲気に包まれたステージの真ん中で、亀倉は口を真一文字に閉じていた。

一度は鎮静化しつつあった事件は、テレビ局のスクープによって再び炎上した。報道は過熱の一途をたどる。マスコミだけでなく、野党各党も情報公開を呼び掛けるなど、株譲渡先リスト探しは勢いづいた。

リクルート本社や半蔵門病院の上空では、連日ヘリコプターが飛び交い、再び江副の神経を侵した。ある日、名前だけは知る大物弁護士から、折り入って話がしたいと江副に連絡が入る。病院隣りのダイヤモンドホテルの一室で、ひそかに会うことになった。

「事態を収拾するには、あなたを贈賄、だれかを収賄で逮捕せざるをえないところまできてしまいました。どうです、海外に出られたら。ご存じの通り贈収賄の時効は三年。残念ながら海外に出ている間、時効は中断されます。しかし、収賄側の時効は成立します。国会の審議も滑らかになるでしょう。自民党はあなたに感謝しますよ。なに、証券取引法違反は最高刑が一年。仮に有罪になっても執行猶予付きの微罪です。そもそもこの騒ぎは、消費税導入を阻止したい野党が政治問題にしているだけ。時期が過ぎれば、立件にすらできないでしょう。消費税の国会審議が終われば、マスコミは書く材料がなくなり、さらに事件を弾劾することになるはずです。そうなれば、国会喚問ということになるかもしれない。それではあなたもつらいでしょう。いかがです、海外へ」

大物弁護士をそのまま追い返すと、江副は菅原茂世に電話を入れ、言った。

「リクルートで費用をもつので、しばらく海外に出てもらえないか」

菅原は、事態がこうなっても、江副は株の名義書き換えの件を隠し通したいのだと、瞬時にさとった。江副が願うなら、かなえてやるのが友情だ。

「いいよ。一緒に行けないのが残念だが、しばらくあちこち回ってくるよ」

菅原は九月の末に日本を出て、ニューヨークで秋を過ごした。さてそろそろヨーロッパにでも回ろうかと思いながら、日本では体育の日にあたる十月十日の朝刊を開いて驚いた。そこにはドゥ・ベスト社の便せんに、菅原の字で書かれた株譲渡先リスト写真と、記事が大きく載っていた。

「宮沢蔵相を含む九人を公表　コスモス株共産党調査　株割当先から譲渡
共産党の上田耕一郎副委員長が十一日午前中、記者会見で明らかにしたところによると、リクルートコスモス社は昭和六十年四月、株式会社『ドゥ・ベスト』（菅原茂世代表取締役）に計八万株を第三者割当増資した。『ドゥ・ベスト』は、店頭登録の一カ月前の六十一年九月三十一日に、九人に対し、八万株そっくりを一株三千円で譲渡した、という。共産党の上田副委員長によると、十月初め、『ドゥ・ベスト』社の便せんに九人の名前、住所と譲渡株数、譲渡金額が書いた手書き文書が、同党の正森成二代議士に送られてきた」

一年前に退任したビッグウエイに、江副から頼まれたビッグウエイ十二万株、ドゥ・ベスト八万株、計二十万株のコスモス株譲渡先リストの写しを、決算報告のために残してきていた。後任のビッグウエイ経営陣が、共産党にそのリストを送ったのだろう。菅原には容易に想像がついた。それにしても、犯罪者のような扱いで自分の名前が活字になって目の前に突き出される体験は、菅原にとっても初めてだった。恐怖を覚えた。江副はこの四カ月、毎日このような状態にさらされて生きてきたのか。初めて江副の苦悶《くもん》が理解できたような気がする。精神が変調するのも無理はない。追い詰められた江副が、なんとかもちこたえられるよう、ただただニューヨークから願うのみだ。

十月十二日、税制問題調査特別委員長、金丸信による病床質問を江副は受けた。江副の病床ベッドの周りを与野党の国会議員が取り囲み重々しい空気に包まれた。淡々と事実を答える江副に、しびれを切らせた与党の大物議員が威圧する。

「世間に対して申し訳ないと思わないのか」

「なにが申し訳ないですか。私は申し訳ないようなことは全くしておりません」

医師として病床尋問に立ち会っていた小早川は、普段温厚な江副には見られない、その毅然とした返答に驚いた。理不尽とあれば引かず、どこまでも立ち向かっていってしまう。そんな江副の、心の底にあるしんの強さを見せつけられた。

「リスト名を発表するぐらいなら、私が自滅し死んだ方がいいです。ご勘弁を」

江副の黙秘に近い拒否に、困り果てた金丸が、委員長として公表を迫っても拒否だ。

「刑事罰を受けても申し上げられません」

並みいる国会議員の尋問を病床から跳ね返すと、そのままベッドに倒れこみ、こんこんと江副は眠り続けた。

その二日後、自民党は消費税導入を強行可決、これによって日本は一九八九年四月一日より三パーセントの消費税が導入されることになった。

菅原は、新聞記事に追いたてられるようにしてニューヨークを後にする。ミラノ、パリを回り、台湾の自社工場の近くにある、定宿のホテルに入った。ヨーロッパの旅先で断片的に読んだ新聞記事によると、菅原がかかわった株は「還流株」と名づけられていた。江副は己の事業の拡大を目的に、その「還流株」を政治家や官僚にバラまいたというのが、新聞のもっぱらの論調だ。どの記事を見ても「検察の高官によれば」「と、検察では見ている」「東京地検は重大な関心を寄せているもようで」と検察の文字が踊り、記事は検察の思惑通りに書かれているようだった。

そして、何より菅原を驚かせたのは、還流株にかかわった関係社が、自分の会社も含め五社もあることだ。計五十六万株の株券が江副の指定する八十三人の人々に還流されていた。しかもその五社は、みなＹＰＯの仲間の会社だ。江副のお人好しには困ったものだ。おかげでこちらは世界を逃げ回る毎日だが、ほかのみんなはどうしているのだろう。ここは幼なじみの新倉に聞くのが一番と、台湾から新倉へ電話を入れた。新倉は興奮した口調で、検察からの事情聴取の経過を話してくれた。

「還流株の見返りになにをもらった。やつらが聞くのはそればかりだ。江副から株を回してほしいと言われたとき、菅原、江副になにか代償を求めたかい」

「いいや、初めから株の譲渡は江副の好意だ。代償など一つもない」

「だろう、俺も同じだ。江副から頼むよと言われた。だから回した。友だちの好《よしみ》だ」

新倉の言う通りだ。別に打算はない。菅原は日ごろ感じていることをしみじみと語った。

「彼らは、世間には損得とは無関係に動く人間がいるとは考えもしないんだ。人はみな、自分と同じくカネのためにしか動かないと思っている。江副の不幸は、そんなやつらににらまれたことだ」

「苦労するな、江副は」

新倉の声が涙声になった。たまらなくて、菅原は黙って受話器を置いた。

十月二十日、東京地検は松原コスモス社長室長を贈賄容疑で逮捕した。それを受けてコスモス、リクルート社内を一斉捜査、大量の書類を証拠物件として持ち帰った。

東京地検は、松原五百万円現金供与事件を突破口に江副を逮捕し、事件の全容解明をめざした。現金持参は江副の指示によるものだろうと、地検は激しく松原を責め立てた。松原は、誰からの指示も受けておらず、自分の判断で行動したと一貫して主張し続けた。五百万の出所も会社とは関係なく、友人に借りたと言い続けた。

江副があずかり知らぬ松原事件を突破口にして、検察は自分を司法の場に引っ張り出そうとしていた。その手口を江副は初めて知った。それならば徹底的に戦おう。江副の内面にむくむくと闘志がわきあがってきた。昨日までの弱々しくベッドに横たわる江副の姿はもうなかった。

江副は、長年リクルートの顧問弁護士を務める、TMI総合法律事務所所長の田中克郎弁護士を病室に呼ぶと、切り出した。

「相手は威信をかけてこちらを攻めてくるでしょう。弁護士にとっても、これだけ大きな事件に出合うのはそうないと思います。田中先生のところの有能な新人をつけてください。その若者にとっては、この事件はきっといい経験になると思います」

自分が厄介な渦中にありながらも、その機会に若い人たちに貴重な経験を積ませようと江副は言うのだ。いかにも彼らしい発想に、田中は苦笑をしながら、事務所の二年生弁護士、石原修をアシスタントに起用した。二人は江副がその後に依頼した弁護士らとともに、国会答弁、検察取り調べ対策に乗り出す。江副は考えられる質問事項を自ら書き出し、次々に弁護士に質問させて、その回答を作っていく。

「いや、さっき答えた内容と、いまの答えでは矛盾するかもしれません」

弁護士が論理矛盾を突く前に、自らの誤りに気づくと、答えの修正を江副は願い出た。

「もう一度お願いします」

先日までの弱々しい江副の姿はもうなかった。弁護士がうんざりするくらい「もう一度お願いします」を繰り返し、あきれるくらい答弁練習を繰り返した。

十一月二十一日、江副は半蔵門病院副院長小早川を伴い、衆議院リクルート委員会の証人喚問席に立った。

亀倉はそのテレビ中継を見ながら、江副の答弁内容よりも、静止画で写るその姿に驚愕した。頬は細く落ち、耳にかかるほど伸びた髪はすっかり白くなっている。初めて会ったときの輝きに満ちた若々しさはどこにもない。かつて亀倉が見たこともない、老い、疲れ切った江副が、ブラウン管の向こう側に立っていた。亀倉は深い自責の念にかられた。

この男を、こんな姿にしたのは、実は自分だったのではないか。

社章のデザインを依頼され、ビルを建てたときのビル看板の検証として、二メートル大の巨大なかもめを作った。そしてその日から、江副は不動産に傾斜し業界で頭角を現したが、その帰結として未公開株譲渡事件を引き起こしてしまった。あの日、あんな大きなかもめを作らなければ、今日という日はなかったかもしれない。野党の追及に破たんなく答える江副の声を聞きながら、亀倉雄策は深いため息をついた。

「検察が江副さんの事情聴取に入る前に、社長から事情を聞きたいと言っています。ついては海外出張先を教えろと、毎日矢の催促です。こちらも知らぬ存ぜぬではもうとても通用しなくなりました。そろそろ戻って来てもらえませんか」

困り果てた秘書からの電話に、捜査はそこまで進んだかと腹を決め萱原は、日本に帰ることにした。暖かい台湾から成田のタラップを降りると、ぶるりと身震いする。日本はもう冬支度の季節だった。

「ドゥ・ベストから還流された株は、竹下登首相、安倍晋太郎自民党幹事長、中曽根元首相の秘書に、そして宮澤喜一大蔵大臣本人に譲渡されている。大物政治家ばかりだ。中曽根に連絡したのはお前なのか。江副はお前を介して、中曽根に何を頼んだ」

彼らは政治家への贈収賄事件に仕立てたいのだろう。自分たちが描いた筋書きに沿った供述だけを萱原にひたすら求めてくる。そうとしか思えなかった。

「お前たちは赤坂の料亭で安倍幹事長と何度も会っている。隠してもだめだ。中曽根康弘と会ったこともあるのだろう」

「あなたはなにかといえば、政治家のみなさんへの株譲渡に意味をもたせ、この私にまで不正の疑いをかける。安比高原でアスパラガスがたくさん採れた。食べきれないので、あの人に、そうだあの人にも食べてもらおうと配り歩いた。それだけじゃないですか。昔から江副はそんな男です」

何日もの取り調べが繰り返されるが、菅原の供述は最初から揺らぐことはない。

「これで今日が最後です、ご苦労様でした」

検察官にていねいに言われてホテルを出た菅原は、江副に電話をかけると、「今日で終わったよ」とだけ手短に話した。

次はいよいよ自分の番かと江副の緊張感は高まった。弁護士との打ち合わせのため会議室に入ると、江副はまず窓を全開にする。冷気が吹き込む会議室で、江副は上着を脱ぐ。

「さあ、始めましょうか」

寒さに震えながら、窓を閉めようとする石原修を江副が手で制する。

「拘置所は暖房がないといいます。いまから体を慣らしておかないと」

寒気のなか、ワイシャツ一枚の姿で江副は、まだ見ぬ検察に備えた。

検察庁東京特捜部副部長、四十六歳の宗像紀夫《むなかたのりお》は、十二月十日、リクルートが経営する芝グランドプラザホテルで五十一歳の江副に会った。

検察庁の中にあって、東京特捜部は政治家汚職、大型脱税、経済事件を扱う特別な組織だ。四七年に組織が作られて以来、起訴案件に無罪はない。七六年ロッキード、翌年のダグラス・グラマン汚職事件と連続した大型疑獄の公判を指揮した宗像は、両事件で勝訴、その力を認められて副部長に昇進した。松原事件で江副を逮捕できなかった東京地検は、担当主任検事を宗像に据え替え、リクルート事件の再捜査に乗り出した。

通常、司令塔である主任検事が被疑者を自ら取り調べることはない。しかし、東京特捜部として、中曽根康弘元首相、現竹下登首相以下、宮澤喜一大蔵大臣、安倍晋太郎自民党幹事長、藤波孝生元官房長官以下十六名もの大物政治家の名前が出た事件で、松原事件同様の失敗はもう許されない。これから捜査を本格化するに当たって、まずは確かめたい。江副という男がどんな面構えをし、いかような心根をもつ男なのか、宗像はこの目で一度たしかめておきたいという思いから、まず初回の取り調べに立ち会うことにしたのである。若い検事に予備尋問をさせながら、宗像は一言も発せず、小柄ですっかり白髪がめだつようになった、自分より五歳年上の男を見つめ続けた。

「生木のように、しぶとい男だ」

宗像の江副に対する第一印象は、それに尽きる。

この六月からマスコミに追われ続けた半年余りの日々で、目の前の江副は、憔悴《しょうすい》し切っている。胃腸が不調なのか顔色が悪い。病院にたてこもるから、てっきり仮病と思っていたが、体調はかなり悪そうだ。しかし、気弱なところはない。人当たりもいい。だが肝心なところは、のらりくらりとかわす。そこはなかなかの男だ。

これはてこずるかもしれない。

どうしても江副を起訴し全面勝訴にもっていかなければ、逆に自分がこの男に潰される。自白の日まで、尋問のすべては自分が直接担当しようと、宗像は腹を決めた。

以来、リクルート事件結審の日まで、十七年にもわたる戦いが二人の間で交わされることになるとは、このとき二人とも知る由がない。

十二月二十日、尋問が始まった。

「本件のキーマンはあなたです。一連の報道では、いろいろあなたに問題があるように伝えられていますが、あなた、率直なところどこが問題だと思っていますか」

教えてほしいのはこちらだった。江副が頭を振ると、宗像の質問は突然、飛んだ。

「ところで、あなたは中曽根前首相と差しで会ったことがある？」

やはり検察の興味は中曽根か。日米貿易摩擦の解消に、中曽根政権の依頼でNTTから買ったクレイ社のスーパーコンピュータを検察はロッキード疑惑のように事件化したいのだろう。うなずく江副に、宗像は身を乗り出した。

「ほ、ほう、そうですか。で、あんなにたくさんの人々に株を譲渡した、あなたの目的は、何だったのです」

「創業以来お世話になった人たちに、感謝の気持ちから株を持っていただきました」

この日以来、何度同じ質問を宗像から受けただろう。そのたびに江副は同じ答えを繰り返す。

宗像の「あなた」という言葉が「君」に変わり、声を張り上げながら「おまえ」となっていくのに時間はかからなかった。

「おまえの目的はなんだ。なぜあんなに大勢の人間に株を配った。言ってみろ」

個人の尊重を信条とする江副にとって、「おまえ」呼ばわりは耐えがたいものだった。しかし、耐えるしかない。挑発に乗れば、被疑者を扱いなれた彼らだ、ここぞとばかりに攻めてくる。ただ耐えた。

「おまえの狙いは中曽根、真藤に取り入ること。リクルートはバレずに『利、喰うと』だ。そのため大勢に株を渡したというのだから、お笑いだ。配りも配ったり。その数八十三人。で、二人からおまえは代わりに何をしてもらった。言ってみろ」

宗像は分厚い調書を差し出し、署名を迫る。ぱらぱらと目を通すと、言っていないことまで書いてある。黙って頭を振り、ペンを置く江副に怒声が浴びせられる。

「署名拒否の調書は裁判で不利になるぞ。不愉快だ、おまえのすべてが。取り調べ中止。今日はもう帰れ。顔も見たくない」

江副が検察の事情聴取を受けたとの噂は、亀倉の耳にもすぐ入ってきた。

亀倉は「経営とデザインの一体化」を願い、戦後の日本経済の成長とともに歩んできた。リクルートの成長もまた、亀倉のデザインとともにあった。江副はその恩義を忘れず、ビルデザインや総合レジャー開発という新しい領域に自分の才能を導いてくれた。そのうえに、社外取締役として経営にまで参画させてくれた。その江副が、世間からあらゆる罵詈雑言《ばりぞうごん》を浴び、苦しんでいる。潮が引くように、多くの人が江副と疎遠になっていくなか、立っていられないほどに消耗し自死の誘惑に耐えている。

それを放っておけるか。この男の傍らに寄り添い、最後のひとりになってもいいから彼と同じ道を歩もう。

亀倉デザイン研究所をリクルート本社ビル内に移すことに決め、江副に電話をかけた。

「大変ありがたいお申し出ですが、先生の晩年を汚すことになりかねません。お気持ちだけいただき、先生のお引っ越しはご遠慮させていただきます」

「いや、私はもう決めたんです。いまの事務所は年内で解約します」

電話を置くと、亀倉はすぐに、事務所引っ越しの案内状づくりに取り掛かった。

「このたび、仕事場が手狭で本や資料が山積みした現状をなんとか解決したく、引っ越しすることにしました。銀座八丁目のリクルートビルにスペースを無理やり空けてもらって仕事場を移しました。強引な割り込みにもかかわらず、私にとっては理想的なスペースをお貸しいただくことができました。場所が、場所ですから格安の部屋代というわけにはいきませんが、デザイナー風情にとっては高すぎるという欠点があり、経営が成り立つかどうかは、今後の問題です。けっして、亀倉の再出発という大それた考えでいるわけではありません。ごく自然の成り行きに身をまかせたと、ご理解いただきたく存じます。もうトシなんだから片田舎で蛙の声をききながら鶏でも飼って、地玉子でもたべていればいいのに、とおっしゃりたいと思いますが、性分なのですね。それができないのです。おゆるし下さい。

一九八八年十二月吉日　亀倉雄策」

亀倉は、義憤をユーモアに隠して引っ越しの案内状を書き上げ、自分が設計したリクルート本社ビルの二階に三人の助手とともに移ってきた。

八九年一月七日、昭和天皇崩御。一つの時代が終わった。

東京の街からネオンの灯が消えた。江副のことを書き立てる新聞も、テレビ報道もなくなった。江副は眠れず深夜、寒風の吹く病院の屋上に立つ。三宅坂から馬場先門に下る道は深い闇だ。このまま半蔵門の堀に飛び込めたら、どんなに楽だろう。東京が活気を取り戻すころ、世間は江副の死を知るのだ。江副は自死の誘惑と闘いながら、喪に服す皇居の闇をただ見つめ続けた。

八九年二月十三日、江副は宗像から逮捕を告げられた。小菅拘置所に向かう車に乗せられた。事情聴取から五十五日間、真藤、中曽根以外のことは何もたずねられなかった。それなのに、容疑はNTTの式場英ほか二取締役への贈収賄容疑だった。予想外の成り行きにぼうぜんとしつつ、江副は車に揺られた。拘置所の入り口十メートルくらいのところで、車は極端にスピードを落とす。車を取り囲むカメラのフラッシュにさらされながら、江副は上空を飛ぶ、ヘリコプターの爆音を聞いた。

丸裸にされると、十人ばかりの看守が見守るなかを江副は歩かされた。真ん中に立つ看守の所に行きつくと、男は四つん這いになれと命じた。言われるままに伏すと同時に、江副の肛門にガラス棒が突き入れられ、看守はその棒をぐりぐりと前後にかき回した。苦痛が走る。屈辱感のなかで、涙を流す。そのあとから悔しさが追いかけてきた。

「百二十六番立て」

自分はものではない。頼む、名前で呼んでくれ。いや、おまえでもいい。番号で呼ばれるのは、ごめんだ。

「家にも病院にもブツがない。どこに隠した百二十六番。言え」

逮捕前の宗像がいかに紳士的な検事だったかをようやく悟る。拘置所で取り調べにあたる検事には、品性も礼儀もなかった。

大声でどなられ、人格を無視する発言を次々に投げつけられた。最初はいらつき、反応していた江副の精神が鈍麻していく。人としての誇りは剥ぎ取られ、虫けら同然の百二十六番に変容していった。

「バカヤロー、うそつくな、百二十六番。思いだすまで壁の隅に向かって立って考えろ」

三時間以上取調室の隅の角に向かって立たされ、もうろうとして目を閉じた。

「目をつむるな。壁をみろ。バカヤロー、目をつむるなというのがわからないのか。俺を馬鹿にするな。なめる気か。それは国家をなめることだ。もっと前に寄れ」

目をあけているのがつらい。視界はかすみ、音が遠くなる。目の前にある壁のシミが黄色い輪になり光を放つ。神が降り立ち、江副に向かって手を差し伸べる。江副はそのまま崩れ落ち、頭を壁に向かって激しく打ち続けた。一切手を下すことはないが、それは検事による心の処刑ともいえた。考えることだ。虫けらにならないこと。江副は薄れゆく意識のなかで言葉をつぐむ。

憂きことを　月見て悩む　独居房

このままでは本物の虫けらになってしまう。ただ座していてはだめだ。戦おう。彼らの取り調べがどんなに理不尽で、国家権力を笠に着たものかを、克明に残し、いつか反撃に出よう。江副は大学ノートを買い込み、一日が終わるとその日一日の取り調べの内容をノートに克明に記録し始めた。江副はその最初のページに自分への戒めを書く。

「早く出たがらない。絶好の勉強のときと思うこと。悲観したり怒ったりしてもどうもならない。ここにいる間を天賦の休憩と考えること。つらい環境は自分で克服しなければならない。いまがよい環境なのだと思う勇気を持つこと」

その日以来、取り調べの様子やとられた調書の要旨を、ボールペンで手のひらにびっしりと書いた。一日が終わり看守に連れられて独房に戻ると、手のひらのメモを見ながら、その日一日の取り調べのすべてをノートに書き写した。そしてゆっくりとせっけんでその日の手のひらのメモを洗い落とすと、ようやく一日が終わった。

いつか、この全資料をもとに、彼らに手痛い一撃を食らわせてみせる。もう、一人独房から月を見て悩む江副はいなかった。悔しさは怒りの熱量となり、怨念は生きる力になった。どんなに孤独であろうと、したたかに、たくましく生き延びてみせる。

八九年四月一日、すべての商品、サービスに消費税三パーセントがかかる生活が始まった。四月二十五日、その新しい暮らしぶりを見届けるように、リクルート事件による政治不信の責任をとり、竹下首相は退陣を表明する。ついにマスコミが戦後初めて、内閣を倒閣に追い詰めたと書く新聞もあった。翌日、自宅で首をつる竹下の元秘書の死体が発見された。

秘書の死の起因が自分だったかと思うと、江副の心はざわめき、荒れた。しかし、一つもやましいことはないのだ。どんな下劣な罵声にも、理不尽な論理のすり替えの取り調べにも耐え否認を続けた。

否認して　ただいる我の　行方かな

「そんな態度なら位田を逮捕する」

江副が揺るがないと見ると、彼らはそう揺さぶった。負けないこと。揺るがないこと。この理不尽なあり様をいつか暴いて見せる。独房でひたすら取り調べのメモを書き続けることで、なんとか心の平安を保つ。独房ノートはもう五冊を超えた。

「百二十六番、よくも長い間うそをついてきたな。真藤はさっき落ちた。百二十六番から直接電話をもらったと吐いたぞ。このうそつきが。謝れ。俺に向かって土下座しろ」

コスモス株譲渡の電話をこの自分がし、その電話をたしかに受けたとの調書に真藤が署名したと検事は言う。

ことの真偽を超えた問題だった。理由はともかく、真藤は署名した。つまり「電話をした」と認めたことになるのである。ここに至って江副がそれを認めないということは、すなわち真藤を指して「ウソつき」と言い放つことになるのだ。真藤に深い敬意を抱く江副に、とてもできることではなかった。

これまでか　逆らい切れぬ　我弱し
「わかりました。すいません。私が直接、電話をしました」

「それでいい。最初からそう言えば苦しまなくてすんだ。さあ、調書にサインしろ」

「私は、検事さんに土下座しておわび申し上げます。いままで真藤さんに直接声をかけたことはないと言ってきましたが、うそでした。株をお譲りしたいと私が電話しました」

江副は、拙い文字でつづられた、検事の調書に、震える手で署名した。

逮捕から、百十三日目の六月六日、江副は、NTT、労働省（現・厚生労働省）、文部省（現・文部科学省）、政界四ルートの供述書のすべてに署名して保釈金二億円を払い、大勢のカメラマンが取り囲むなか小菅拘置所を出た。

そのニュースを見た精神科医の井上博士は、すぐに半蔵門病院に駆けつけた。

ベッドに横たわる江副は、逮捕前よりも症状が重く、拘禁反応からくる深い鬱状態が顕著だった。井上はルジオミール、ワイパックスといった抗鬱剤を投与し、体ではなく心が目覚めるまで江副が眠られるよう、睡眠薬のネルボン、ベンザリンなどを処方する。しかし深く内向し、激しい鬱状態に落ち込んだ江副は、自死願望にとりつかれ、何度も病室の開かぬ窓に体当たりを繰り返した。秘書のだれかが交代で四六時中看病しなければならない状態が長く続いた。

このままでは本当に虫けら百二十六番になってしまう。この混沌とした意識の毎日から抜け出すのだ。まず自分を信じてついてきてくれた社員たちへ、いまの気持ちを正直に伝えよう。「リクルートの社員への手紙」を書くことで自分を取り戻すのだ。

リクルートの雑誌で編集長をしていた女性が呼ばれ、病床の枕元でテープレコーダーを回した。しかし、江副の口からは、まったく言葉にならない声が細々と漏れるだけで、文章にならない。手紙の体もなさない。十分も過ぎると疲れ果てた江副は、よだれを垂らしながら眠りに落ちた。こんな弱々しい江副は見たことがない。元編集長の目から涙があふれた。新しいことを果敢に試みる才に長《た》けた人だったのに。いまは力なくベッドに横たわる抜け殻のようだ。その姿が哀れで、眠りに落ちる江副を残しそのまま病院を去る。家に帰りテープを再生しても、江副の声は拾うことができなかった。わずかに聞こえるのは、繰り返し社員にわびる言葉ばかりだった。

七月の初め、江副は井上が勧めるままに、転地療養と静養をかねて極秘で安比高原に向かった。ホテル安比グランドタワーの開業を控えて、最後の内装デザインチェックにきていた亀倉とフロントでばったりであった。

「元気だったかね」

その温かい声と手に触れると、江副は倒れ込むように亀倉の胸に身を預けた。

「大丈夫、大丈夫」

亀倉は江副を優しく抱擁しながら、静かに江副の肩をたたいた。言いたいことはたくさんあるのに言葉にならず、江副はただ静かに涙を流した。もうすぐ七十五歳を迎える人とは思えないくらい、スキーで鍛えた胸板は分厚く、決して実父からは味わうことのなかった、親子の安らぎに似た安堵感に包まれた。

夕刻、二人で設計した安比グランドホテルのメインダイニングで落ち合う。亀倉は自らデザインしたメニューブックを閉じると静かに切り出した。

「今日はあなたにどうしても言いたいことがあります。あなたいくつになった」

「五十三になりました」

「まだまだ若いな。いいですか、江副さんは政治的混乱を招き内閣を潰してしまった。日本では法律上の罪とは別に、道義的なことも罪になる。どうせ実刑でしょう。それもせいぜい一年半というところ。早くお勤めを済ませて、出てきてからまた仕事をしたらどうです。私などと違って、あなたはまだ若いじゃないですか」

亀倉の言葉に江副の答えが返ることはない。亀倉も沈黙で応えた。

父と慕い、師と尊敬する亀倉の言葉に逆らって、また自分は闘おうとしている。江副は安比から帰ると、経済界の要職にある人々に向けて、筆を執った。

「顧みますれば、私は会社の発展を念願してひたすら走り続け、ワーカーホリックとなって社会規範、企業倫理に思いを致す余裕を持てませんでした。この一年余りは入院、国会喚問、司直の調べと相次ぐ拘束が続きました。事態が思いもかけぬ展開となり、そのあげく百余日におよぶ拘置所での生活は試練の日々であり、天の配剤でもありました。私が創業し、私が退任して一年たったリクルートとリクルートグループは厳しい社会の批判を受けながらも、試練のなか、おかげを持ちまして、この間業績も順調に推移しており、陰ながら安堵しているところでございます。お詫びのお手紙を出すのもはばかれるような気持ちですが、いたたまれない気持ちで一言、お詫び申し上げます」

拘留中に受けた心の痛手を回復させたのは、手紙の通りリクルートの営業成績だった。連日の報道スキャンダルに揺れ、世間からあんなにたたかれ、批判を浴び続けた二十九期のリクルートだったが、どんなに報道が過熱しようとも得意先が離れることはなかった。事件報道、会長辞任、江副逮捕と大激震が続くなか、リクルートでは「リクルート進学ブック国際版」「就職ジャーナル大学院生版」「新装とらばーゆ」「CREATION」「じゃらん」「ケイコとマナブ」を相次いで創刊していく。デジタル回線リセール事業は創業四年目にして日本全国六割のシェアを占め、初の黒字を計上。二十九期（八九年）の決算は売上高二千九百二十八億円、営業利益五百十八億円といずれも過去最高額を記録した。

旧友の精神科医、井上や半蔵門病院の小早川による治療のおかげもあるだろう。だが以上にその数字が、リクルートの経営から身を引いた江副にとってかけがいのない薬となった。

第十五章　盟友・亀倉雄策

1992年5月22日、ホテルオークラでの「リクルート、ダイエー傘下入り」記者会見。
左から中内㓛、位田尚隆、江副浩正。写真提供:共同通信社

一九八五年のプラザ合意で、百円以上の急速な円高が進行し、日本は深刻な円高不況に陥った。一方、テレビや新聞で毎日繰り返される不動産の高騰報道にあおられ、売買は活性化し地価は異常な上昇を続けた。その幻影に踊らされた金融機関は、非合法組織とすら結びついて利潤を追求した。その結果、平和相互信用銀行の金屏風事件、住友銀行のイトマン事件など、政財界を巻き込んでの詐欺事件が横行。バブルの名のもとで人心は荒んだ。

八〇年代後半期、無制限無秩序に近いかたちで貸し付けを進める銀行を、大蔵省は野放しにしてきたに等しい。ところが、地価はおそろしい勢いで急騰を続け、融資不祥事事件は続発する。とうとうここに及び、九〇年三月、大蔵省は土田正顕銀行局長名で土地購入融資に関する総量規制に打って出た。

同時に、日銀の金融引き締めが急激に進んだ。自己資本比率を満たすため、各銀行は貸し出し残高の縮小に迫られた。

銀行は新たな融資を断る「貸し渋り」、市場から資金を引き上げる「貸し剥がし」と守りの態勢に経営戦略を転換した。結果、三年七カ月もの間、日経平均二万円超えの高値で推移してきた株価はたちまち急落する。九一年三月、「ジャパン・アズ・ナンバーワン」を謳歌してきた日本経済のバブルは、突然弾けた。

たちまちリクルートコスモスは経営危機に陥った。その影響はノンバンクのＦＦにも連鎖する。コスモスで五千億円、ＦＦで七千億円の借入金がある。これが「貸し剥がし」にあえば、二社の息の根は止まる。それは同時にリクルートの死を意味した。

江副は慌てた。

経営の一線を引いたとはいえ、二社合わせて一兆二千億円の借入金をもとに、両社を大きくしてきたのは自分だった。それは、銀行各社が「江副浩正」という人間の経営手腕を認め、江副個人に資金を融資してきたことを意味する。

「見切り千両、損切り万両」

株の世界で昔から言われてきた金言だ。判断が遅れると、リクルートは死ぬ。

長年株の世界に生きてきた江副の、そして数々の事業を興してきた経営者としての勘が、激しく警鐘を鳴らした。

不安定な気持ちで江副は、毎年初秋に過ごすことになっているＹＰＯ会員の古河林業社長の古河久純の蓼科《たてしな》の別荘にゴルフに出かけた。古河の近くに別荘を持つ大前研一が顔をだし、一緒にバーベキューをしているとき、大前が言いだした。

「地価はまだまだ下がります。日本経済はパニックになりかねない」

かつてＮＨＫのテレビ番組で、土地は上がり続けると発言する江副に対して、いやこのままいくと近いうちに下落すると予測する大前とは、番組中に大激論になったことがあった。そのときより大前はまだ、土地は下がると言うのだ。

大前の経済見通しに目の前が真っ暗になり、バーベキューどころでなくなった。意気消沈して蓼科を去る。

江副は、中央道の曲がりくねった闇を走り抜けた。大月インターを越えた。このままこのカーブを回りきらなければ、すべてが終わる。リクルートの死を見ずにすむ。ガードレールの先に山塊の闇が現れた。アクセルを踏み込む。夜光塗料に塗られたガードレールの縁が目の前に広がり、かろうじてハンドルを切った。車は岩の側道すれすれを並走し、闇の中央分離帯に向かう。何度そんな蛇行を繰り返しただろう。

やがて新宿の高層ビル街の光が見えてきた。

社内にリクルート倒産の危機を自覚する人間は、まだだれもいない。早くせねば。しかし、いったん身を引いた人間がリクルートの取締役会に乗り込むわけにはいかない。考えに考えて、江副が広尾の亀倉邸をたずねたのは九一年の秋も深まったころだった。

「お恥ずかしい話ですが、コスモスの状況がかなり深刻でして」

「そんなにひどいの」

「契約高が目標の十パーセントにまで落ち、マンションの完成在庫を大量に抱えています。その残戸数は…」

初めて聞く数字に、亀倉は声を失った。

「そこで、最高経営者会議を発足させたいと思います。リクルートの取締役会には秘密の組織です。メンバーはリクルートからは位田さんと、財務担当専務の奥住君、事業担当専務の河野さん、リクルートグループからは会議長の大沢さん、そして私です。ついては先生にもボードメンバーとしてご参加願えないかとお願いにあがりました」

その日から週一回、リクルート本社十一階で極秘の最高経営者会議が開催され続けた。しかし参加者には、迫りくる金融危機への認識が薄く、会議は空転した。

「コスモスの損失をなぜリクルートの利益で埋めなければならないのか」

コスモスはすべての損失を表に出し、赤字決算にすればいい。それが位田以下リクルート経営陣の考えだ。

赤字決算となるとコスモス社長池田友之の経営責任が追及される。創業時からの朋友池田を口説いて、無理やり社長に就いてもらった。それだけに、江副から「赤字決算にしろ、あなたの責任だ」とは言いにくい。

同時に池田はリクルートでの位田の元上司でもある。池田に対して責任を追及し、その首を切ることは、位田以下いまの経営陣にはとてもできなかった。

一方、江戸っ子で親分肌の池田は、自分が責任を取るのはいい、しかし、この会社を業界第二位にまで育て上げたコスモスの経営幹部に累がおよぶのは困ると考えた。

ならば、環境開発の創業メンバーで、コスモス社内一の売り上げを誇る大阪支社長、重田里志にコスモスの後を託そう。位田と池田の意見が一致した。

しかし、重田とともに環境開発を興した江副は、この困難な時期に重田に重責を担わせ、潰してしまいたくはない。大蔵省や銀行相手の不良債権処理は、四十代の重田には荷が重すぎる。経営を担当させるより、この不況下、重田に実務を任せて売り上げを伸ばさなければ、それこそコスモスは立ちいかなくなる。それが江副の意見だ。その溝は埋まらず、どうどう巡りのまま会議は空転した。

年末にかけ、奇妙な問い合わせが江副のもとに増えてきた。

「マンション不況であっても幹事行としての責任はあります。うちは見捨てませんよ」

転換社債の主幹事を務める興銀からだ。三和銀行の頭取からのメッセージも届く。

「もしも江副さんがリクルート株をお売りになるときは、私どもにまずお話しください」

ソニーからも、それとなく問い合わせがあったと奥住から報告が入る。そして西友会長が、暮れも押し迫って江副を訪ねてきた。

「江副さんにそのおつもりがおありなら、セゾンでお引き受けさせていただきます」

堤清二の放漫経営が破たんし、責任をとって堤は九一年経営から身を引いていた。その堤が投げだした企業の後任経営者にまで、そんなことを言われるとは。

「ありがたいお言葉で」

ていねいに頭を下げながらも、江副は追い立てるように客人を送り出した。

御用始めの最高経営者会議で、位田にもう結論を出すときと、江副は迫った。

「だれの手も借りずこの三十年やってきたという社員一人ひとりの自負や誇りを無視すれば、この後のリクルートが立ちいかなくなります。この土地の値下がりも昨年末が限度だともいわれます。もう少し持ちこたえませんか」

手塩にかけて育てた人材を信じ切るという、位田の社長としての腹の座り具合は認める。だが、座している間に日本経済は崩壊するという危機感のほうが江副には強い。

年が明けても位田の言に反して、地価は下落し続けた。日経新聞は不吉な数字をはじき出していた。

「九一年度の企業倒産は負債総額七兆七千七百三十七億円の過去最高額」

江副の眠れない日が続いた。そして、相場師江副の株投資資金も底がついた。飲めないアルコールを飲んで、酔い疲れて、かろうじて浅い眠りに落ちた。

六月の株主総会を控え、平成三年度のコスモス決算をどうするか、最終判断を下さなければならない日を最高経営者会議は迎えた。

「コスモスのことを考えると仕事も手につかない。夜も眠れないよ」

ぼやきながら亀倉が江副の横に座る。再建プロジェクト室から提示されたのは、コスモスをいったん赤字決算にし、以後黒字化を図るという当事者意識を欠く案だ。

結局、リクルートにとってコスモス問題は対岸の火事としか認識できないのか。案を聞くなり江副は、立ち上がりかかる。しかしその前に、亀倉が声を張り上げた。

「何を言っている。コスモスが赤字会社になれば、これから先、銀行からの融資は望めなくなる。その累は親会社にも及ぶ。このリクルートをみんなで潰すのか。コスモスを赤字にすることは絶対にできない。そんなことは自明の理だ」

この半年以上続いた議論を断ち切るように、亀倉の鶴の一声で、リクルートがコスモスの売り残りマンションをすべて買い取り、コスモスの平成三年度の当期決算を黒字にすることが決まった。

しかし、その安堵も長くは続かない。コスモスに連鎖して、今度はＦＦが立ちいかなくなった。四月の始め、最高経営者会議で事情を説明したＦＦの白熊社長は、淡々と平成三年度決算案を報告する。

「貸付金の七十パーセント超が延滞債権で、その総計は約四千億円に上ります」

「延滞債権って？」

金融の専門用語に不慣れな亀倉の問いに、銀行出身の社長がいんぎんに答える。

「利子が入らなくなった債権です。正常債権のなかにも、利子の追い貸しをしている先がかなりあるのが実情です」

最高経営者会議の部屋を驚きとも嘆きともつかぬ声が満たす。白熊は平然と言う。

「しかしノンバンクはどこもそうで、うちが特別に悪いというわけではありません」

新聞では連日、日本住宅金融、松下電器系ナショナルファイナンス、セントラルファイナンスなどの経営危機が報じられている。

その報道にＦＦの名が出ることはないが、その実態がここまでひどいとは。

江副はげっそりと痩せた頬をひきつらせて、天井を仰いだ。ＦＦの負債はコスモスの額の比ではない。すでに借入金六千億円を抱え、そこにこげついた四千億円を加えれば、一兆円にもなる。

眠れぬまま朝を迎えたベッドの上で、届いた日本経済新聞を開いた。

「日経平均株価五年四カ月ぶりに一万八千円割れ」

特に銀行株の下落が激しい。この三カ月で半分以下になっている。リクルートが持つ銀行株も年初の七百億円の含み益が、この四カ月で三百億円まで減少した。

そして江副個人の投資銘柄も株価が軒並み下落していた。負債はついに百五十億円に達している。だが自分のことよりも、リクルートの死をなんとしても回避することだ。

急がねば。

位田、奥住と三人で腹を割って話すことにした。銀座を避け、赤坂の日本料理屋でひっそりと会う。何も言わず、位田に結論を目で促した。

「あれからいろいろ考えましたが、やはり、自主路線で行けないかと思っています」

位田の話を聞くや、いままで最高経営者会議で、自分の考えをほとんど述べず、沈黙してきた奥住が、反論した。

「それだと混乱してリクルートグループは立ちいかなくなってしまいます。グループ一万五千人とその家族を入れれば、三万人が路頭に迷うんですよ」

「リクルートの社員はみんな優秀です。命を懸けて人材を採用してきた。もしうちがダメになっても、みんな外で立派にやっていけます。われわれが精いっぱいやって、それでもダメだったら、しかたがないじゃないですか」

「あなたは経営者でしょう。無責任な。私は辞めさせていただきます」

奥住はそのまま席を立った。

翌日から奥住の姿が社内から消えた。八方手を尽くして心当たりをあたるが、どこにも奥住はいない。万が一のないことを祈った。

江副は、五月の連休の初め新幹線に乗り込んで安比へ向かった。生きている奥住のもとに、手紙が届くことだけを願いながら、揺れる新幹線のなかで、ペンを執った。

「君が辞めると言って出ていってから、私の心は乱れ異常な精神状態となっていました。今回の行き違いは、位田社長の思考と行動パターンと経営スタイル、人生観と、私のそれに違いがあり、ふたりが奥住君を頼りにしていたことにより起因するものであったと理解するに至りました。（略）私は位田さんのように順を追って進めていき、最後に白旗をあげるのは最悪の事態を迎えるであろうと思っています。その前に『良い結果を生むことが最優先』のある決断を安比でしようと思います。そのことを君と話したいのだが、君がいないことがことのほかさみしいのです。私は君に戻ってきてもらって、良い結果を生むための最優先の手伝いをしてほしいのです。お願いします」

奥住への手紙を書き終えると、新幹線の揺れのなかで、日軽金ビルを手に入れた日、松永社長に言われたことを思い出した。

「おやじが家を売って借家住まいをすると言えば、女房子供は、おやじの懐はそんなに大変なのかとようやく気づくでしょう」

このところ長く考えてきたことこそ、やはり良い結果を生むと信じた。安比の自室に入ると、すぐに電話をかけた。

「恐れ入ります。緊急に中内さんにお目にかかりたいのですが」

ダイエー中内の秘書は、江副のただならぬ電話の様子に慌て、忙しい中内の時間調整をすると、その場で返事をくれた。

「連休中で恐れ入りますが、五月五日でいかがでしょう」

指定された日の午後四時半、ダイエー浜松町オフィスセンターに、江副はたった一人で降り立った。

「お休みのところを申し訳ありません」

「なにをおっしゃる、休みの日も店はやっていますからね」

中内が紙コップを取り上げ、自らお茶のティーバッグにお湯を注いで差し出す。

「大変な不動産不況に、コスモス、ＦＦが身動き取れない状態にまで陥りました。私は前面に出ることがならない公判中の身。ついては、私の保有するリクルート株をダイエーにお買い上げいただき、位田の後見人として、中内さんにリクルート会長にご就任いただけないかと、本日はお伺いさせていただいた次第です」

紙コップの端を人差し指でゆっくりとたたき続けた中内は、やがて口を開く。

「ほな、しばらく江副さんの株、預かりましょか」

「いや、後見人の印としてお買い上げいただきたいのです」

紙コップの淵を指でたたき続ける中内に、早く返事がほしい江副は、にじり寄った。

「ほな、引き受けさせてもらいましょうか」

なんの駆け引きもなく淡々とした様子の中内に驚いた。安堵の血を沸き返しながらも、江副は畳みかけるように言った。

「株価は前々年度決算書の一株当たり…」

中内は飲み干した紙コップを突き出し、江副の話を止める。

「いいじゃありませんか。私はお引き受けさせていただいたのですから。後は間に銀行に入ってもらいましょう」

売価総額も聞かない、豪胆な中内の物言いだ。ここは中内しかないと見立てた、自分の判断に間違いはなかったと、江副は安心した。自ら紙コップを片付けながら、中内は言った。

「最初にうちにもってきてもらって、江副さんありがとう」

翌日、もう一つ安堵があった。連休前から行方不明だった奥住が還ってきた。

「ご心配をおかけしました。どこに行くあてもなく都内をさ迷い歩いていました」

「君に万一のことがあったらと思うと、夜も眠れなかった」

「人間なかなか死ねないものだと思いました。ならば最後まで江副さんのお役に立とうと家に帰りましたら、そこに江副さんのお手紙がありました」

自分と同じように死を考えた奥住の顔には、どこかふっきれたものがあった。

「そうですか、中内さんが。それはよかった。では後は、銀行と詰めてまいります」

「君には昔から、迷惑をかけてばかりです。しかも最後の最後にまた大仕事だ」

「いや、私はこれで十分です。疲れました。この大仕事が終わったら郷《くに》に帰ります。すでに公園の隣にマンションも手に入れました。公園の管理人にでもなって過ごします」

求められれば、どの業種の経営者としてもやっていけるほどの金融の専門知識と知見をもちながらも、欲なく生きる奥住らしい一言に江副は救われた。

奥住と別れると、江副はその足で、広尾にある亀倉の自宅をたずねる。

「そうですか、中内さんにお願いしましたか。リクルートとダイエー。世間は意外の感をもつでしょうね。中内さんとはそんなに長いつきあいだったの、江副さんは?」

「初めて中内さんにお会いしたのは、昭和三十八年でした。阪急の西宮北口駅。その駅前に『主婦の店・ダイエー』がありましてね。畳六畳の質素な社長室でした」

仕入れ電話の受話器を手にしたまま、関西の大学新聞への求人広告掲載を売り込む江副の話に、耳を傾けていた中内は、江副の話を遮るようにして言った。

「わかった。半値なら、全国の大学新聞全部にまとめて出してもええよ」

その決断の早さに驚く江副に、さらに中内はたたみかけるようにして問うた。

「お兄ちゃん、どこの出身や」

同じ神戸の、甲南学園出身と知り、中内の、江副への距離はさらに近づいた。

「おもろい商売を始めたもんやな。これからもちょくちょく顔を見せてや」

創業十年を前に、事業拡大の増資時に、株主になってもらおうと、中内をたずねた。

「ダイエーでものを売ってくれと言ってくる人間はぎょうさんいるけれど、金の無心に来たのはあんたが初めてや」

大声で笑いながらも中内は、株価と配当の有無も聞かず、江副の申し出をその場で受け入れた。中内は自分を買ってくれたのだと、江副はうれしかった。以来、ずっと中内の経営手法を外から見守ってきた。その特徴は、多くの企業を傘下に入れながらも買収先の独自性を残す、中内言うところの「オレンジ共和国経営」にあった。中内ダイエーの経営特徴をかいつまんで亀倉に説明すると、江副は最後に言った。

「グループで一兆八千億円の借入金を引き受けてくれて、しかも位田社長以下の経営陣を残してもらえる。それを受け入れてくれるのは、私の知る限り中内さんだけです」

「おふたりのおつきあいがそこまで深いなら、私がとやかく言う立場にはありません」

「リクルートが生き残るために、最善の選択ができたと、胸をなでおろしています」

亀倉の目が鋭く光った。それまでの穏やかな顔が、いつか厳しい表情に変わった。

「胸をなでおろすのは、リクルートだけのことではないのでしょう。あなた、いくらの借金で身動きが取れなくなっている」

亀倉にはすべてお見通しのようだ。隠してもしょうがない。すべてをしゃべった。

「百五十億円の借金ね。それも道楽や、女や賭博につぎ込んだのではなく、株だけで」

株をやらない亀倉は、そのあまりの負債の大きさにぼうぜんとしながら聞いた。

「いつごろ何がきっかけで株に手を？」

江副は株と出会った経緯を、初めて人に話した。

「そうか江副さんはお父さんから教わったスキーと株を、一生背負いこんだのか」

「ええ、疎遠で最後まで心を開くことのない親子でしたが、その父から二つのことを教わり、それに縛られ続けられているのは、やはり親子だったのだと思います」

江副の絞り出すような声に、亀倉はうなずきながら断じた。

「よく話してくれました。私はこれからなにがあっても、とことん江副さんを守ります。しかしあなたは自分の借金話をおくびにも出してはいけない。すべてはわが子よりかわいいリクルートを守るためと言い続けなさい。どんなことがあっても」

銀行の内諾をえて、最高経営者会議に江副がダイエーへの株売却案を提示したのは、中内と会ってから十日後の九二年五月十五日だった。会議メンバーの間に衝撃が走った。位田が口火を切った。

「江副さんが考えていたのは、やはり企業売却でしたか」

「位田さんが白旗をあげないと言ったからね」

これまで最高経営者会議でほとんど発言することのなかった、事業担当専務河野栄子が口を開く。

「私はダイエーよりセゾンのほうがうちの企業文化に合っていると思うのですが」

マスコミが江副のライバルと書き立てた堤清二に、リクルートを渡せるわけがない。江副は、その機微をわかろうとしない河野にイラつく。追いかけるように位田も言う。

「セゾンが江副さんのリクルート株に興味をもたれているのは事実です」

だれも江副の経営者としての誇りをわかっていない。後はだれも黙った。長い沈黙は、みんなのダイエー傘下入り不同意を意味した。それを察知したように亀倉が言う。

「買収すれば、社長を送り込むのが普通です。セゾンでもソニーでもそうするでしょう。でも中内さんは、位田さん以下みんなを残そうというんだ。ありがたいことだ」

亀倉の断を下すような発言で、最高経営者会議は不承不承ダイエーへの株売却に同意したかたちになった。銀行が間に入り、最終締結に向けての契約書が短時間のうちにまとまった。売価は前々年度決算の純資産額を発行株式数で割り、一株四千四百六十七円と算出された。

中内は任せたことだから、そちらで適正価格を決めていただければ結構と、買いたたきにでる様子はない。余人にはまねのできない、中内の太っ腹だ。

江副もまた、こだわったのは現経営陣をすべて残すということの一点のみ。それ以外はすべてに目をつむった。このために、契約書は通例の企業買収では考えられない、たったA４一枚の、至って簡単なものとなった。

「中内切氏をリクルート会長として迎えるが、経営は位田尚隆以下現経営陣に一任す」

江副はサインの前に、最終判断に間違いがないか、菅原をたずねた。

「三十年以上、リクルート命できた江副だ。本当に株をすべて売ってしまっていいのかい。さみしくなるぞ。一パーセントでいい。持ち続けるんだな」

「いや、株を売ったとしても、リクルートと僕の絆は切れはしない。株のあるなしで、その関係が絶たれるほど、僕らの間は柔《やわ》ではないよ」

「江副、世間はそんな甘くない。株を全部売ってしまえば発言力はゼロになる。関係も断ち切れる。悪いことは言わない、一パーセントでいいから持っているんだ」

リクルートの顧問弁護士の田中克郎からも、何度も同じことを勧められていた。自分とリクルートの関係を、なぜ人はそんなに希薄だとみるのか。それがわからない。株主でなくなったとしても、リクルートは創業者である自分のものであると、江副は信じた。

「いいから、ここはだまされたと思って、ほんの少しでも持ち続けろ」

いつにない菅原のきつい物言いに従うことにして、契約をすませた。

契約後悩み続けたのは、五月二十二日と定めた共同記者会見にあたって、どのような説明で、社員や報道陣を納得させるかだった。

問題は、抱え込んだグループ全体の借入金が一兆八千億円にもなるという、その数字の実態をほとんどの社員も金融界も、そしてマスコミも知らないことだ。分かってしまえば、ダイエー資本参加後のリクルート経営さえ危なくなる。そうなればリクルートの倒産だ。創業者としてもつ株券は紙切れに変わる。そして株取引で抱え込んだ自身の負債さえ返せなくなる。ここはリクルートグループの多額の借財の事実を隠すしかない。ならば、どう説明する。いっそのこと、ダイエーとの契約の事実だけを社内で発表したらどうなるか。いやいやとんでもない。突然の発表に異論が巻き起こり、契約締結破棄という収拾のつかない事態になりかねない。その先にあるのはリクルートの連鎖倒産だ。それが一番怖い。記者会見はもう明日に迫ったというのに、記者発表用のコメントづくりはいっこうにはかどらない。どうしよう。そのときだった。考えもしない事態が起こった。広報担当取締役が駆け込んできた。

「大変です、毎日新聞が明日の朝刊でダイエーの資本参加をすっぱ抜くとのことで、いま最終の問い合わせがありました」

夜の九時半、初めて事態を知った取締役たちがぞくぞくと本社会議室に集まってきた。だれも寝耳に水の話に怒りが顔に浮かぶ。夜、十時、緊急の取締役会が開催された。冒頭から会議は荒れた。

「新聞に出てしまえば既成事実になってしまう。とりあえず毎日新聞に報道を止めてもらうよう頼めないか」

「位田さん、この話はなんとしても止めてください」

「私も絶対反対です」

取締役たちの怒りの矛先は次々と位田に向けられる。しかし、位田はそれらの質問にがんとして口を開かず答えようとしない。ただ黙して座り続けながら、何やらくるくると落書きをするだけだ。この混乱のときによくもそんな態度で。江副の頭に血がのぼる。ここはリクルートグループの経営破たんをしゃべるしかない。

「本件についてまだ具体的な説明がなされていません。本件は…」

そこまで言いかけると、どの取締役の顔にも、江副の話は聞きたくない、顔も見たくないという雰囲気が漂う。江副は黙らざるをえない。

菅原が言った通り、株を売ってしまえば、自分と社員の間には何も残らないということか。このリクルートにかつて江副という男がいたという証しは、手元に残った一パーセントの株券のみになるのだろうか。隣に座る亀倉から一枚のメモが回ってきた。

「明日の新聞報道が既成事実を作ります。いまは黙って座り続けることです」

そしてようやく気づく。そうかこのスクープ…。

亀倉を見やった。亀倉は素知らぬ顔で位田にならい、ひたすら手元を動かしている。それは何十羽というかもめが飛翔する、落書きというにはみごとすぎるものだった。

取締役たちの怒号もようやく収まりつつある。前に座る取締役の目から涙が流れる。いまごろは輪転機が「リクルート、ダイエー傘下入り」の大見出しとともにダイエー、リクルート資本提携の大スクープを印刷していることだろう。

長く動かしてきた落書きの手を止め、亀倉が言う。

「もう遅くなりました。明日朝一でもう一度この問題、みんなで議論しませんか」

再度朝七時から開くという臨時取締役会への参加要請は、江副になかった。一抹のさみしさを抱えながらも、江副は憔悴し切ってホテルに戻った。

五月二十二日の夜が明けた。江副は六時のテレビをつけた。毎日新聞系のTBSがスクープ報道として取り上げている。そしてNHKの七時のニュースがトップで報じた。これで株売却は既成事実として走りだした。これまでの長かった日々を思う。ひげをそり、毎日新聞のスクープをうけて開かれることになった、午前十時半からの記者会見のために、ホテルオークラに入る。四百人近いマスコミが押し掛けるなか、江副、中内、位田の三人それぞれが談話を発表する。コスモス、FFの借入金はもちろん、自らの借財にふれることなく、江副の談話は短いものになった。

「裁判を抱えリクルートグループ最高顧問としての任を果たせないため、今般、ダイエー中内切氏にリクルートの経営を託すに至りました」

記者団からの質問に移り、記者からすかさず手が上がる。

「江副さんのリクルート復帰はないのですか」

「私の役割は要請があれば出向くということで、今後私からの働きかけはありません」

常識的な答えをした。助言の要請が次々にあるものと信じていた。しかし、一つの要請もこないと知るまでに、時間はかからなかった。

記者会見を終え戻ったリクルート社内は、てんやわんやの大騒ぎだ。エレベーターに乗り込もうとする江副の袖をつかむと、見知ったマネジャーが涙ながらに言う。

「江副さん、あなたを信じてついてきたのに」

それまでの江副信奉者であればあるほど、裏切られたという失望感は深い。同時に企業風土のまったく異なるダイエー傘下員になるのは嫌だという感情的な拒否感が渦巻いた。エレベーター内で出会った江副と社員が気さくにわきあいあいと話す、かつての親密な雰囲気もなく、エレベーターは江副を孤立させたまま上昇した。そして降り立った取締役会は、それ以上に冷ややかに江副を迎えた。

契約内容の開示を求められた場合にと、持参した契約書の写しは閉じられたままだ。みんな株売却をもう既成事実として受け止め、次の対応策に必死だ。最後の挨拶を促されるものと思い、いろいろ考えていた言葉を吐くこともなく、取締役会は終了した。

「株を売ったとしても、リクルートは私のものだ」

なのに、だれもが江副を必要とせず、ものごとが進んでいく。その寂寥《せきりょう》感を抱きながら、夕方からの衛星を使った社内放送のカメラの前に座った。位田が今回の経緯をていねいに話し、残された時間は二、三分になった。

「リクルート事件で社内を騒がせた上に、またまた今回の騒動申し訳ありません。今回の決断はリクルートにとってなにが最善かを考えた結果です。裁判を控えた私がリクルートの後ろ盾になることは今後不可能です。経団連副会長のダイエー中内㓛さんにその盾になっていただくことが、位田さん以下現経営陣にとって、そしてみなさんにとって一番経営を安定する道と考えました。私より優秀と確信して私が採用した皆さんです。私以上の経営をし、リクルートをより発展させていただけるものと信じています。長い間、ありがとうございました」

挨拶を終えると江副にようやくすべてから解放されたという思いが満ちた。リクルートには中内切という最強の後ろ盾ができた。これで一兆八千億円の負債を抱えて、万が一のときを迎える局面は回避できたはずだ。ほっとした。同時にそれは、江副が個人破産の危機を免れたことも意味した。さらにほっとした。別れの顔であるべきはずなのに、自然にほほえみが浮かんでしまう。久しく忘れていた「爽やか江副さん」の顔になった。カメラがその笑みを撮り逃すことはない。社員の多くが感じていた敗北感、屈辱感と、その笑顔はあまりにもかけ離れていた。多くの社員のなかに釈然としない違和感が残った。江副が抱える膨大な個人的借金の実態を知らないにもかかわらず、そのほほえみを見たことで、多くの社員の気持ちが江副から離れていった。

一度新聞で報じられ活字になった事実は、いつか受け入れざるを得ない既定事項となっていく。社員は憤りをもちつつも、「江副、株売却」の事実を早急に受け入れ、自ら生き残る道を模索しだした。

しかし、江副だけは、まだリクルートは自分を必要としていると信じた。

この混乱する事態にもかかわらず、なぜだれも相談に来ない。江副の心のなかに、大きな寂寥感と喪失感が満ちる。「待ち」ができない江副は、中内と交わした「経営は位田尚隆以下現経営陣に一任す」の一条を忘れたように、中内のもとに次々とファクスで手紙を送り続けた。

「今回のことは中内切様に新しいリクルートを再構築していただきたい、との思いから発したものですが、リクルートの現執行部には、私がダイエーにリクルートを売る行為であるとの批判もあり、社長の位田も執行部の一部にあるダイエーと対峙していきたいとの声に対してじっと止まったままでございます（もともと待ちの経営者です）。この局面にどう対応していいのかがよく見えないのが今の位田執行部の現状ですので、中内様の思いでお進め頂くのがよろしいかと存じます」

六月二十四日、東商記者クラブで、中内リクルート会長就任の記者会見が、位田社長同席のもと開催され、ようやくリクルートの経営危機は回避された。しかし、江副のなかではまだ、その危機は続いていた。

「位田は自らも東北大学出身者によくあるパターンと申しておりますが、自分の意見や意思があまりなく、人の意見で動くタイプです。中内会長が意思を出されれば、社内の関心は早い時期に中内会長の意思を伺うことになるはずです」

七月七日、三和銀行本店でリクルート株の受け渡しが行われた。株譲渡代金四百五十四億八千四百五十三万円の通帳残高を、江副は改めて見入る。これで江副とリクルートの関係は完全に切れた。しかし江副のなかでは、まだ切れない。

「重ねて述べさせていただきます。今回の件は三社がばらばらになっていてどうにもならない状態を、中内切様のお力で三社それぞれにさばいていただきたいとの思いから発した事でございます。早急におさばきいただければと思います」

中内さえ動けば、情報産業を解さない中内は、いつか自分を必要とするはずと江副はファクスを送り続ける。

「私は社員感情を配慮して『いまリクルートにある企業風土を変えない、とお約束いただいている』と述べておりますが、心ある青年将校は『江副が辞めて四年、おもろい会社から普通の会社に変わってきている。中内さんにまたおもろい会社にしてもらいたい』と私に述べにくる者もおり、中内さんのリーダーシップに期待する声もございます。いずれにしても中内流でお願いしたいと思っております」

江副は株売却時にダイエーと取り交わしたたった一枚のA4の契約書の内容さえもう忘れて、中内の介入と自分自身の役割を願いでる。

「私の今後の仕事は、うまく中内切様のお力でダイエーグループとのシナジー効果を発揮するまでの間のグループ内人事の面での中内様と配下の方々への情報の提供や提案の仕事と、三和銀行との『これから先の株価の決定』を見ていくことだろうと思っております」

株売却記者会見から五カ月、それでも中内切が動かないとなると、江副は分厚い再建策を書き上げ、とうとう自らのリクルート復帰を中内に迫った。

「拝啓　晩秋の候となりました。ご壮健で多くのお仕事でお忙しくしておられることと拝察いたしております。中内切様にリクルートの会長にご就任いただいて、まもなく四カ月となります。中内切様にお助けいただく話がまとまった後、取締役会の反発がありまして、位田が再び『自主再建路線』を歩みはじめて今日にいたっております。私はこの間、時間が経てば事が定まる、機も熟するであろうと、本社ビルから離れておりました。この間、位田のほうから中内会長に歩み寄る気配がなく、グループではむしろ私が離れ、位田がコスモス、FFの取締役に就任したことで、位田が自ら歩みをはじめた、と受け止めている人もおります。（略）そんなことから、リクルートの民族派の連中に目を開かせるべくリポートをつづってみました。小生何分文筆力がないため、長文で重複の多いものとなりましたが、このリポートの本旨は位田社長と民族派の役員に目を覚ましてもらうことにあります。このリポートではなくて、別の方法もあるかと思います。コスモス赤字の問題も併せてご指示を仰ぎに参らせていただきたいと思っております。

平成四年十月十九日　リクルートグループ特別顧問　江副浩正」

しかし中内は、江副の分厚いリポートを選択することなく、位田の推し進める三社再建案を支持する。結果、十一月その概略が発表された。

一、コスモスの新社長を重田里志とし、中間決算を赤字とする。

一、リクルートは含み益のある不動産物件を現物出資し、新会社を設立。そこにコスモスの売れ残り物件を移すなど、コスモスに総計三千六百億円の支援を行う。
一、ＦＦは清算会社とし、その借財はリクルート本体の営業益で償還する。
一、リクルートは営業益一千億円を毎年借入金返済にあて、二十年でその全額を返済する。
一、江副浩正のリクルートグループ特別顧問を解く。
リクルートはこの私を必要としないのかと､江副は最後の一行をぼうぜんと見つめ続けた。菅原が言った通り、株を売却したいま、リクルートとの関係は完全に断たれていたことを江副はようやく知る。まさか、自分とリクルートの間に永離がおとずれるとは。

会社設立から三十二年目、江副浩正の姿は、九二年十二月一日を境に、リクルートから消えた。

江副にとって救いは、関係者の温情ともいえる計らいで、リクルートスカラシップ事業をそのまま江副育英会として引き継げたことだ。自分の手に残った事業を慈しむように、江副はその事務所を西新橋に開いた。

木枯らしが通り過ぎる西新橋通りを、江副は一人、育英会事務所に向かって歩く。育英会を基盤に、江副らしいなにかを、始めよう。新たな出発にふさわしいものは、なにがいいだろう。

そうだ、オペラだ。初めてリクルートと名乗った日に、その出発を祝うように、内幸町のＮＨＫホールで開かれたイタリアオペラ「ノルマ」を聴いた。以来、江副は、オペラを聴き、歌うことで、数々の困難な局面を乗り越えてきた。江副をとりこにし、力を与えてくれたオペラ。しかし、それはいつまでたっても日本の社会に根づくことがない。ならばささやかだが、新しい事業としてその土壌を育てることから始めよう。江副は、吹きすさぶ寒風を受けながらオペラ歌手の育成を決心した。

育英会の事業として、イタリアの音楽学校に一年間留学させ、毎月二十五万円の奨学金を支給するオペラ部門を新設した。もちろん二十年間続けてきたリクルートスカラシップ同様、その返済は求めない。帰国後も、彼らの留学の成果の発表の場として、スカラシップ卒業生コンサートを主催する。そして、日本にオペラという新しい音楽土壌を開くのだ。

「一年の計は麦を植えるにあり。十年の計は樹を植えるにあり、百年の計は人を植えるにあり」

かつてスカラシップ事業を興すとき、審査員を頼んだ扇谷正造から教わった言葉だ。

特にオペラ歌手の場合は、酒が熟成して年々うまくなるように、その歌唱力の向上は、人の身体が熟成していく歳月を、長く待つしかない。オペラ歌手を育て、日本の土壌に新しい歌の芽を咲かせるには、十年の月日がかかる。続けることでしか人は育たない。

九三年五月、江副は新たな気持ちでオペラスカラシップ生応募者の事前選考に自ら当たり始めた。八月、藤原歌劇団総監督であり、日本を代表するテノール歌手五十嵐喜芳とともに、絞り込んだ候補生の公開実技試験に臨んだ。そして翌年四月、江副育英会第一期オペラスカラシップ生二名がヨーロッパに旅立った。本場イタリアオペラ歌手とスカラシップ卒業生たちが一緒に歌うオペラ公演をいつかプロデュースしたいものだ。そう願いながら、江副は彼らの出発を見送った。

第十六章　リクルートイズム

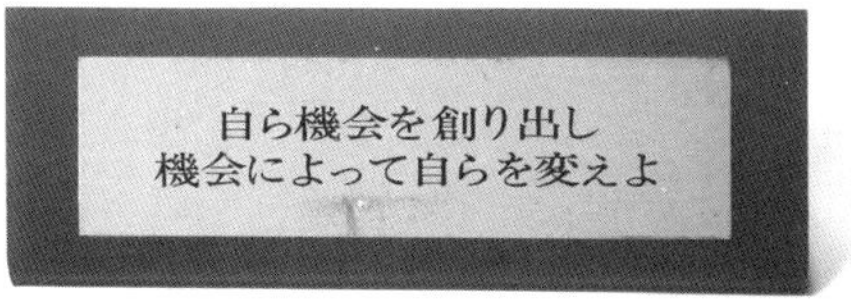
自ら機会を創り出し
機会によって自らを変えよ

「江副前会長が全所有株譲渡　リ社、ダイエー傘下に」

一九九二年五月二十二日、毎日新聞のスクープ記事は、社内外に衝撃をもたらした。事情をまったく伝えられぬままの身売り報道だ。前夜の取締役会の混乱以上に、社員の間に意識の混乱が巻き起こった。

「なぜダイエーなどに株を売る」

「江副さんの自爆テロか」

江副に対する思い入れが深い社員ほど、江副の離脱に傷ついた。

提携当事者も混乱していた。毎日新聞のスクープを受けて、急きょ早まったホテルオークラ「平安の間」の記者会見場には、四百人近くの記者が押しかけ、騒然となった。江副、位田、中内の三人そろっての打ち合わせもないまま、午前十時半、記者会見は始まる。江副のもつリクルート株を中内ダイエーに売却することになったとの事実を伝えるだけで、三者からの報告は十分足らずで終わった。記者団の質問に移り、すかさず手が上がった。

「ダイエーの資本参加のメリットはどのようにお考えですか」

ここは株を売る江副の側よりも、買うダイエーの目的をただすという意味で、中内に次々に質問が集中するのは当然だ。

「ダイエーのカード事業とリクルートのデータベースを合体して…」

中内は、江副と取り交わした契約書内容をもう忘れて、資本参加の統合効果を口にしていた。流通業界で堤清二西武流通グループと競うようにして、企業買収で規模を拡大してきた中内にとって、ダイエーの利益に直結しない資本参加など本来ありえない。だからこうも言った。

「スーパーのチラシというのはまさに生活情報なわけです。リクルートの情報編集力で、消費者一人ひとりの暮らしの利便性がより高められるとも思っています」

江副がすがった中内の「オレンジ共和国経営」など江副の幻想だったことを露呈し、記者会見は終えた。

その混乱はすぐ外部に波及した。なかでも流通業界は素早く反応した。

コンビニエンス・ストアは、アルバイトを二十四時間どう確保するかに年中頭を悩ませている業界だ。もしアルバイト情報誌「フロム・エー」がダイエー系ローソンだけに有利になったら、たちまちコンビニ各社の息の根は止まる。週末の記者会見だったにもかかわらず、週明けにはファミリーマートが声をかけ、ローソンを除くコンビニチェーンの人事担当者が全員集まっていた。

次いで、流通各社が「リクルートブック」への広告出稿をキャンセル、あるいは見直すと言い始めた。リクルート事件時には、報道がどんなに過熱しようともキャンセルもなく業績数字が伸びたリクルートにあって、今回のダイエー傘下入りは様相を異にしていた。

外部の反応に適切に対応しなければ、事業が行き詰まる。そんな危機感を抱いたリクルートの売り上げの八割超を担う四つの主要事業部長を中心に、出版の新規事業部長や法務部長、そして入社以来江副の秘書を務め経営企画室に所属する柏木斉《かしわぎひさし》など、リクルートの現場を支える三十代の責任者十二人が記者会見の翌週の火曜日の夜に集結した。もう誰の口からも、江副がリクルート株を売ったことへの憤りの声は上がらなかった。それよりも、どうやってこのダイエー資本参加から、リクルートの自主性を守るかの議論が優先した。でなければ、リクルートの屋台骨が潰れると、みなが強い危機感をもっていた。柏木から、リクルートが抱える借入金の実数が初めて開示された。一兆八千億円という、考えていた以上の負債額に全員が驚愕し、再建策を急いだ。やがて誰もが気づいた。守るべきものは資本の独立性ではなく、これまで築いてきたリクルートという組織の独自性なのだと。それがなくなればリクルートは消滅する。

十二人は守るべきリクルートの独自性を一つずつあげていった。

一、透明で中立的な開かれた経営でつねにあること。
一、社員持株会をつねに筆頭株主とし「社員皆経営者主義」を貫くこと。
一、つねに組織の新陳代謝に努め、若いエネルギーに満ちた組織であり続けること。
一、新規事業に果敢に取り組み、だれも手がけぬ事業をやる誇りをもち続けること。
一、つねに高い目標に挑戦し、その過程で個人と組織のもつ能力の最大化をめざすこと。

一、徹底した顧客志向により、得意先の満足を最大化すること。
一、個人を尊重し、社内はいっさいの肩書、学歴、年齢、性別から自由であること。
改めて書き記してみて気付いた。江副が興しみんなで守り育てた、いかなる日本企業にも見られない経営形態の独自性は、かくも明快ですがすがしく風通しのいいものだったのか。この七つの独自性のどれ一つが欠けても、リクルートはリクルートでなくなる。そして十二人は、その誇れる七項目の独自性にリクルートイズムという名を与えた。

リクルートイズムを守り抜くために、社員持株会の組織強化、編集権の独立、リストラ促進、借財ゼロに向けての二十年借入金返済計画の四点からなるリクルート再建案を作成した。最初の会議から三回目には、その全体構想がすでにできていた。位田が拒否すれば「第二リクルート」を立ち上げる気概で全員の辞表を集め、再建案を社長のところに持ち込んだ。

位田は、中内㓛との関係構築にまず注力することを考えていた。ダイエー色の浸透を許さずリクルート経営陣だけによる経営が担保されないのなら、リクルートは解体してもいいと考えた。万一、リクルートが離散したとしても、一人ひとりはなんの心配もなく新しい道を歩める。そんな人材だけを採ってきたというのが位田の自負だった。

十二人の再建案を聞き、リクルートイズムを推し進めることが社長位田尚隆の仕事と、自らに言い聞かせた。そして、リクルートの自主性が担保されない限り、東商記者クラブで開かれる中内のリクルート会長就任記者会見には同席しないとして、中内に同意を迫った。中内も決断が早かった。資本参加による経営効果をめざすより、リクルートはリクルートに任せるほうが「もうかる」と判断したのである。

「それぞれ風土が違いますから、その風土を一つにするということはマイナスになるわけです。リクルートの経営の独立性と情報の中立性を保つために、ダイエーとリクルートの間にチャイニーズウオールを築きたい」

九二年六月二十四日の東商記者クラブでそう答える中内の横に、位田の姿があった。毎日新聞のスクープから一カ月で、江副のリクルート株売却にともなう混乱は収まり、ようやくリクルートの経営危機は回避された。

江副浩正の不在に誰も気付かず、江副浩正を必要としなくなっていた。誰もが江副の株売却という機会をとらえ、自らを変えていった。まず中内切が変わった。

「創業時、リクルートの情報誌は『いかがわしいもの』だった。そしてそれは、その時代では考えられない新しいことだった。その『いかがわしいもの』を作る知恵を出す風土、チャレンジし続ける精神で世の中に認知させてきた。また『すきま産業』といわれた。そのすきまをどんどん広げ世の中に認知させた。『清く正しく美しい会社』は面白くない。胸を張り『偉大なる虚業』として成長してほしい」（「月刊かもめ」九三年新春特集号）

「リクルートのみなさん方と話しているときがいちばん楽しく、愛着を持っています」（「月刊かもめ」二〇〇〇年三月号、中内・新社長河野対談）

「私に言わせれば、リクルートは世界で一つしかない会社です。テレビや冷蔵庫といった家電のように、他社の商品のまねをすることができない会社ですから、そういう意味ではリクルート自体がイノベーターであり、リクルート自身に対して創造破壊をやっていかなくてはならない」（「月刊かもめ」〇一年一月号）

位田に、中内の秘書から電話だ。

「位田さん、お願いがあるのですが。中内をもっとリクルートに呼んでくれませんか？　普段はどなりまくるのが趣味かという調子の中内が、リクルートから帰った後は、なぜか決まって機嫌がいいんです。取締役はみなリクルート帰りの中内を狙っています」

実際、ダイエーにいる中内は、カリスマ然とふるまった。古参の役員でも事業報告をするときは決まって緊張して、脂汗さえ浮かべ直立不動だ。中内がエレベーターに乗り込むときは、誰も乗らない。扉が閉じるタイミングにあわせて九十度のお辞儀をする。その中内がリクルートへ来ると、エレベーターでの社員の対応は百八十度違った。

「中内さんいらっしゃい」

「ダイエーホークスまたまた連勝ですね」

孫のような年齢の社員から声を掛けられ、中内はにこにこしている。中内の誕生日には、花とケーキを持って若い女子社員たちが会長室に集まった。彼女たちもまた、年齢や肩書にとんちゃくせず、臆せず中内に、次々に自分たちの想いを話す。ますます中内は相好を崩し、一緒に「ハッピーバースデー」を歌った。そして決まって帰りは本社二階にある亀倉のデザイン事務所に寄って亀倉と話し込んだ。豪胆な二人は奇妙に馬があった。

「君のところの、傾いて欠けたような太陽マーク。ださいね。あんなのいつまでも掲げていたらそのうち経営が傾くぞ」

歯に衣を着せぬ亀倉の物言いに、笑っているだけだ。趣味は金もうけと言ってはばからなかった中内が、亀倉の勧めに従って、美術品収集さえ始めた。

ダイエーの古参取締役は、中内とリクルートの関係を見て、驚きながらつぶやいた。

「年をとってできた子はかわいいというからな」

ダイエーの支配からの独立をさらに強固にしたのが、ダイエーからたった一人でリクルートに常務としてやってきた高木邦夫だった。

「新人の高木です。よろしくお願いします」

どんな人物が乗り込んでくるのかと、位田をはじめみんなが戦々恐々とするなかで、高木はだれよりも謙虚だった。同時に高木はリクルートイズムをよく理解し、実践した。まず、ダイエーとリクルートの間に、高いチャイニーズウオールを築いた。例えばダイエーが、江副の妻の株の一部を買い取ったため、筆頭株主になりそうなときがあった。高木は、ダイエーの持ち株の一部をローソンに回し、社員持株会がいつも筆頭株主になるようにしてリクルートイズムを守り抜いた。

そして、中内の右腕として長年ダイエーの経理を支え企業買収の成果を上げてきた高木邦夫と、同じく江副の右腕として経理をみてきた奥住邦夫の「ふたり邦夫プロジェクト」が、リクルート一兆四千億円借入金返済計画に挑んだ。

しかし、いくらプロ中のプロの邦夫が二人そろっても、その負債額は並大抵のものではなく、返済は容易でない。だが「ふたり邦夫プロジェクト」は、柏木という有能な助手を得て、だれもが不可能とみた「二十年返済計画」を猛然と推進した。毎年一千億円ずつを返済し、現実には四年前倒しの十六年間で、その借財を完済したのだ。

なぜそのような奇跡が可能になったのか。その理由もまたリクルート経営の原点にあった。

リクルートの収益構造は、基本は「企業への招待」以来変わらず企業から広告料をもらう受注生産で、新たな投資もなく在庫を持たない事業形態にある。その原価率は二割前後と極めて低く、粗利益率は八割にのぼる。だから、いままで通りの高給与を支払っても営業利益は確実にでた。同時に二つの幸運が幸いした。

一つ、多くの企業倒産は返済利子に窮して起こる。だがリクルートの場合、その事業整理をほかの企業より五年も早く着手したので、バブル崩壊とともにやってきた低金利が追い風となった。利子に窮せず、借入金の返済だけに徹すればよかったのである。実は、江副がリクルート株売却を急いだ最大の理由は、株投機で抱え込んだ膨大な負債からの個人破産の回避にあった。だが、そのいち早い江副の決断が、偶然にもリクルートを救ったことになったのだ。

そして二つ目。江副は他に先んじてニューメディア事業に立ち向かい二千億円を失った。しかし、デジタルの本格化が、二十一世紀まで遅れたことも幸いとなった。

ＩＴ革命は価格革命でもある。紙媒体時代に得ていた広告料の十分の一も手にできなくなる現実が、目の前に迫っていた。しかし九〇年代の十年間、ＩＴ革命は本格化せず、紙媒体時代の広告料金が維持され、リクルートはこの間に一兆円近い借財を返済した。

九七年三月、三十八期の決算で借財金が七千億円と最盛期の半分になり、再建に道筋がついたところで社長在位十年の位田が、その座を退いた。

就任当初の四年、江副の翼の下で嵐が過ぎ去るのを待つ観のあった位田尚隆も、リクルートイズムを再び信じた日から、強固で揺らぐことのない経営者に自らを変えた。

資本がダイエーに移ったときの、リクルートの役員二十二名の平均年齢は四十八・五歳と老化し、リクルートイズムの一つは色あせていた。位田は、その後六年で経営陣の平均年齢を四十一・五歳まで若返らせ、再び若者が活躍するリクルートに変えた。

六月末、五十一歳の河野栄子が三代目社長として就任した。その社長人事もまた、男女差別、年齢差別のない企業風土を表す象徴的なリクルートイズムだ。

経済界やマスコミはリクルートの開かれた革新性に驚くが、河野は平然と答えた。

「女性なのになぜ社長になれたかという、その質問にはへきえきです。社長として経営をどうしたいと、なぜご質問いただけないのですか」

河野もまた、位田以上に強かった。江副が手広く広げた事業を情報誌事業以外、聖域なきまでに整理した。さすがに位田も手を付けることをはばかった、江副が第二の故郷と愛する安比のリゾート事業の清算にも、果敢に挑んだ。

事前に江副の耳に入れれば、猛反対されるのは火を見るより明らかだ。加森観光への事業譲渡発表の記者会見を岩手県内で行うその同時刻に、江副を育英会にたずね売却を報告するという奇策に出た。

江副は、訪ねてきた担当役員の報告を聞くなり、彼のネクタイをつかみ怒り狂った。目は血走っている。役員は、江副の安比にかける情念に圧倒され、ただ立ちつくすしかなかった。現地ではすでに、売買契約書に押印し契約が終わったころだと知ると、江副はようやく落ち着きを取り戻す。そして、自分に言い聞かせるように言う。

「僕はいやいや了解するが、この話、小倉義昭や山本徹の了解もとってほしい。あの土地は、小倉が青春をかけて取得し、徹が開いた土地なんだから」

同時に河野は、ネット、モバイルメディアの台頭で広告単価が下降するなか、利益構造が維持できる事業への早急な転換を図った。

「単なるコストダウンでは長続きしない。発想を転換させ、事業構造の変換に取り組まなければならない。数字の目標以外に、『新しい価値の創造と、新しく構造を変える』事を我々は同時にやっていきたい」

「構造改革は利益捻出ではない。それは我々が二十一世紀に向け、生き残りをかけること。高コスト構造の情報誌を、形態を変え、いかに機能させていくかが肝要」

河野の鼓舞に応えるように「リクナビ」「イサイズ」などネット時代を予感させる新しい事業が次々に生まれていった。それは江副が事業をデジタルに急転換させようとニューメディア事業の要員として、理工科系人材を大量に採用した成果でもあった。同時に伝統的な紙媒体でありながら、広告単価の安い「タウンワーク」「ホットペーパー」などの新しい地域情報誌事業も開花した。

二〇〇四年、河野は負債をあと四千億円にまで減らし、四十七歳の柏木斉に社長の座を譲った。

リクルートの経営再建の仕上げは、江副のニューメディア事業開始にあたって、初めて東大工学部からの採用となった柏木に託された。

〇七年五月、社長をバトンタッチしてから四年目。柏木は〇七年度三月期株主総会の席上、少し緊張気味に口を切った。

「過去最高売り上げを記録した前期で、有利子負債はあと五十二億円になりました。これもひとえに、社員全員がこの十三年一丸となった結果です。負債がわれわれを鍛えもし、強くもしてくれました。お疲れさまでした。そしてありがとうございました。次は二〇一〇年度にグループの売上高で、いまの一・五倍の一兆円をめざします。そのためにこれから四年で、二千億円を成長のために投資します。リクルートイズムをより進化させれば、それは可能と信じます」

柏木の計画より一年早く、〇九年三月決算はグループ売り上げ一兆円をついにたたき出した。一二年、柏木は自分よりも十歳若い四十五歳の峰岸真澄を社長指名。経営陣をさらに若返らせた。

峰岸は社長就任記者会見で「グローバル&株式上場」の攻めの経営を表明。リーマンショック後の株価低迷に意気消沈する証券界は時価総額一兆円と色めき立ち、「東洋経済」八月二十五日号は「リクルートの正体　上場で試される成長遺伝子」として大特集を組む。それを読んだ江副は、新社長のマスコミへの久々の登場を喜びながら、峰岸に手紙を書いた。

「厳しい暑さのなか、社業の発展に日夜奮闘されていることと思います。

私のほうは、大学の教育心理学科時代から五十年来の親友であった大沢武志氏が心臓麻痺で亡くなったことから、猛暑を避けて岩手県の安比高原に出かけ、涼しいところで朝晩ジョギングをして、安比をつくった仲間達と食事をしたりして過ごしておりました。帰京して『東洋経済』を見て、リクルートの記事が大々的に扱われていることを知り、中吊り広告にも載ったと聞いて、驚いています。峰岸社長の明快で爽やかなインタビュー記事を拝見して、多くの人が好感を持ったと思っております。前社長の柏木斉氏も、さらに河野栄子氏も位田尚隆氏もメディア嫌いでしたから、今回のことはリクルートにとってとてもいいことだと思っております。(略)私が心血を注いでつくった安比高原スキー場とゴルフ場も、事前事後の挨拶もなくリクルートから他社に売却されました。とても残念なことですが、これも河野栄子氏のキャラクターだと思っております。河野栄子氏は無借金経営をめざしておられたのだと私は解釈しております。(無借金経営では会社の経営は安泰しますが、会社は発展しないというのが、私の考えです)(略)言い訳がましくなりましたが、リクルートが発展することは私の喜びでもあります。ますますのご活躍を期待して止みません。

平成二十四年九月十一日　江副浩正」

リクルート事件は峰岸の入社二年目に起きた。江副には一度も会ったことはないが、峰岸にとってまさにカリスマ経営者だった。経営に携わってみると、江副が築いた文化、風土はいまも変わらず伝承されていることがよくわかる。その良き風土、文化を次世代に向けてより進化させるのが自分の役目だと痛感しながら、峰岸は江副への返信を書いた。

江副は峰岸からの手紙を何度も読み返した。自分の思いは、確かに時代を超えて、三十年後の峰岸真澄に伝えられている。いや峰岸だけではない。何千人、何万人のリクルート社員と卒業生たちに伝えられ、進化し、日本の経済社会のなかに拡散していた。

自分が興した企業の思想と風土を受け継ぐ社員と卒業生たちが、かつて亀倉雄策がデザインしたかもめに姿を変えて、この日本の、いや世界の大空を自由に高らかに何千羽、何万羽と群れをなし、飛翔する。そのすがすがしい雄姿こそ、江副の誇りだ。

自分の経営は間違っていなかった。再び生まれて何をなすと、問われるならば、今度はもっとリクルートをうまく経営すると答えよう。自分が興した企業、風土、文化を、次代に向けて、さらに進化した姿に変えるのだ。

しかし、江副はリクルートの上場を見ることなく、一三年二月八日、こつぜんと逝く。

その一年半後の一四年十月十六日、リクルートは東証一部に上場した。その出来高は時価総額一兆九千億円を記録し世間の耳目を集めた。

江副が冒した重大な過誤を後継者たちは自らの手で解決し、新しい成長軌道を駆け上がった。

その象徴すべき出来事が、この日の東証一部上場だった。

江副から渡されたバトンを次世代経営者、いや全社員がつないで三十年。そのリクルートイズムをより進化させ、昇華する戦いの結果だった。

そして江副もまた、リクルートを去ってからその死の日までの三十年、三つの孤独な私戦を繰り広げていた。

第十七章　裁判闘争

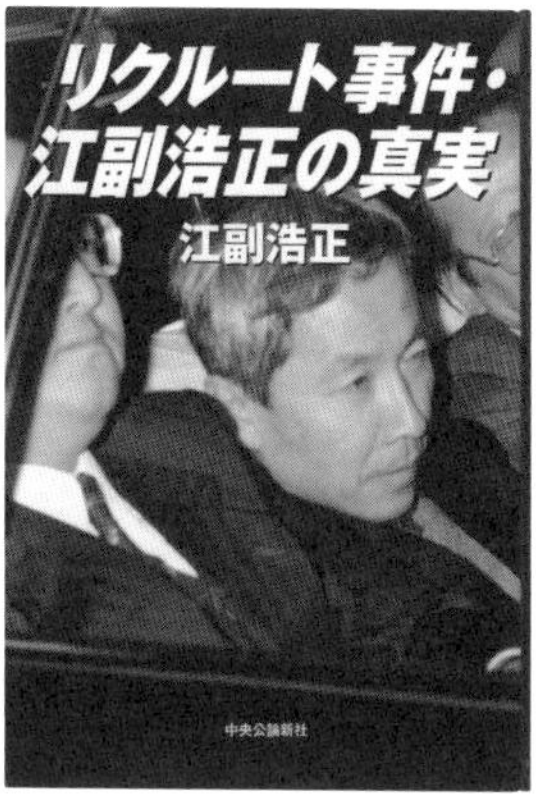

一九八九年秋、政界、労働省、文部省、ＮＴＴルート別にリクルート事件の裁判が始まった。起訴された被告は贈賄側で江副を含め五人、収賄側で八人と、裁判史上でも類をみない多人数になった。

弁護団を組織するにあたって、江副がリクルートの顧問弁護士である田中克郎に頼んだ要望は、通常の被告人のそれとは少し違っていた。

「私から田中先生へのお願いは、できるだけ若手の弁護士を入れてくださいということです。こういう大きな裁判は弁護士にとっても、一生でそうあるものではない。いい経験になるはずです。できるだけ多くの若い人がそんな機会に巡り合えばと思います」

数多くの事件を担当してきた田中だが、裁判を、若手弁護士教育の場と考える依頼主は、初めてだ。

この裁判は長くなるだろう。どんなに大きな事件を経験し、えん罪や無罪裁判を勝ち取ってきた大御所の弁護士といえども、裁判が長引くほど、だんだん膠着状態となっていく。裁判がそこに陥ったとき、若手弁護士集団は救いになると、田中は信じて、弁護団を組織していった。

まず弁護団長を自分の出身大学の先輩でもある、中央大学真法会の大御所日野久三郎に頼んだ。そして副団長として、司法研修所刑事弁護教官を務めた多田武、後に東電ＯＬ殺人事件の再審の弁護人を務め逆転無罪としたことで有名になった石田省三郎の二人を据えた。

後は江副の希望通り、政界、文部省、労働省、NTTの四ルート別に、生きのいい二、三十代の若手弁護士を十五人そろえた。全体の調整と連絡役として、早くからこの事件にあたってきた、自分の事務所の最年少弁護士石原修を事務局においた。

「リクルートでは中長期戦略を練るときには、決まって箱根の研修所に取締役全員が泊まり込んで『じっくりT会議』というのをやってきました。Tは取締役のTです。短期的判断と違い、中長期の展開は全員が集まりじっくり多面的に考えて、全員の合意を図ることが重要だと思います。この裁判でも、まず合宿で中長期戦略を構築しませんか」

江副の提案で、泊まり込みの「じっくり弁護士会議」は、満場一致で「じっくりB会議」と命名される。リクルートの箱根の研修所に集まった、四ルート、贈収賄側あわせて三十名を超える弁護士を前に江副は切り出した。

「私は天地神命に誓い、賄賂を目的として譲渡した株は一株たりともありません。検察の四ルートにわたる嫌疑に対しては、たしかに調書に署名をしました。しかし、それらのすべては、百三十三日にわたる人間性を無視した過酷な尋問に私が耐え切れず、作られた供述書に署名したものです。この裁判では私の汚名を返上するとともに、密室で行われた不当な取り調べの実態を明らかにしたいと願っています」

そして江副は、会議場の一番端に座り、専門用語の飛び交う議論にじっくり聞き入る。途中で穏やかな笑みを浮かべ、しばしば口を挟むのも「じっくりT会議」の時と同じだ。

「遠慮せず判決の見立てを話し合ってください。被告人への配慮は不要です。それをしていると、裁判戦略があいまいになります」

八九年十二月十五日、日野、石原弁護士とともに、江副は東京地裁で一番大きい第一〇四号法廷に入り、被告人席についた。同じ席には藤波孝生代議士、池田克也元代議士、元リクルート秘書課長の四人が並ぶ。四人の弁護団は三十人を超え、弁護人席は二重になっている。

反対側の検察官席には主任検事宗像紀夫ほか七名。傍聴席も記者席も満員だ。

中央に三人の裁判官が座ると公判が始まった。宗像検事が、まず政界ルートの藤波代議士の起訴状から読み上げる。

「国の行政機関において、就職協定の趣旨に沿った適切な対応をするよう尽力願いたい旨の請託を行い…」

しかし、何が問題で藤波孝生が起訴されたのか、聞いている江副には一向にわからない。そんな起訴状が最後のNTTルートまで、延々と二時間読み続けられた。午後は弁護側の釈明請求に移った。弁護側が百項目にもおよぶ釈明を一項目ずつ求めるのだが、そのたびに宗像は立ち上がり「立証段階で明らかにする」と答えるだけだ。その繰り返しが百回行われる。

何とも形式的でムダな時間だ。なにごとも端的に、合理性を第一にする江副の神経が、耐えられなくなっていった。

ようやく夕方近くになり、被告人の意見陳述の番が巡って来た。江副は裁判前に、弁護士からくどいほど言われていた。

「裁判中は己をなくして、無色透明でいてください」

だが、これは江副浩正と、検察そしてマスコミや社会との私戦なのだ。なら江副の流儀で戦おう。せきを切ったようにしゃべった。

「私は今回の私の体験を通して、事件は検察によって作られ、マスコミによって広められることを知りました。検察は長期間拘留中に卑劣で過酷な取り調べを繰り返し、私を脅し、追いつめ、私は検察の作ったその調書に署名させられました。そしてこの裁判は、その調書をもとに行われようとしているのです」

一つ一つの事例をあげた。弁護士が目で制するが、かまわず続けて最後に言った。

「私は、いつの日か事実は必ず証明されると信じて、今日から始まる公判を通じ、今後、裁判所の慎重な審理と公正な判断を求めて参りたいと切に願っています。どんなに裁判が長引こうと、私は事実が明らかになるまで戦います」

事実、裁判は長期化した。

全ルートで贈賄側の被告八人、請託側のリクルートの四人の有罪が確定するなか、江副は十三年三カ月におよぶ私戦を戦い続けた。

それは自身の証言回数百二十八回、開廷数四百二十二回と、日本の刑事裁判史上最多の、世界でも例のない、長い戦いだった。

二〇〇一年秋、裁判は三百回もの公判を終え、いよいよ大詰めに差し迫った。八九年十二月十五日の第一回公判から数えてまもなく十二年目を迎えようとしている。この間、一貫して江副は無罪を主張してきたが、検察が起訴した他の収賄関連裁判ではすべて有罪判決が確定している。贈与側の江副一人が無罪判決を勝ち取るのは、難しい。

それならば最低でも執行猶予つき判決を確保したい。そのためには江副の残した功績を強く訴求し、情状酌量による執行猶予を裁判所に働きかける必要があると弁護団は考えた。

しかし、十二年という時の流れのなかで、経済界で果たした江副の実績と貢献は風化している。忘却が判決に不利に影響するのではないか。

それを恐れた弁護団は、上申書を多数提出することで、江副の多方面にわたる業績と人柄を、裁判官に訴える戦略に出た。

江副育英会スカラシップOBが、その呼びかけの中心になることを申し出た。結果、二百十九名もの人が上申書の筆を執った。ここでは、日本を代表するふたりの経済人が、江副をどう見ていたかを、上申書を引いて紹介したい。

元マッキンゼー日本代表　経済評論家　大前研一

私は江副さんとはかつてテレビでは論敵でした。私が分析で地価は下がると言っているのに、彼は東京の特殊性をあげてまだまだ上がる、という論陣を張っていてＮＨＫの討論会などで大論争したこともありました。彼は勘の鋭い人でしたが、同時に物事を深く考えるタイプで、テレビで私に散々やっつけられていたにもかかわらず、自分の考えと根拠を私に文書で書き送ってきたりもしました。十五年くらい前のことで、彼は新進気鋭の経営者としてマスコミにも多く登場し、本来なら尊大になってもおかしくない時にとても緻密な論旨の長い手紙をよこしました。自分の考えのどこに問題があるのか、など日本では珍しいくらいにことの真相を解明したい。という文面であったと記憶しています。その後リクルート事件が起こり本人もその渦中に放りこまれましたが、それからもう四半世紀。いくらなんでも長すぎる期間が過ぎ去っています。

最近私は日本企業がいかにして復活するのか、と言うテーマでいろいろ研究していますが、実は従来の日本型企業が一様におかしくなるなかで見なおされている模範企業がいくつかあります。一つは機械部品商社のミスミ、そしてサービス産業のリクルートです。リクルートは例の事件で企業イメージがずいぶん傷ついたが、いまでは日本で最も注目される人材育成所となっています。つまり、若い人々は競ってリクルートに就職し、そこで大いにもまれて三〇代半ばで他に出て活躍したいと願っているのです。かつて私の作り上げたマッキンゼーもそこから多くの人材を輩出していますが、それに劣らず今の時代に合った感覚と起業家精神を持った人材がこのリクルート社から輩出しているのです。そこで私は、その理由を調べる為に同社に古くからいる人の何人かに面談し、人事システムなどに関しても教えてもらいました。その結果、日本で最もダイナミックな人材を育てているリクルートの人事システムは偶然ではなく、企業の「染色体」とも呼んで良いほど創業の時以来の思想、理念などがここに色濃く反映していることが分かりました。そして今、業績の良いリクルートは買収したダイエーさえも内部には手がつけられないでその良き伝統は守られ、最近の経営陣によるＭＢＯ（バイアウト）へとつながっていくことがわかるのです。インタビューを通じて、社員の人は江副さんに関しては複雑な思いを持っていることが分かります。あれだけ会社に、また社会に迷惑をかけてくれた、と言う当然の思いもあります。しかし驚くべきことに、江副さんのことを悪く言う人はいませんでした。なぜなら、創業の精神は今の会社にも生き続け、そして、今や若者が最も入りたいと思う将来性豊かな、かつ大企業病にならないその社風、体質が全て江副さん以来の伝統である、とはっきり思っているからです。

今日本が、日本企業が苦しんでいる時に、最も必要とする起業家精神をその学生時代からの起業経験と、波乱万丈の人生を通じて語れるのは彼しかいないでしょう。わたしは、日本のためにも早く彼を自由にして若い人の指導にあたってもらいたいと思っています。景気刺激策以外にアイデアの出てこない財界の御歴々ではなく、生きた会社の染色体を語れるリクルート創業者としての江副さんの社会的役割は大きいはずです。

私はリクルート事件に関しては新聞報道以上のことは知りません。それでも新興の金持ちであった江副さんに群がった多くの人がたいしたおとがめもなく社会復帰し、かつその中心人物達の何人かは財界の最高位にさえ就いていたことには不快感を覚えます。一方、いかなる理由があろうとも江副さんの裁判は長すぎます。彼はもう十二分に社会的制裁を受けており、彼の企業社会に与えた貢献を考えると私はそれさえも過酷な物だと思うのです。

彼の人生の最も大切な時に、彼が社会に活力を与える仕事に就けなかったのはとても残念です。今からでも遅くはありません。ニッポンの次世代に対する彼の貢献に期待して、裁判官諸氏の大所高所からの判断を期待したいと思います。

ソフトバンク社長　孫正義

「私が江副さんにはじめてお目にかかったのは、今から二十五年ほど前のことでした。

当時立教大学助教授（現・宮城大学名誉学長）で経営学者の野田一夫先生が主宰されていた若手経営者の勉強会ザ・フォーラム（現・日本ニュービジネス協議連合会）のメンバーとして

私が参加した際、当時の私はまだ二十代、江副さんはザ・フォーラムの取締役をされていました。ソフトバンクが株式公開会社になる十年以上前、まだ名も売れていない中小企業の経営者であった私にも、江副さんは親身に相談に乗ってくださり、様々なアドバイスをしてくださいました。この関係はリクルート事件後も何ら変わらず、私は折に触れて江副さんに経営に関するご指導を受け、刺激をうけてきております。

私は現在ヤフーのほかインターネットや通信の事業に力をいれて取り組んでおりますが、江副さんはその面においても先駆者です。江副さんが住宅情報オンラインネットワークのサイトを立ち上げられたのは、いまから二十年以上も前で、日本で初めてのインターネットサービスでした。また、リクルートは日本の第二種通信事業者の第一号事業者となって、通信インフラの事業にも積極果敢に進出されました。ソフトバンクが通信事業に進出するずっと以前のことです。日本のベンチャー起業家のトップランナーとして、将来を見据えた新しい事業、これまで人のやっていないことに強い関心を抱き事業化されていく江副さんの経営姿勢に、私のみならず多くの日本の起業家が畏敬の念を抱き、また目標として励みにしてまいりました。

今、日本の経済は長期にわたり停滞しております。日米の違いは、アメリカではビル・ゲイツに代表されるようなベンチャー精神旺盛な人が次々に現れて、新しい産業を興し成功を収め、今日のアメリカ経済の繁栄をもたらしています。しかし、日本ではそのような若い起業家、新しい芽を育てる風土が少なく、むしろ芽が出てくると摘みとる風潮さえあります。

こうした風潮の下で、江副さんはメディアに非難され続け、そして倒れられました。ベンチャー企業の旗手であった江副さんが社会から否定され被告人となられて、謹慎されていることは、ベンチャー企業の発展を願う私にとっては大変残念なことと思っております。

江副さんの政治献金などの動機は、私は江副さん持ち前の面倒見のよさ、そして気前のよさから出たもので、リクルートが何らかの利益を得ようとしたものではない、と私は思っております。なぜなら、事件で政治との縁を切ったリクルートが、その後も高収益企業であり続けているからです。

この度の判決は、日本のベンチャー起業家の希望、ひいては日本経済の将来に大きい影響をもたらすと懸念しています。裁判所におかれましては、日本のベンチャーの発展に対する貢献をご考慮いただき、江副さんに寛大な裁きを賜りますよう、何卒お願い申し上げます」

〇一年十二月二十日、三百十八回続いた公判審はようやく終わった。検察裁判担当官、宗像紀夫は江副に対し懲役四年の刑を求めた。贈賄罪の法定限度は懲役四年六カ月。懲役三年の求刑であれば執行猶予がつくのは常識だが、微妙な求刑になった。

初公判より丸十三年目の〇三年三月四日、ようやく判決の日を迎えた。午前十時、山室恵裁判長が開廷を宣言、江副に起立を求めたのち主文を告げる。

「被告人を懲役三年に処する。この裁判の確定した日から五年間刑の執行を猶予する」

執行猶予がついた。ほっとした。長くなるから座るようにとの裁判長の促しに、崩れるように江副は座り込むと判決要旨を聞いた。

判決は、「被告人江副に有利に斟酌《しんしゃく》しえる事情」として、藤波孝生代議士および池田克也代議士に対する株譲渡の趣旨について「各請託の内容は、社会の強い要請であり、公益に合致する就職協定の存続および順守に向けたもので、それ自体は違法不当な施策を行わせたり、行政の公正等を害するようなものでもなく、むしろ国の正当な政策に適ったものであった」とし、NTTに対する株譲渡の趣旨について、「リクルートがクレイ・リサーチ社製スーパーコンピュータをNTT経由で購入したことには、NTTの国際調達問題や日米貿易摩擦問題の解消というNTT側の都合も少なからず存在し、NTTとしてもリクルートをNTTの利益になる大口顧客として見ていた面もあった」とし、各犯行とも、「違法不当な行為によってリクルートの利益を図ってもらったことの謝礼という趣旨でコスモス株を譲渡したわけではなかったし、収賄側が違法不当な職務行為に及んだという事情もなく、職務の公正が現実に害されたり、政治、行政等がゆがめられたりはしなかった」と言い切った。そして接待の趣旨についても、「リクルートの事業内容について理解をえるとともに、行政機関等の動向に関する有益な情報を入手し、当該機関と良好な関係維持を図りながら、事業遂行に必要な支援や協力をえるため」であり、「このような接待や贈答は、少なくとも当時は、社会規範を著しく逸脱する行為とは考えられていなかった」などと、当初検察が描いていたものとはほど遠い構図を判示した。さらに、検察が値上がり確実としていたコスモス株についても、「本件各行為は、未公開株の譲渡という方法による賄賂の供与であったため、譲渡の時点では、店頭登録後の価格が譲渡価格をどの程度上回るか不確定な部分があり」と判示した。

無罪判決の理由を聞いているかのようだった。裁判長は、江副の主張をほぼ認めていたのである。

私戦を終えた江副は、法廷を出た。裁判所が気を使って裏門に車を回してくれていた。車に乗り込むと、リクルートの顧問弁護士、田中克郎が肩を寄せてささやいた。

「世間を騒がせたのだから、無罪にするわけにいかない。しかし実質は、どの部分が犯罪行為なのだろうというような内容。こんな判決文、ずいぶん長い間弁護士をやってきましたが、初めて聞きました」

宗像が、いや検察が、執行猶予を不満として控訴しないことだけを祈った。六十七歳をすぎた江副は、これ以上、「私戦」を続けるにはさすがに老いすぎていた。控訴期間は判決から二週間。その間、江副は落ち着かない日々を過ごした。そして期限最終日の三月十八日、検察側が控訴しない旨を発表。判決が確定した。

翌週、花の便りが届いた。弁護団と一緒に京都に花見に出かけた。何年ぶりだろう、こんな穏やかな気持ちで京の桜を愛でるのは。慰労会の宴席で参加者一人ひとりに銘入りのパーカーのボールペンを配った。若手を集めてほしいという江副の依頼にそって、田中が集めた若い弁護軍団も、みな年相応の顔つきになっていた。経験豊かな多田弁護士や石田弁護士の指導のもと、正攻法の弁護士が次々に育ち、江副弁護団のなかから司法研修所の教官を多く輩出したのは、何よりも大きな成果だった。その一人が、江副にくぎをさした。

「車の運転は絶対におやめください。もし万が一小さな事故でも執行猶予中に起こした場合、収監される可能性があります。おとなしくなさってください」

逮捕され、半年以上独房に入っていたときの運動不足と拘禁生活の後遺症で、江副は保釈後から歩行が困難になっていた。毎年、歩幅が狭くなる。最近では杖をつかなければ足元がおぼつかない。車の運転を止められたのは痛いが、万が一のことがあるといけない。楽しみはスキーだけにしよう。毎日の歩行は困難なのに、なぜかゲレンデに立てば昔のままにスキーは滑れる。スキーは不思議なスポーツだ。

江副は長い裁判が終わり自由の身になったことを自ら祝うように、〇三年十月『かもめが翔んだ日』と題し、生誕からリクルート株売却までの日々をつづった。以後、江副は〇七年三月

『リクルートのDNA　起業家精神とは何か』（角川書店）、同年八月『不動産は値下がりする！見極める目が求められる時代』（中央公論新社）と精力的に健筆を振るった。『リクルートのDNA』は十万部を超えるベストセラーだ。

しかし、江副にとって十四年の「私戦」が終わったからといって、執筆生活でおとなしくしているわけにはいかなかった。もう一つの「私戦」が待っていた。

大阪で事業を行う資産家の娘、西田みどりとの結婚は、新婚生活の初めからお互いの間にボタンの掛け違いがあった。金策に行き詰まればみどりの金を頼りもした。初めて建てた西麻布の家も名義はみどりのものだった。みどりにしてみれば、父の金でリクルートを支援したという思いが強い。

片や、江副にとってこの家庭は、膨大な量の仕事をこなしたあと、倒れ込むように帰りつき、ただ寝るだけのものになっていた。外で笑顔を絶やさないことに疲れた江副は、みどりにたびたび暴力をふるった。そしてリクルート事件の二年前、二人の娘を連れて、みどりは突然家を出た。ようやくみどりから連絡があったのは、リクルート事件の報道が過熱する八月だった。彼女の方から、それまでの借財の返還を求める裁判が起こされたのだ。疑惑報道の最中に、夫婦の金銭争いや離婚問題が取りざたされる。それが知られれば、マスコミの絶好の餌食になる。江副は妻の訴えを全面的に認め、以後、金銭的請求はいっさい求めないことを条件に「紛議解決金」の支払いに応じた。

リクルート事件の日以来、執行猶予判決までの長い日々にあっても横に寄り添う妻はなく、一人で孤独に耐えた。執行猶予つき判決が出た日も、次はみどりとの決戦だと思うと心は晴れなかった。どう離婚裁判に持ち込むかを考えている間に、リクルート裁判終結二カ月後の〇三年五月、江副みどりは離婚裁判を申し立てた。

江副は小躍りしたくなる気分だった。こちらから裁判を起こしても、みどりが応じないことを恐れていたのである。

「みどりとの離婚なしに、自分は終われない」

親しい何人かにはそう公言もしていたが、なかなかふんぎりがつかないできた。それが、向こうから離婚を申し立ててきたのである。

そして二年後の〇五年六月二十八日、協議離婚が成立した。

しかし、その安らぎも束の間、再び暗雲が襲う。

前妻となった西田みどりが、リクルート報道の渦中に解決したはずの財産分与に関し、九百億円強を要求する裁判を起こしたのである。リクルート株売却で得た四百五十億円強は、国税、裁判費用、オペラ事業への私財投入、そして大半は株式投資に消えている。残額はそれほどない。

もし裁判所がみどりの主張を認めでもしたら、即刻破産の道をたどることになるだろう。裁判はこじれにこじれ、家庭裁判所からついに最高裁へと進み、長引いた。

だが、そんな暗たんたる日々にも、陽が差し込むことはある。

〇三年三月の判決から五年。自動車事故の一つもなく、〇八年三月十八日、ようやく執行猶予五年が明けた。翌日、弁護団十五名とリクルート関係者五名を招いて吉兆東京本店で、江副はねぎらいの会を設けた。花園万頭の十二個入り慶祝紅白万頭に、挨拶文を添えた。

「昨日の深夜、本日の午前零時をもって、晴れて自由の身となりました。そんなわけで本席を設けさせていただきました。リクルート事件の裁判は、所要時間十三年三カ月、開廷数三百二十二回、分離された公判を加えると五百回強の開廷数ということで、裁判が終わってから、もし申請したらギネスブックに載るかもしれませんといわれました。よく調べてみたところ、『血のメーデー事件』という上がありました。これは騒乱罪で逮捕された千二百三十二人のうち、悪質な実行者に絞って二百十六人が起訴されました。初公判は昭和二十八年。開廷数は千八百二十回。昭和四十五年一月の結審まで十七年間を要しています。（略）よって残念なことに、リクルート事件はナンバー二であります。検察側が控訴しなかったのは、これによって行政が歪められたとは言えない、また情状について極めて私に好意的な判決要旨を書いていただいたので、レコードを更新しなくて済んだと思っています。

裁判団長日野先生は泉下の人となられましたが、ひとえにみなさまがたのご尽力の賜と、感謝しております」

江副は、一人での行動が多くなっていった。安比行きも増えた。スキーをし、花を植え、フロントで働く佐々木覚美とのロビーでの十分くらいの短い会話を楽しんだ。

執行猶予が解かれて、一年半後、『リクルート事件・江副浩正の真実』（中央公論新社）と『取り調べの「全面可視化」をめざして』（中央公論新社）が〇九年十月と十二月にたて続けに上梓された。

江副は『真実』の序でこう記しながらも、取り締まりの不当性と無罪を主張した。

「本書は私が書いたものであるから、私にとって都合のよいように書いてあるところも少なくない。本件を、もし検察側が『リクルート事件・検察の真実』として書けば、別の内容の読み物になるであろうことも、お断りさせていただく」

それに応えるように宗像紀夫は一〇年二月二十七日の「週刊現代」「特捜秘録　第二回　リクルート事件　後編　政界捜査」で反論した。

「一審判決が出た数日後、名古屋高検検事長だった私のもとを江副弁護団の何人かが訪ねてきました。来訪の趣旨は、検察が控訴しないよう取り計らってほしいという陳情です。（略）控訴すれば二審判決で実刑になる可能性もある。（略）著書で主張するように、無実にもかかわらず無理に自供させせられたというのであれば、控訴審、最高裁まで戦うべきでしょう。しかし現実は、控訴をしないよう働きかけをして、一審の執行猶予付き判決を確定させようとした。この一事が多くのことを物語っていると思います」

時を同じくして「大阪地検証拠改ざん事件」が発覚した。障害者郵便制度を悪用したとして、厚労省の村木厚子局長を逮捕した大阪地検が取り調べ中に、押収した証拠品のフロッピーディスクを組織ぐるみで改ざんしていたのだ。江副があらん限りの力をこめて訴えた「全面可視化」問題は、「改ざん事件」と関連するかたちで世間の耳目を集めた。そして法曹界の取り調べの可視化がようやく進み始めた。

リーマンショック以来、先の見えなくなった日本経済の行く末を総合雑誌が江副に求めることも多くなった。江副個人の株式投資をほぼ委ねる、証券会社社長の水谷文彦の分析をもとに、江副は土地価格論、経済復興論をたびたび総合誌に寄稿し、その健筆をふるった。

江副にとって残された懸念事項は、離婚裁判が終わったにもかかわらず、西田みどりから出されていた九百億円財産分与訴訟だけになった。

一二年四月十六日、最高裁はみどりからの訴えを退け、五年続いた最後の裁判もようやく終わった。

考えてみれば九〇年以来、裁判の連続で、二十二年間にわたる緊張の日々だった。

私戦から解放された江副に、ようやく安らぎがおとずれた。
皮肉なことに、その日を境として江副は、ゆっくりと崩れていくのである。

第十八章　スペースデザイン

あたり一面の荒野だった。なにもかにもが崩れ去り、がれきの山のなかをぼうぜんと歩く人の姿がある。

あの光景と同じだ。

そう、戦争が終わって、疎開先の佐賀から満員詰めの列車に揺られて神戸駅に降り立つと、阪急電車に乗り換え、梅田へ向かう。その電車が大阪に入ってすぐのときだ。あたり一面は廃墟と化し、がれきがどこまでも広がっていた。あまりの衝撃に、子供ながらに「この町は二度と立ち直れない」と打ちのめされた。

あの日の風景と、まったく同じだ。

阪神淡路大震災から三週間後の一九九五年二月、江副は神戸に入った。

コスモス大阪支社の社員が運転する車で、あちこち案内してもらう。高速道路の橋げたが崩れ落ち、道路は寸断された断面を見せて空に向かって突き刺さったまま途切れる。

中内㓛が丹精込めて作り上げた三宮のダイエータウンはすべて破壊されつくしていた。

神戸ポートタウンは液状化で足を進めるたびに、ぬかるみに足を取られた。

神戸長田地区の被害が一番激しい。マンションが傾き、木っ端みじんに崩れ落ちた家屋からただよう悪臭が鼻をつく。青いビニールシートがかけられた隙間からこちらをのぞき込む顔があるが、目に光はない。

毎日通った甲南学園はどうなっただろう。

車を長田から灘の岡本に回してもらう。学園正面門で車をおり、緩やかなカーブの坂をのぼる途中で驚く。そこから堂々とした学園本部がある一号館が見えるはずなのに、それはすべて崩壊していた。五棟が全壊し、一棟は内部が全焼していた。

それにしても、すさまじい地震の破壊力だった。

だが感傷に浸るときではない。

この自然の脅威に立ち向かえるのは人間しかない。少年の日に見たあの廃墟から大阪が立ち直ったように。

この廃墟こそ、機会だ。

崩壊したこの地に、次々と新しい住まいを建てるのだ。ここは金が埋まる宝庫だ。リクルートを離れて以来、新しい事業を模索してきたが、裁判が忙しく何も手つかずできた。この廃墟から再び、起業家江副浩正は立ち上がるのだ。

東京に帰ると、長い間休眠中にしていた江副の個人会社、日栄興産を再開し、不動産関連の優秀なスタッフを集め始めた。

良質で安価な住宅は家を失った人々の心に光を灯すと信じ、かつて日栄興産が売り出した分譲マンションシリーズ「ルミネ」の冠名をつけ、不動産不況のなかで神戸にマンションを開発していった。

翌年六月十二日、起業家江副の新たな復活を祝うように、江副は六十歳を迎えた。

九七年五月十一日、亀倉雄策との突然の別れが訪れた。

江副は亀倉から、江副の還暦を祝ってスイス三大峰のスキーツアーに出かけようと誘われていた。だが、裁判が忙しく時間が取れなかった。亀倉は一人でスイスに旅立った。モンブラン、ユングフラウ、マッターホルンと滑走し、帰国したのち、五月の連休には安比で春スキーを楽しんだ。そのとき急斜面のコブに足を取られ転倒。むち打ち症になり、現地の病院に担ぎ込まれた。ほどなく築地の聖路加病院に転院。そこで急性肺炎を併発し、こつぜんと逝った。享年八十二だった。

考えてみれば、幸せな死であった。自らが設計図を引き、開発したコースで倒れ、死ねたのだから。

六月十七日江副は「亀倉先生お別れの会」を赤坂のホテルで主催した。会の冒頭、二月にヘリから空撮した、亀倉のみごとなスキー滑走シーンがマルチスクリーンに流れた。白い雪山の起伏をまったく無音で滑り降りてくるその映像からは、強い孤独と緊迫感が放たれていた。戦後の激しい起伏をもったデザイン界を、六十年以上にわたり滑り続けた男の圧倒的な孤独感が、見るものすべての心をとらえた。逆光の太陽を受けて、亀倉の全身が朱に染まった。会場中が静かにどよめいた。

こんなことになるのなら、無理にスケジュールを調整しても、亀倉とのスキーツアーに出かけるのだった。江副は悔やみながら、その遺影に手を合わせた。

死の前年に亀倉は、彼のデザイン人生の集大成ともいえる全二十巻の「クリエイション」誌をリクルートから刊行し終えていた。リクルートは「クリエイション＝亀倉雄策追悼特別号」を編集し、「月刊リクルートメント」表紙デザイン以来の、亀倉の「経営とデザイン」に対して哀悼の念を表した。

江副は私家版「亀倉雄策追悼集」を編み、万感の思いを込めて追悼の文を書いた。

「先生に三十年余の長きにわたって師事できたことは、とても幸せなことであったと、感謝している」

たくさんの人がその追悼集に文章を寄せるなか、中内の談話もあった。

「リクルートの銀座八丁目ビルに出向いたときに、二階の先生のデザイン研究室をフラッと訪ねていたりした。あわただしいリクルートのなかにあって先生のところだけは空気が違うんだ。忙しい合間に、ホッとするいい時間を過ごさせてもらった。先生は私より七歳上で、年も近かったし、話もあった。なんだかおやじさんと話しているような気分だった。（略）私の七十五年の人生で、尊敬できる人は実は少ない。みんな何らかの利害関係のもとにつき合っている世の中で、ほんとうに気を許して安心して話ができる先生のような存在はそういないものだ。尊敬する先生との時間は、私にとって幸せな時間だった」

その中内もまた、阪神淡路大震災以来、急速に衰えていった。

中内が誇る三宮のダイエータウン街は事実上消滅した。ダイエー発祥の地、三宮にこだわりを抱き続けてきた中内だけに、喪失感は大きかった。神戸復興に執念を燃やし、全国のダイエーのことは忘れた。

堤清二と競いあうように繰り返した企業買収の意欲も失せた。

中内の目の届かなくなったダイエーの業績は、下降の一途をたどりはじめる。そして手塩にかけて築いた「オレンジ共和国」の世襲に中内はこだわった。自分は会長に退き、次々と基幹事業を二人の息子に承継させたのである。

中内を支えてきた幹部の意欲は急激に低下し、地価上昇を前提に多店舗展開をしてきたダイエーの経営は、バブル崩壊でたちまち傾き始めた。

若い時から父の「攻めの経営」だけを見てきた二人の兄弟に、守りの思考はなかった。一度傾き始めた大組織の崩壊は早く、もう食い止めようがなかった。

合田耕平が社長を務める長谷工も苦しんでいた。

合田の拡大経営で乗り出したホテル事業が、九二年の浦安ブライトンホテルの開業と同時に苦境に立ち、一兆円の負債を抱えたのである。そこへ阪神淡路大震災が襲った。長谷工分譲倒壊物件、三百六十八戸の後処理にも手が回らず九五年度には千八百五十億円の赤字を計上、以降、毎年の赤字に苦しみ続けた。そして九九年三月、三十二金融機関は、長谷工に対する三千五百四十六億円の債務を放棄、代わりにその責任をとり合田は社長を辞した。長谷工は大蔵省から社長を迎え入れ、実質的な国家管理下に置かれることになった。

同年十月三日、ソニーの盛田昭夫の訃報が届いた。

品川でテニス中に脳内出血で倒れて以来、六年間の闘病生活を続けてきた後の死だった。享年七十八。スキー好きの盛田には、安比高原で何度もスキーを楽しんでもらった。それだけが、江副のなかでいい思い出として残った。

そして、起業家盛田からバトンを引き継ぐかのように、次なる起業家が頭角を現してきた。

孫正義だ。

五七年八月生まれの孫は、二十四歳の八一年に、博多でコンピュータ卸売事業の日本ソフトバンクを設立する。さらに十三年をかけてソフトバンクとして店頭登録、その原資を元にバブル崩壊期の日本経済界に躍り出る。九六年には米国のヤフーと組んでヤフージャパンを、アメリカの出版王として知られるルパート・マードックと組んで衛星放送、ＪスカイＢを、翌年にはスカイパーフェクＴＶを立ち上げるなど、文字通りの快進撃を続けた。

そして二〇〇〇年にはアメリカナスダックと組み、大阪証券取引所にナスダック・ジャパンを開設した。新しい世紀早々の孫の偉業を祝って、江副はプライベートパーティーを主催した。リクルート時代に買い取った、鹿島建設の創始者が建てた石造りの重厚な赤坂の私邸に、証券会社各社の会長、社長を招いた。バブル崩壊以降、年々縮小する日本経済を救うには、孫のように進取の精神に富んだ起業家が閉塞状況を打破する以外にない。江副は、若いエネルギーに満ち溢れた起業家の登場を待ち望んでいたのだ。願わくは、自分の失敗の轍を反面教師にして、日本から世界に巣立たんことを。スカラシップの卒業生が奏でるピアノが静かに流れるなか、江副は招いた証券会社役員一人ひとりに、ていねいに孫正義を紹介し、新しい起業家の船出を後押しした。

その裏側で、時代に取り残された起業家は、退陣を余儀なくされる。

堤清二は立ちいかなくなったセゾングループの清算のため、自己保有株を処分、百億円を自ら供出し、〇〇年セゾングループを解体すると、作家生活に入った。

経営の悪化の一途をたどる中内ダイエーは、江副から四百五十億円強で買い取ったリクルート株を今度はリクルートに一千億円で譲渡、再建費用にあてた。リクルートは買収されてからわずか八年でダイエー資本からの独立を果たした。

〇一年ダイエーの株主総会は二時間三十六分にわたる荒れ場になった。

「消費者の心が読めなくなった」

その一言を残して、中内は株主総会議長にもかかわらず壇上を降りた。

〇三年三月四日、十三年続いた裁判の末、江副は東京地方裁判所山室恵裁判長から執行猶予つきの判決を言い渡された。

その一カ月後の四月二十五日、森ビルの森稔が、東京六本木に地上五十四階地下六階、高さ二百三十八メートルの「六本木ヒルズ」を完成させた。東京ドームの二・四倍にもなる、総敷地面積三万三千二百七十五坪、地権者四百件、借家権者三百件、総地権者数七百件をまとめた総合再開発だ。十七年の歳月をかけた溜池再開発、アークヒルズに続き、二十一年の歳月をかけた森ならではの「垂直の庭園都市」の誕生だ。

江副は、執行猶予つきの判決が出た解放感に浸りつつ、久しぶりに竣工パーティーの華やかな場に赴いた。最上階の展望フロアーの圧倒的な風景に触れながら、森稔の事業こそ、まさに不動産業界における唯一無二のものと思い知らされる。森への賞賛と、少なからずの嫉妬心をもちながら、江副は誓った。

「神戸復興がピークを過ぎたいま、新たな私戦で森に挑もう」

森が来賓客の間をかき分けてやってくる。手を差し伸べながら森は言った。

「よかったなあ、執行猶予がついて。今度一席設けるよ」

森にも上申書を書いてもらっていた。固い握手をし、森は忙しそうに去っていく。その背を見ながら思う。時代が求めながらも、いまだ不動産業界が応えていないものがあるはずだ。では、時代に応える新たな事業とは何か。

竣工パーティーに駆けつけた周りの客を見渡す。なんと外人客が多いことだろう。それも以前のように白人系ばかりというわけではない。中東系の人もいれば、インド系、中国系などのアジア人と、多種多様な外国人が顔を出している。本格的なＩＴ時代を迎え、国際都市東京は、ビジネスの世界でますます重要な都市となるだろう。対して東京は、そんな外国人の住まいの要請に応えているだろうか。

彼らはニューヨーク、ロンドン、東京、上海、ドバイと、世界の五大経済都市を回遊しながら暮らす。彼らの多くは東京で一カ月、二カ月を過ごして、案件を終えると次の案件のためにニューヨーク、ロンドン、そしてドバイに移り住む。住まいの恒久性から抜け出せない不動産業界は、こうした回遊富裕層の住まいの要請に応えていない。彼らに必要なのは、一カ月、二カ月単位で借りられる、暮らしのすべてをそろえた快適なレンタル空間だ。

「高級賃貸サービスアパートメント事業」

これだ。江副は、六本木ヒルズのごったがえす来賓客のなかで一人深くうなずいた。

新たな事業に挑むとなれば、一息にすべてのエネルギーと資財をつぎ込む。ニューメディア事業でみせた江副のやり方は、六十歳を過ぎても変わらない。神戸復興の「ルミネ」シリーズで得た利益を、江副は新事業につぎ込んだ。

「高級賃貸サービスアパートメント」の何よりの売りはぜいたくなくつろぎの空間であり、デザインセンスの良さにある。その想いを社名に託し、日栄興産をスペースデザインと変えた。不動産業は外見が重要なブランドビジネスだと信じる江副は、完成したばかりの汐留再開発の汐留シオサイト、日本テレビタワー棟の七百坪もある事務所をまず借りる。そして新たな人材を探し始める。

採用にかける情熱は、リクルート時代といささかも変わらない。汐留シオサイトのレストランで隣り合わせになった女性と話し込み、彼女が隣のオフィス棟の電通で空間デザインを担当していると知ると、毎日のように電話をかけ、移籍を迫る。断られても、断られても、次の日には、初対面のような口ぶりで臆することなく移籍をもちかける。こうして、隣の電通から引き抜いた責任者のもと、大量の空間デザイナーの採用に入る。たちまち百人体制になったスペースデザインは、江副の私戦に臨んだ。

〇四年、江副はスペースデザインの高級賃貸サービスアパートメントシリーズ「ビュロー」の第一弾となる品川ビュローを、品川港南口の旧国鉄跡地の再開発地、品川セントラルガーデンに竣工した。

「『ビュロー』は都心生活の新しい選択肢。活かせる空間、活かせる時間。一カ月から滞在できる家具付きサービスアパートメント。一カ月十五万円から」

最上階にはフィットネスクラブ、ジャグジーバスを設け、コンシェルジュ、リネンサービス、ルームクリーニング、二十四時間のインターネット接続サービスと、施設も空間も快適性にもこだわった。江副は、一カ月のレンタル費用に見合わないぜいたくな設備設計になろうと一向に頓着しない。ベッドのマットの厚さから弾力、そして台所に備えられた什器に至るまで、一つ一つの品質とデザインにこだわり細かく口を出した。

品川に次いで銀座、麹町、日本橋、恵比寿と打って出た。

しかし、その贅《ぜい》をつくした空間に、人は埋まらなかった。高級アパートメントが満室になることは決してなかったのである。世界の各都市を回遊する富裕層が多数存在するという仮説に無理があったのかもしれない。それより何より、坪単価月三万円の賃貸料は高すぎた。

見込み客の実数は、実際には少なく、いても客が求めるものと江副が創出した空間との間には大きな乖離があった。それにもかかわらず、江副は客のニーズをつかみそこねたまま、バブル時の感覚で資金を惜しげもなく投入した。神戸の「ルミネ」シリーズであげた利益は、たちまちのうちに底をついていった。

〇五年八月二十六日、中内が定期健診中、脳こうそくで倒れた。そのまま意識は戻らず、九月十九日死去。享年八十三だった。中内がかつて住んだ芦屋六麓荘町と東京田園調布の自宅豪邸は、すでに銀行の管理下におかれている。遺体は、どちらの自宅にも帰ることができず、大阪此花区にある中内家の菩提寺、正蓮寺に運ばれた。江副が大阪に駆けつけると、その葬列は、かつてオレンジ共和国を築いた男のものとも思えない短さだった。産業再生機構入りし国家管理下におかれたダイエーが、創業者中内㓛の社葬を行うことをはばかったのである。

ここのところ日本はホリエモンこと、堀江貴文の騒動一色だった。

プロ野球球団買収、ニッポン放送株四十パーセントを取得したうえでのフジテレビ買収騒動、果ては自民党幹事長から祭り上げられての刺客候補など、話題性には事欠かない。政治家に取り込まれる堀江の姿を見ながら、自分のような道を歩まぬことを祈った。

才能は豊かなのだ。新規事業に徹して、デジタル時代の新しい起業家として日本を変えてほしい。だが堀江の起業家像は、江副が望んだものからは遠かった。堀江は株式投資で得た膨大な資金を武器に、企業買収を繰り返すことでさらに肥大化しようとしている。

確かに自分は、株式投資を道楽とする。リクルート財務部でも積極的に株式売買で資産運用を進め、八六年当時などはプラザ合意後におとずれた円高を背景に、営業外収益を大きく伸ばした。しかし、その資金で企業を買収し、リクルートグループを大きくしようとしたことは一度もない。

己の才覚と度胸でだれもやったことのない事業を次々に興し、一つ一つの事業を育ててきた結果が一兆円企業だった。その才能に対して銀行は一兆八千億円を融資したのだ。その事実を誇りとしつつ、堀江の危うさに心を痛めた。

堀江からは何度も面談申し入れの手紙をもらっていた。彼だけでなく、若い起業家から教えを請いたいという申し入れは数多い。しかし、新たな事業の私戦に挑む江副にとって、彼らはいまだライバルだった。その秘策を教えるわけにはいかない。そう思っている間に、〇六年一月二十三日、堀江は逮捕される。容疑は風説の流布、証券取引法違反であった。

江副の逮捕から十七年。マスコミ報道があおり検察を動かす劇場型事件の図式は、一向に変わらない。通産官僚出身の投資会社社長、村上世彰《よしあき》とともに逮捕され、堀江は車に乗り込む。その映像を、かつての自分を見るような既視感にとらわれながら、江副は見つめ続けた。

江副のなかにふつふつとした怒りがわいてきた。検察はいつも若い芽を潰す。そして日本から先取の精神を奪い去る。結果、それが日本の発展のどんなに阻害要因になっているかも知らずに。日本の枠組みを壊そうと立ち向かう堀江、村上というふたりのドン・キホーテを無理やりにも潰そうというのなら、この江副という老ドン・キホーテが株式投資という規制に、再び挑んでやろうではないか。江副はスペースデザインの上場をめざそうと決意した。

だからといって、自分が表に立てる時代ではもはやない。江副の代わりになる、上場会社の社長の心当たりを探った。実は、江副には長い間気になっている人物がいた。野村證券の事業法人部でリクルート担当だった廣田光次だ。

冷徹に市場を読む力と、新しいビジネスの萌芽を見つけだす才能に長けていた。店頭登録制度の規制緩和がコスモスにとって有利なのではないかと、最初に知らせてくれたのが廣田だった。主幹会社を野村に断られたため、その後、つきあいは疎くなってしまったが、できる男だ。調べてみると、野村證券を辞した廣田は外資系証券会社に転じていた。

二十数年ぶりで会うなり、江副は自らのプランを語り、社長就任を要請した。

「あのときみたいに、断られるのは困ります」

廣田の顔色が変わった。

「断られると言いますと？」

「コスモスの店頭登録を野村に断られたことですよ。結果、私は大和証券に主幹事会社をお願いし、事件を起こしてしまった」

江副の言葉を聞くなり、廣田が一気にしゃべりだした。

「江副さん、いつかお話ししたいと思っていました。あのコスモス上場はあのとき田淵節也がお約束した通り、野村で主幹事会社をお受けする体制が整っておりました。ただ引受審査部の審査が慎重で結論が長引いておりました。私があとで審査部から聞いたところでは、コスモス社内の経理体制を私どもの基準に変更できれば、あと少しで店頭登録できるところまで来ていたそうです。それを…」

廣田はそこで言葉を切った。江副は初めて廣田から聞く野村の内部事情に驚きながら、廣田の言葉を受けとった。

「それを私が、野村に断られたと勘違いしたと言うのだね」

江副の問いに答えず、廣田は深くうなずく。

「そして、私は自分から大和証券に駆け込んだと。本当かね廣田さん」

「ええ、あれだけ話題になったコスモスさんの店頭登録でした。私ども野村は主幹事会社を逃してじだんだ踏みました。江副さんがよくご存じのリクルート担当役員で、のちに野村の社長になった鈴木政志から当時言われたものです。『廣田、とんでもない大きな魚を逃したもんだ。リクルート本体の上場のときは必ず主幹会社になろうな』と。だからあのとき野村にコスモスさんを断る気など毛頭ありませんでした」

廣田の話を聞きながら、江副は頭を細かく振り続け、か細い声でたずねた。

「もう一度聞きますよ。野村に、断られた、の、で、は、ないと」

「もちろんですとも。それが証拠に、リクルート事件の真っ最中の秋に、役員の鈴木と私が、偶然、同時に大阪転勤になりました。秋の定期人事だったのですが、社内ではコスモスを落とした左遷人事だともっぱら噂されて弱ったものです。入院なさっていたのでごあいさつもままならず、大阪に赴任し失礼してしまいましたが」

立っていられないくらいに憔悴した江副の口から、とぎれとぎれに言葉が漏れる。

「もし、もしだよ、もし、野村に、主幹事の、会社を、その主幹事を、お願いしていたら、廣田さん。どうなっていました？」

廣田は江副を支えるようにして、手を取ると、きつく握りしめながら勢い込んでしゃべった。

「私がコスモスさんを担当していれば、どんなに江副さんがお望みになっても、政治家、官僚への株式譲渡は必ず止めていました。確かにあの当時、世間では未公開株の譲渡は誰もがやっていたことかもしれません。ただ私ども野村證券では、政治家、官僚への譲渡は、どなたがお客様であろうとも認めてまいりませんでした。私は体を張ってでも止めていたはずです」

初めて告白する廣田の目に涙があった。

「私はリクルートさんを担当させていただくことで、法人営業の専門家として成長させていただきました。審査通過後は、その御礼として、私の持てるすべての能力をコスモスさんのためにご提示できたものと思うと、それが悔しい。いかにも悔しいです」

「そうか、そうだったのか」

江副の手を持ち、左右に強く揺さぶり続ける廣田に身を任せながら、江副はうめくように声をあげた。野村に断られた悔しさで動かなければ、リクルート事件は起こらなかったのか。まして その後の長い裁判生活もなかったというのか。気落ちする江副を抱きかかえるようにして、廣田は言った。

「今度こそ、さすがに江副さんと言われるだけの、新規公開を一緒にしましょう」

しかしもう江副には廣田の言葉は聞こえなかった。江副のなかで何かが音を立てて崩れていった。

結局、江副はスペースデザインの上場をあきらめる。

人の出会いには、お互いがその人を必要としながら決して結ばれぬときがある。江副と廣田の関係がそうなのだろう。リクルートコスモス、スペースデザインと、江副は廣田を必要としながら、二人が手を携えることはついになかった。

それでも、江副は進むことをあきらめ切れなかった。今度はグローバル・ビジネスに打って出ようとしたのである。時代を見る目は衰えていない。いやそれを今こそ世界が求めている。江副はそう信じ、電通から引き抜いた女性を責任者とし、ドバイ進出に挑んだ。

ドバイにおける「高級賃貸サービスアパートメント」の建設が動きだす。コンシェルジュサービス、リネンサービス提供のためにホテルの業務許可もとりつける。

〇八年四月、ドバイのディスカバリー・ガーデンズに「ジクーホテルドバイ」が竣工する。もちろん江副もドバイに駆けつけた。それは折からのオイルマネーに沸く日本の商社の、出張族の心をとらえた。部屋はすぐに日本の商社員で満室になった。江副の時代感覚は、世界を舞台にしても通用するものだった。

ドバイの王族を前に開業挨拶をする江副の顔に、かつての自信にあふれた笑顔と誇りがよみがえった。よし、この勢いに乗じて世界の都市に進出しよう。起業家、江副浩正の復活だ。

ドバイから戻ると、森稔から一枚の招待状が届いていた。

「この度、十四年にわたって中国政府、上海市と協同で進めてきました上海再開発、『上海環球金融中心』が完成し、竣工パーティー開催の運びとなりました。遠路となりますがご列席賜れば幸甚です。

平成二十年七月吉日。森ビル　森稔」

百一階建て四百九十二メートルの上海ワールドフィナンシャルセンターの最上階で、江副は、森の万感の思いがこもったていねいなあいさつを聞いた。次に、司会者の声に促されて壇上に上がったのは、中曽根康弘だった。原稿を用意せず、中国政府の要人を前に、ゆったりとした立派な挨拶だった。その見事さに感心しながらも江副は、あの事件以降、一度も会うことのなかった中曽根に、この後どう接すればいいかと迷った。竣工式が終わり、立食の祝宴となった。混雑するなか、江副の方から中曽根に向かって進み出た。

「その際はご迷惑をおかけしました」

短く、だが心を込めてそう切り出すと、江副は体を深く折った。

「君は若いのだから、まだまだがんばりなさい」

九十歳の中曽根が七十二歳の江副にそう語り、自分から手を差し伸べてきた。

森にも負けない世界プロジェクトを進めよう。中曽根に励まされるようにして勢いこんだ。

しかし、その思いも誇りも、瞬く間に砕かれた。

〇八年九月十五日、リーマンショックが世界を襲い、一瞬にして世界経済は縮小した。その余波は〇九年、ドバイショックとしてかの地を襲った。ドバイを足がかりに世界へ打って出るという江副の夢は、たちまち消し去られたのである。

一一年三月十一日、東日本大震災が、東京をも揺るがせた。

しかしもう江副のなかに、震災を機に新たな事業に乗り出す気力は残っていなかった。岩手や安比に対してあれだけこだわった江副だった。それにもかかわらず復興計画はいっこうに湧いてこない。いつまでも続く余震に、時代に立ち向かう気力もなく、いまや生存の不安におびえる一人の老人になっていた。

江副の私戦は、時代と交差することなく終わろうとしていた。

一二年二月二十七日、リクルート専務であると同時に人事測定研究所（現・リクルートマネージメントソリューション）社長を長く務めた大沢武志が逝く。

日立の人事部で産業心理を研究していた大沢は、人事部門の責任者としてリクルートらしい人事制度の確立に腐心し、自由闊達な風土づくりの要となった。同時に、社内で数々の社員研修を開発し、その成果を教育事業として育て上げた。心理学的経営論を語らせ、実践させたら、日本では大沢の右に出るものはいないと言っていい。彼のもとからは、多くの人事コンサルタントが巣立っていった。ひつぎのそばでただぼうぜんとたたずむ江副の姿が痛々しい。享年七十七。

その一週間後の三月六日、今度は鶴岡公の訃報が届いた。

演劇の舞台俳優をめざし、いつもベレー帽をかぶって東大新聞の広告取りのアルバイトをしていた鶴岡とともに、リクルートを興したのだ。以来、鶴岡はリクルートコンピュータプリント（現・リクルートメディアコミュニケーションズ）社長として、九九年退職のその日まで四十年間、江副とリクルートに並走してくれた。年々膨大化するリクルート情報を早くからコンピュータ管理し、制作の効率化とスピードアップでリクルートを情報王国に押し上げた鶴岡の功績は大きい。享年七十五。

そして、鶴岡の死から二日後の三月八日に、森稔もまた逝く。

不動産事業でもだれも手掛けぬ唯一無二な開発をしたいと思いながらも、江副はいつも森の後じんを拝してきた。いつかこの人を超える事業をしたいと望んできたが、その目標にする人が目の前から消えた。享年七十七。

わずか十日の間に、大沢武志、鶴岡公、森稔とリクルートの創業期を支えてくれた三人を失い、江副の精神は虚空をさ迷った。

四月十一日、銀座八丁目のリクルートG8ビルホールで「大沢武志さんお別れの会」が催された。久しぶりに自分の建てたビルに姿を現した江副は、記憶の交錯に陥っていた。弔辞を読むのもおぼつかなく、しょんぼりとしてたたずんだ姿に、深い老いがあった。

ただその時はまだ、江副のなかで進む混乱に、だれも気付いていなかった。

第十九章　ラ・ヴォーチェ

2012年10月6日、紀尾井町ホールでの江副浩正（左）と宗像紀夫。

二〇〇一年十二月二十日、三百十八回続いたリクルート裁判の公判審はようやく終わった。検察裁判担当官、宗像紀夫は江副に対し懲役四年の刑を求めた。八九年十二月十五日の初公判から毎週一回、東京地裁の法廷に出る生活で、裁判のほかにはスペースデザインに携わるだけが精いっぱい。ほかのことはなにも手つかずに来た。

江副にはやり残した、私戦ともいえる大事なことがもう一つ残っていた。

コスモス株譲渡の結果として、その職を辞したり、名誉を失ったり、有罪判決を受ける人を多く出してしまった。

「事件で迷惑をかけた多数の人々に対して償いもせず、自分の無実だけを訴え続けている江副は人としておかしい」

そんな批判が自分の周りで渦巻いていることも知っていた。親しくしてきた人のなかには、こうした言葉を直接投げ掛け去っていく人もいた。

実際、どう償うことができるのか、償いとして何をすべきか。それをこの長い裁判の間、ずっと考えてきた。

リクルート株の売却益の一部を投入して公共的な事業を興したい。日本が変わったといわれるような事業がしたい。そして、「江副はとんでもない事件を起こしたが、日本のために少しはいいこともした」と人々に思ってもらいたい。それが罪滅ぼしになると江副は信じた。

その事業とは、このオペラ不毛の地、日本にその芽を根づかせることだった。

忘れもしない六三年八月一日の夜、初めて日本リクルートセンターとリクルートの名前をつけた会社の船出を祝うように、内幸町のNHKホールでイタリアオペラ、ベッリーニ作曲の「ノルマ」を感激に打ち震えながら聴いた。オペラとはこんなにすごいものなのかと。オペラの力をもっと多くの人に知ってもらいたいと願いながら、あれ以来四十年を過ごしてきた。その長い間の願いをこの手で実現させよう。

リクルートを辞したときに始めた、江副育英会第一回オペラスカラシップから十年がたち、第一期生たちがようやく脂の乗り切ったオペラ歌手として育っていた。彼らに本場イタリアのオペラ歌手との共演の場を提供し、一段の飛躍を図るねらいもあった。同時に、日本人にオペラの素晴らしさを体感してもらい、ファンを広げるのだ。オペラの振興が果たせれば、リクルート株売却も意味のあるものになる。

どんな判決が出るかは、裁判所に委ねるしかない。しかし、ようやく公判は終わった。時間ができそうないまこそ、その新たな最後の戦いに参戦するときだ。江副は、宗像の求刑を求める声を聞きながら、決意した。

〇二年一月、江副はラ・ヴォーチェを設立し、オペラのプロデュースに乗り出した。

このオペラ普及をめざす私戦は、最高の舞台をいかにして日本の家庭に入り込ませるかが鍵になる。それには、最高の技術で収録した、解像度の高いＤＶＤの映像が欠かせない。

江副は、ソニーの経営を退き指揮者としての道を歩む、七十歳になる大賀典雄を訪ねた。江副がプロデュースする公演映像を残すために、ソニーのハイビジョン撮影機器とソニーの編集スタジオ、そして最高技量のスタッフの借り受けを申し出た。大賀の賛同を得て、ＤＶＤ映像によるオペラ普及のためのオペラ公演計画が動き始めた。

日本にオペラが広がらない理由は、オペラが高尚で、難解な芸術だと多くの人が思っているためだ。プロデューサー江副はラ・ヴォーチェの初企画として、軽妙で下世話な笑いもあり、オペラ入門としてわかりやすい「愛の妙薬」を選び出した。

今までの公演の字幕は、さほどの工夫もなく原詩を訳しているだけだ。だが、その笑いを日本人の笑いにするためには、日本語としてわかりやすい字幕にしなければならない。

経済同友会で初の女性会員となったザ・アールの会長奥谷禮子から、オペラ仲間として紹介され親しくなった作家の林真理子のところにこの話をもち込んだ。

「今度、『愛の妙薬』をプロデュースしてオペラファンを広げようと思います。林さん、あなた作家でしょう。その歌詞の微妙なあやをわかりやすく訳し、笑いを誘う場面は、日本人でもうんと笑える言葉に字幕で書き換えてくれませんか」

考えてもいなかった江副の申し出だったが、林はさっそく字幕制作に取りかかってくれた。

舞台の美術装置、出演者の衣装は言うにおよばず、靴などの小物まですべてを江副はイタリアに発注し、日本への到着を待った。公演一カ月前から、イタリアからやってきた演出家、主演歌手が舞台稽古を新国立オペラ劇場で繰り返す。果てしなく経費も体力も使う準備が、公演当日まで続いた。

〇二年八月二十五日、ラ・ヴォーチェ初企画プロデュース「愛の妙薬、字幕付き原語上演全二幕」の舞台の幕が上がった。

しかし、その公演は普段のオペラ公演とは様相を異にしていた。観客最前席から五列目までには、ソニーのハイビジョン撮影機器が並べられ、その舞台をすべて収録していくのだ。江副にとって主眼は、あくまでもオペラ普及のための上質なＤＶＤの製作と販売にあり、それが明確に打ち出された公演になった。

舞台が進むにつれ、林の軽妙な字幕に、初めは笑ってもいいのかととまどい気味だった観客も、いつか声を出して笑い始めた。物語が佳境に入ると劇場は、日本で見慣れたオペラ公演とは違った、笑いに包まれた温かい雰囲気に変わっていった。プリマドンナとカーテンコールの舞台に立つ江副は、満足げに両手を広げた。

十三年の長い歳月をかけて戦ってきた裁判も、翌年春には判決が出ようとしていた。無罪を勝ち取り、それを祝うようにラ・ヴォーチェ公演第二弾を開催しようと決心した。次の公演こそ、いよいよ大作「ノルマ」に挑むのだ。

今度も作家の林に字幕担当を願い、第二回公演は動きだした。

演出は前回の公演で気心が知れたアルゼンチンの巨匠を引き続き起用した。そして主演には、いまイタリアで考えられる最高の歌手とスタッフを選定した。舞台装置、衣装デザインをイタリアに発注するころ、裁判は大詰めを迎えた。

〇三年三月四日、長く続いたリクルート裁判にようやく、「懲役三年、執行猶予五年」の判決が出た。執行猶予つきを祝うように、判決から二カ月後、江副が長年夢見てきた「ノルマ」公演の幕が上がった。

取調室の雑談時、オペラ好きと知った主任検事宗像に招待状を送った。

休憩のロビーに正装をした宗像の姿を見て、江副のなかに氷解するものがあった。

主演のふたりが火刑台に身を投げて死ぬクライマックスに、思いもよらぬことが起きた。観客たちの多くが声を殺して涙を流した。たちまちそれは新国立劇場のすみずみに波及し、会場全体が涙であふれた。いまだかつて見たことのない、舞台と会場の一体感を創出できた喜びで、江副の目にも涙がにじんだ。歌の力を信じてきてよかった。舞台が終了し楽屋に戻ると。演出家も泣いている。ふたりで抱き合い、再び泣いた。ここまでの苦労が報われた一瞬の涙は、果てることがなかった。

「素晴らしかったよ」

日本オペラ界の至宝、五十嵐喜芳が、やはり目にいっぱいの涙をため厚い手を差し出してきてくれた。

「五十嵐さん、ラ・ヴォーチェの第三公演の芸術総監督になってもらえませんか。日本人に受け入れられるオペラを私は日本人の手で残したいのです」

ふたりで〇四年八月、ドニゼッティの「ルチア」を創りあげた。コンサートパンフレットに、五十嵐はその思いをこう記した。

「思えば私がオペラに青雲の志を抱き、ローマに留学していた五〇年代は、素晴らしい歌手たちが綺羅星のごとく輩出した黄金期でした。もしあの時代に、現在のめざましい技術開発がなされていたら、どんなに良い方向性を示す指針になったことかと、返す返すも残念でなりません。これからは主としてオペラの優れた舞台を後世に伝えるための、DVD制作に協力していきたいと考えた結果です」

五十嵐が書くように、ラ・ヴォーチェの設立の目的はあくまでもハイビジョンで収録されたDVDによって、多くの人にまずオペラに興味を抱いてもらうことだった。

そのためソニーの名誉会長を務める大賀には、ラ・ヴォーチェ設立以来、全面的な支援を仰いできた。その大賀の口からはことあるたびに、ある言葉が飛び出した。

「いつか、盛田昭夫さんへの追悼を込めてレクイエムを演奏したい」

盛田は人材の採用に熱心だった。品川御殿山のソニー本社に、何度も営業に通った若き日のことを江副は思い出す。そしてリクルートの発刊する雑誌で、何度もトップインタビューに応じてもらった。江副経営哲学の根幹には、盛田の経営思想が流れていた。

大賀、江副、二人の思いが重なり、〇五年のラ・ヴォーチェ主催年末コンサートは国内外で活躍するスカラシップ卒業生を奏者の中心に据えた、大賀典雄指揮、モーツアルトの「レクイエム」になった。

そして翌年五月のラ・ヴォーチェ企画公演第四弾、「椿姫」を新国立劇場で上演した。ヴィオレッタが死ぬ前のアリア「さらば過ぎ去った日々よ」を歌うと、みんな客席で泣いていた。自分のプロデュースで、再び新たな涙を、人々から引き出せた。そのうれしさに、江副もまた涙にくれた。

〇七年七月、江副プロデュースの公演は五弾目を迎えた。演目は「ドン・キショット」だ。それは真摯な姿勢でオペラ作りに立ち向かっていく江副と五十嵐の姿を重ねた芸術家の物語にもなるだろう。江副はプログラムのあいさつに熱い思いを込めた。

「この作品は私たちに幻想的な舞台と純粋な感動を与えてくれると同時に、現代においてオペラを上演することの意味を新たに問いかけてくれるのです。この歴史的名作を上演し、ＤＶＤ

の形で後世に残すことによって、劇場のドン・キショットが挑み続ける戦いの一端を担うことができるのは、ラ・ヴォーチェにとって大きな喜びであります」

しかし、そのＤＶＤはまったく売れなかった。一公演あたり数億円の私財を投じているのである。ＤＶＤが売れないと、費用の回収はできない。赤字の総額は五十億円を超した。株式投資の負債は、それ以上に、計り知れなく膨らんでいた。

〇八年三月十八日、五年の執行猶予期間が明け、晴れて自由の身となった。結局裁判という私戦は、執行猶予はついたものの、有罪判決で敗れた。

そしてまた、日本人の目をオペラに向けさせようと果敢に挑んだ私戦も、私財の払底とともに終戦を迎えつつあった。

「日本の土壌に、オペラは根付かないのかもしれない」

そんな江副の一言で、ラ・ヴォーチェはオペラ制作を中止する。育英会はその後、クラシック奏者だけを支援することにし、オペラ部門は消えた。江副執念の三つ目の私戦でも敗戦にまみれたのである。

オペラという夢のとりでに立て籠もり、矢尽き、刀折れた江副は「ドン・キショット」公演から二年後の〇九年八月、ソプラノ、マリエッラ・デヴィーアとテノール、ジュゼッペ・フィリアノーティを招き、意地のジョイントコンサートをサントリーホールで開催する。その公演カタログの最後に、日本のオペラ界に別れを告げた。

「いつの時代も美しい歌声は心を豊かにしてくれるものです。長引く不況、不安定な政局と、何かと暗いニュースが続く昨今でありますが、そのような時こそ、音楽の持つ癒しの力が一層際立つのかもしれません。長年音楽を愛し、ときに音楽に支えられてきた私にとって、こうして上質の音楽をお届けすることができるのは大きな喜びです」

江副はこのコンサートを最後に、オペラ公演を企画することはなく、江副育英会スカラシップ楽器部門出身者の発表コンサートだけに力を入れる。

一一年四月二十三日、大賀典雄が亡くなった。享年八十一。

江副の離脱、大賀の死亡とともに、日本の大小をふくめた総オペラ上演回数は、〇六年の千二百二十四公演を最高数字として年々減少し、その年には九百三回にまで落ち込んだ。大賀を悼むように九月、江副育英会は発足四十周年のスカラシップコンサートをサントリーホールで開催、江副はその歩みをプログラムの冒頭で振り返った。

「手元の記録にあるだけで博士号を取得した人が約六十人。オペラ部門では新国立劇場で活躍する歌手のおよそ半分は江副育英会の出身ですし、オペラ部門や楽器部門で多くの人たちがCDを出しています。またクリエイティブ部門でも全国展開された映画を制作した人もいます。国の中枢機関、学術界、産業界、教育界など、さまざまな分野で奨学生が活躍しています。この四十年間にそれなりの成果をあげたと思っています」

コンサートでタクトを振っていた五十嵐が、その二週間後の九月二十三日、急性心筋梗塞で突然、逝く。享年八十三。

日本のこの土壌にオペラを広げようと、五十億円の私財を投入し、私戦に立ち上がった江副ドン・キショットは、大賀、五十嵐という二人のサンチョを同時に失った。江副は、己のオペラにかかわってくれた人たちを招いて、新宿のホテルでラ・ヴォーチェ解散パーティーを開いた。

私戦に敗れた江副の震える心のうちを表すように、スカラシップ生の奏でるフルートのオブリガードが、部屋の隅々にまでしみわたった。以後江副は、育英会主催のクラシックコンサートを年に四、五回の頻度で開催していく。それが、江副のささやかな音楽人生になった。

二〇一二年十月六日、紀尾井町ホールでスカラシップ生のコンサートを開催した。その休憩時間に、招待した宗像紀夫夫妻とロビーでばったり出くわす。江副のほうから宗像に声をかけた。

「あの事件のときは大変でしたね、お互いに」

「引き分けでしたね。あなたはなかなか折れない生木のような人だった」

「主任検事さんは怖かったですよ。でも大変な仕事でしたね」

二人は、宗像の妻のカメラにおさまった。

宗像と別れて四カ月、三つの私戦に敗れた江副は、おぼつかない足取りながらも人間として、
幸福に満ちた時間を静かに、終戦に向けて歩んだ。

第二十章　終戦

2011年7月2日、生母マス子101歳との再会。

壊れいく江副の兆候は、その筆に、最初に現れた。

二〇一一年三月十一日の東日本大震災を受け、ある出版社が「沈みゆく日本　東日本大震災・復興への江副浩正七つの提言」を緊急に企画した。江副は机に向かった。

提言内容は「政治改革」「税制改革」「教育問題」「働き方」「ライフスタイル」「震災復興」などなのだが、江副の論旨はあちらこちらに拡散し、彼らしい改革提案も、安比開発成功事例に基づく岩手復興案もない。文章のキレも悪い。ならばまずは前書きを書けば、視点も定まり論旨に一貫性が出るだろうと、編集部は江副に序文を求めた。

「はじめに

畳の上で天に召されることはだれしもが願うことであろう。しかし、なかなかそうはいかないものである。私が親しくしてきた五十嵐喜芳さんは、前夜まで楽しくお酒を呑み好物の寿司を召し上がっていて、八十三歳で神に召された。その後夫人によって一冊の本が出版された。私も畳の上でPrince Operation KeepingをもじったＰＫＯ（ピンピン元気でおさらば）を願うものである。私はどちらかといえば富裕層に属するので、このようなことを世に表すのはいささか気が引けるが八十歳にでもなればお許しを頂けるものと思う」

何とも読み手をめいらせる前書きに編集者は驚き、出版は中止になった。

しかし、編集者も育英会のスタッフも秘書や運転手も、このときすでに江副が認知症に侵され、沈みつつあるとは気付いていなかった。結果、「沈みゆく日本」は江副の未完の著となった。

震災以降、一向に復興しない経済に対して、雑誌から意見を求められると「日本は今年に入って餓死者が七万人。行方不明者が十万人」「※※電気など次々に起きている大企業倒産の連鎖を見るまでもなく」などと書くのだ。飢餓妄想の恐怖につかれたとしか思えない、起きてもいない飢餓や大企業の倒産を引き合いに出す江副に、マスコミは離れていった。

今では菅原茂世、武岡吾郎と三人で年に何度か、一緒に食事をしながらとりとめのない話をすることだけが楽しみになった。武岡とは第二森ビルの屋上の掘立小屋を、隣のビルからのぞかれて以来の長いつき合いとなった。江副が海外視察に訪れる際には、ニューヨーク暮らしが長い武岡の部屋を拠点にした。海外出張に出る社員には、ニューヨークでは武岡を訪れるよう紹介もした。リクルートの海外事業を興すときは、武岡や菅原に手伝ってもらったのだ。三人で会食するたびに、武岡が東大受験時の話を切り出した。

「江副が東大を受けると言いだしたときは、本当にみんな驚いた」

「試験が終わって泊まった宿で、武岡が解答を出していったときには、落ちたと思ったな」

江副が遠い日を懐かしむように言うのを受けて、菅原が決まって茶々を入れた。

「その武岡が不合格で江副が合格なんだろう。若い時から、江副は謙虚だったということだよ」

そして、三人で大笑いをして別れた。

そんな江副の日々に、一通の手紙が舞い込んだ。異父弟の妻からだった。

「目の見えぬ母に貴兄の『かもめが翔んだ日』の生誕の章を読み聞かせたところ、百一歳になる母がぜひ会いたいと言っております。今治にご来訪いただけないでしょうか」

自分に父が異なる弟と妹がいると知り、二人には四十年ほど前に一度あったことがある。妹はとてもきれいな人で、この人の母でもあり自分の母である人は、さぞ美人だったのだろうと鼻が高かった。お互い子供もあることでもあり、今後は会わないでおこうと約束し、二人と別れた。そのうちの異父弟はすでに亡くなり、その妻からの手紙だった。

戦時中に佐賀の赤松小学校に通う江副を、生母が突然たずねてくれた思い出は、いつまでも江副のなかに大切にしまわれていた。母はとっくに亡くなったものと思っていた。

その母マス子が生きていたとは。しかも自らの著書が縁で連絡が取れたのだ。一一年七月二日、母を訪ねた。その間、意識が薄れないことだけを江副は願った。異父妹と異父弟の妻が立ち会った。

母もまた、混沌と正気の間を生きる状態にあった。幸いこのとき百一歳のマス子は、江副浩正の母として子の前に出られる精神状態にあった。江副もまた、六十有余年ぶりの邂逅《かいこう》にふさわしい精神状態を母の前で持続した。

「会いたい」

ふたりのその想いと意思が交差し、奇跡の再会を可能にした。

「浩正かい」

足が不自由で車椅子の母は、それでも背筋を伸ばし毅然としていた。江副の前に来ると、白内障を患いほとんど見えない目で何とか江副の姿をとらえようと、両手で江副の顔をまさぐり続けた。

「浩正兄ちゃんの頭がいいのは、きっと、お母さんのせいや。江副の血筋じゃない」

利発な江副の言動に驚くたびに、いとこがなんども口にした言葉を思い出す。私はこの母から生まれ、この人から分けられた知力を武器に生きてきた。

母の指を、こぼれ出る江副の涙がぬらした。

「浩正はどこに住んでいるのです」

「東京です」

「東京か。東京じゃ遠くて行けないな」

そしてマス子は同じ質問を繰り返した。

「これを私だと思って、そばに置いてください」

江副は自書の『かもめが翔んだ日』『リクルート事件・江副浩正の真実』の二冊を差し出した。

母にだけはリクルート事件の全貌と自分の無実を知ってほしかった。マス子は受け取った本の表紙を大事そうに撫で続けた。義妹がマス子の耳元でささやいた。

「後でゆっくり読んであげるからね」

今治から帰ったころから、江副の認知症は急速に進行した。スペースデザインの決算が悪いと次々に社長を解任、ついには自ら社長に就き、落ち続ける業績にヒステリックな声をあげた。株はますます投機的になり、資産運用の意識は欠落した。破たん株にしか手を出さないのである。安比高原も今年中に倒産する、芋を植えて飢えをしのがなくてはと、芝生を剥がし芋畑の開墾を始める始末だ。迫りくる食糧危機には米の確保が大切と、江副は突然、三千万円分の米を契約し、保管場所もなく周りを困惑させた。幼少期に体験した食糧難が、強迫観念となって江副に襲いかかり、江副の混乱に拍車をかけているかのようだった。

スキーでの転倒が繰り返され、リフトで降りてくることも多くなった。自宅の廊下で転び壁に激突、壁は大きな穴があいた。町に出れば歩行中に倒れ、救急車騒ぎとなる。物忘れが激しく、コンビニでレジを通さず店を出て、店主と何度となくもめごとを起こした。

それでも、時折おとずれる「爽やか江副さん」のときには、若いスタッフを愛称で呼び、誕生日には花を贈り、相変わらずの気配りをみせる。歩行はぎこちないが、どこにでも一人で気軽に出かける、昔ながらの「江副さん」だ。秘書や、スタッフの多くの親はまだ若く、日ごろ認知症の老人を目にすることはなかった。それもあって彼らは、江副が初期の認知症に侵されていることにしばらく気付かなかった。江副に振り回され困惑しながらも、「わがまま社長」と「爽やか江副さん」に対応するしかない毎日だった。

しかし江副は、自分の最近のありさまを、十分に理解していた。意識が一瞬途切れるときがあるのだ。その間、いったい自分はなにをしているのだろう。わからぬ自分が怖い。だれにも言うことなく、その恐怖をノートにつづった。

優秀な頭脳で評判だった同級生がほうけていく姿をここ数年、何度と見てきた。あの男がこんな姿に変わるなんて。いつかそれはわが身に同じように降りかかるのか。それが怖かった。恐怖を忘れるように、食べることに没頭した。

偏食は日増しに激しくなる。戦時中の佐賀で食べた芋の味が忘れがたかったのか、ある時期は芋ばかりを食べていた。偏食は、たちまち肥満というかたちであらわれた。仕立てたスーツがあがってくるころには、もう着られなくなっているありさまだ。

さすがに秘書も不審を抱き、病院に行くことを勧めた。江副も自らの病状を知りたく、二〇一一年十月九日、東京慈恵医大の神経内科に赴いた。カルテに病状が書かれた。

「アルツハイマー型認知症、中期」

だが本人にも秘書にも、その詳細は伝えられず、治療薬アリセプトが処方された。

「昨日、慈恵の診察に行ってきました。脳の検査の結果です。加齢に伴う脳の萎縮があるということですが、担当医師はそれが病的なものだとは診断されていませんでした。ですが、脳を活性化させるお薬が処方され、今後は月に一回のペースで診察を受けることになりました」

秘書からの診断結果のメールに、周囲は一応安心する。同時に、自分に懐疑的であった江副自身もまた、医師の言を信じ「自分はほうけてはいない」と安堵した。

その年の暮れも押し迫ったころに、恒例の「メディウム会」が開かれた。かつて江副と同期で東大教養部「一年A組」に入った五十人の仲間の集まりだ。英語以外の外国語で受験した人間だけが集められた特別なクラスだった。それだけに団結が固く、卒業以来今日まで毎年、年末に延々と同窓会が続いている。事件の渦中にあったときはさすがに不参加だったが、その後はほぼ毎年この会だけには出席してきた。最近では鬼籍に入る者もあって欠席が目立ち、病気の話題が多くなった。それでも、それぞれが近況を報告するのも毎年の習わしだ。江副のそれは、いつも自分の趣味のオペラかスキーの話で手短だったが、その日はめずらしく長く語った。

「えー、私の浅はかな行為から、当時の竹下政権が倒れるという事件を引き起こしたのは、みなさんよくご存じの通りです。ここにご列席の方のなかにも、大変ご迷惑をおかけした方も、いらっしゃいます。裁判が終わり、おかげさまで執行猶予もとけましたが、おとなしくしておりますのも、深く反省の日々からです。二十年前、保有するリクルート株をすべて売却して、リクルートを辞そうとしたわけですが、そのとき、ここにいる菅原君が、『江副、それではお前が興した会社とまったく縁がなくなってしまう。ほんの少しでいいから株をもち続けろ』と言ってくれまして、私もその勧めに沿いました。おかげさまでリクルートは、私の事件にもかかわらず、跡を継いでくれた三人の社長が頑張ってくれ、私が残した多額の借金を全額返済するだけでなく、いまや売上高一兆円の会社に発展いたしました。近いうちにリクルートは上場を果たす、という話も、漏れ聞きます。その暁には、私にも少しは株の売却益が入る予定です。この先は、それを楽しみにしながら生きられると思うと、菅原君には感謝しきれない毎日を、過ごしています」

菅原の番が来て立ち上がった。

「先ほどの江副の話では、彼が起業したリクルートは、売上高一兆円の大企業に育ったそうです。私の会社も来年で起業から四十年を迎えます。ただ今年の売上高は三十億円弱でして、江副の〇・三パーセントと、足元にもおよびません」

みんながどっと笑う。笑いの渦のなか、菅原は言葉をつないだ。

「ただ、このなかで江副以外に独立して会社を立ち上げたのは、おそらく私だけではないかと思います。日本で起業をすることがどんなに難しいかの証拠でしょう。失われた十年、二十年といわれて久しいときが流れました。いまの若者のなかから第二の江副や、ささやかですが第二の菅原が出てくることが、明日の日本のためには必要な気がします」

菅原が座ると、東大卒の俊英として日本の高度成長を支えた元官僚、元企業幹部の同窓生の間からたくさんの拍手が湧き起こった。

会がお開きになり、江副が「送っていくよ」と言い、菅原は江副のタクシーに乗り込んだ。長い間、事件に触れなかった江副が自ら事件のことを同窓生の前で切り出した。こんな日は、もう少し突っ込んで聞いてもかまわないだろうと菅原は口を開いた。

「江副が株を回してくれと頼んだ連中とはあれからどうなった。僕と新倉以外の、畑崎さんや飯田さんにはあの件ですごく迷惑かけたから、江副のことを彼らがいまでも恨みに思っていないかって心配なんだ」

「いやー、君と新倉だけでなく、みんなには本当に迷惑をかけたけれど、畑崎はすぐに許してくれたよ。あのころ始めていたデジタル回線のリセール契約もずっと続けてくれたしね。飯田さんにはこっぴどく叱られて、その後は口もきいてもらえない」

「そうか、まあ、飯田さんの立場にすれば当然だろうね。年が明けたらまた昔のようにどこかへ一緒に旅をしよう」

本郷西片町に着くと、江副にそう声をかけ菅原はタクシーを降りた。後部ガラスから振り返り、菅原に向かって軽く手を振る江副の姿が、小さくなった。

菅原と別れた江副は、その足で育英会事務所に立ち寄った。頼んでおいた、安比の急斜面に果敢に挑むスキー姿の写真付き年賀状が刷り上がり、届いていた。

「新年新心
私は、人生は旅だと思っています。旅にはさまざまな人との出会いがあり、新たな発見もあります。私のモットーは、命ある限り学び、感じ、些《いささ》かでも社会のお役に立つことです。限りある人生を、精一杯生きていこうと思っています。

皆様にとって、今年がよい年でありますように」

江副は刷り上がった年賀状に宛先を書いていく。賀状を差し出す相手もずいぶん少なくなった。

一三年一月三十一日、江副は、安比高原で午前中スキーを楽しみ、新幹線の人となった。東京駅に着いた十六時二十八分、ホームで倒れた。昏睡《こんすい》が続いた一週間後の二月八日、還らぬ人となった。享年七十六。

元妻とふたりの娘、リクルートの元秘書で、のちに社長を務めた柏木斉と育英会関係者、そして菅原茂世が、最後を看取った。

菅原は江副の顔にゆっくりと指で触れる。つややかなその肌には思ったよりも弾力があり、急に菅原は涙ぐんだ。このつやを、この若さを、初めて江副と会った瞬間に自分はいとおしんだのだ。中村錦之助の弟が目の前に現れたと錯覚するくらいの美男子だった。以来ずっと続いた友情に感謝し、菅原はしばらくふたりだけの対話を楽しむ。

学生時代には、先を読める感覚をもつ男だとは、とても見えなかった。しかし起業をしビジネスを切り開く過程で、その感覚をつかみ取った。いくつもの事業を興すことで、江副のもとにたくさんの情報が集まった。その情報量の違いを背景に、だれもできない判断を瞬時にし、新たな事業をいち早く興した。すべてに一歩先を読む江副の嗅覚がリクルートを大きくした。リクルート事件。あれも結果的には、時代の先を行く江副らしい事件だったのかもしれない。江副は己の身を差し出すことで日本の経営者に、すべての法を順守してこそ世界経済戦争に参戦できるのだと教えた。そして最後の最後には、あんなに楽しみにしていたリクルートの上場も見ず死んだ。すべてに早すぎる人生だ。菅原は両手で江副の顔を抱え、肩を震わせながら小さくつぶやいた。

「お前は大したやつだったよ」

朝日新聞「天声人語」欄は、その死をこう報じた。

「得意の絶頂から谷底へ、風雲児と呼ばれた起業家の起伏の人生には、毀誉褒貶《きよほうへん》が入り交じる」

「事件は朝日新聞にとっても忘れがたい。横浜支局などの若い記者たちが、粘り強い独自取材で調べ上げて特報した。手前味噌ではあるが、調査報道の金字塔と讃《たた》えてもお叱りは受けまい」

翌々日の産経新聞に、宗像紀夫の談話があった。

「リクルート事件のときは互いに責任ある立場で対峙したので、こちらは事件をどうまとめるか、向こうはどこまで話すかを考え、緊張して戦っていた。（略）先見性のある有能な企業家だったと思うし、芸術家の育成にも熱心でもっと長生きして社会貢献を続けて欲しかった。まだ若かったのに残念」

十三年三月十六日、品川プリンスホテルで「江副浩正さんお別れの会」が千百名の参列者を集め催された。まず「江副浩正さんとリクルートの軌跡」という映像が、かつてリクルートの企業CMで使われたことのあるイーグルスの「デスペラード＝ならず者」をBGMに放映される。たしかに江副は、戦前から延々と継承され戦後も堅強に守り抜かれた日本財界にとって、素手でのし上ってくるならず者だった。起業家江副のその「荒ぶる情熱」は恐れられ、拒否もされた。しかし、いつの時代も起業家というならず者は、世の中にとってうさんくさく、何かと弾かれやすい存在なのだ。

「若者よ、恐れず立ち上がれ、飛翔せよ。そして江副浩正に続け」

そう語りかけるように、江副が愛した安比高原の前森山をかたどった花の祭壇の頭上には、遺影を追うように何百羽というかもめが翔ぶ。

ならず者が興した組織は、五十二年で百八のグループ会社、総従業員数二万三千人に育つ。そのうち二十カ国を超える海外の従業員数は二千五百人にもなる。攻めのビジネスを、国内外で展開するリクルート五代目峰岸真澄社長は、弔辞を締めくくる。

「国内ではリクルートは大企業になってしまったという声を耳にします。たしかに大きくはなりました。でも自分たちが新しい価値を創造しようとするチャレンジ精神や、個を尊重し、『自ら機会を創り出し、機会によって自らを変えよ』を、実践して世の中にインパクトを与えていこうとする企業文化は、いまもまったく変わっておりませんし、これからも私たちの手で必ず守り続けますので、安心して見守ってください。江副さんありがとうございました。そしてお疲れさまでした。どうか安らかにお眠りください」

江副が愛した楽曲を次々とリクルートスカラシップ生が歌うなか、献花が進んだ。

江副の死の翌年、一四年九月、安比高原入口に「江副浩正顕彰碑」が前森山と相対するように、リクルートコスモスの承継会社コスモスイニシアほか十法人と八十二名の個人の寄付で建てられた。碑の施工は甲南高校の後輩、竹中統一の竹中工務店が担当した。白い花崗岩《かこうがん》を六メーター積み上げる特殊な工法が採用された。江副の遺品を収めた最上部には、一年中霧が吹きだす仕掛けが施してあり、石碑には石川啄木にインスピレーションを受けたのだろう、江副がつづった詩が刻まれた。

「ふるさとの　山と海に向かひて　言うことなし　旧き友と　語る安らぎ
いくたびか　行かむとして　行かざりし　わが来しところ　同じ山と海

何事も　思ふことなく　いそがしく　暮らせし人生を　悔いることなし
安比を愛する江副浩正ここに眠る」

顕彰碑の落成式には、かつて東大新聞で三年先輩だった天野勝文が招かれ、五十八年前を思い出すようにスピーチした。

「江副君はリクルート創業者として生涯、経営トップだったので、東大新聞時代に上司だったこの天野を、『私の生涯で唯一の上司』と言ってほかの人に紹介し続けました。その上司はまったく覚えていないのですが、広告の仕事をやりたいという江副君に『それなら新聞を下から読みなさい』と言ったそうです。江副君はそれを忠実に実行し、彼の広告集稿の成績はたちまち上がりました。広告ビジネスの隠れた才能が開花するきっかけだったかもしれません」

同年十月十日、かつて一兆八千億円の借財に苦しんでいたリクルートは、時価総額一兆九千億円企業として東証一部に上場を果たした。上場における主幹事会社は野村證券だった。

追悼集が「江副浩正追悼委員会」の手で編まれ「江副さんありがとう＠ＡＴＬＡＳ」が一五年四月、刊行された。千八十九名にものぼる人々が追悼文を寄せ、それは五百ページを超える分厚い大著となった。

大学で出会って以来、その死の日まで深くつきあいとおしたふたりの同級生が、それぞれペンを執った。

一人は九七年リクルート専務として定年退職した森村稔である。その長いつきあいを短くまとめた。

「多くを教えられ、さまざまの驚嘆をもたらしてくれた江副さんは、私の人生にとって比類なき大きな存在でありました」

そしてもう一人は、ドゥ・ベストの菅原茂世だった。「親友江副浩正との五十八年」と題する追悼文の終わりをこう結んだ。

「もしリクルート事件が八八年に発生しなかったら、その三年後にバブル経済がはじけた時には、リクルートも江副自身も大変なことになっていたに違いない。だから五十八年間、最も親しく付き合ってきた友人としては、『江副、お前はリクルート事件が起きたタイミングも、最後の死んだタイミングも、本当に運が良かったよ』と言いたい」

江副浩正は東京港区の長谷寺で眠る。

次章で改めて江副の偉業をまとめ、その墓前に供したい。

第二十一章　遺産

安比高原・江副浩正顕彰碑

江副の残した功績は二つに要約できる。

一つは、情報誌を創り出したこと。

二つ目は、成長する企業の思想と仕組みを創ったことである。

この二つの功績は、江副の死後もその意義は減ずるどころか、ますます輝きを増している。

情報誌の創造

江副は、大学新聞の広告営業を通して広告は情報であることを見抜き、広告情報を集めた本を構想した。多数の広告を網羅して編集することで、ねらった対象者に利便性を提供できると考えたのである。大学生に対して就職をテーマにした「企業への招待」を出したが、その好反応を見て一気に拡大を図った。「企業への招待」とその後身の「リクルートブック」の成功を背景に、高校生に進学情報誌、住宅購入希望者に「住宅情報」、転職希望者に「就職情報」「とらばーゆ」、アルバイト希望者に「フロム・エー」、中古車購入希望者に「カーセンサー」、旅行を計画する人に「エイビーロード」「じゃらん」、結婚を控えたカップルに「ゼクシィ」とテーマを変え、対象を変え、地域を広げて情報誌を投入し、いずれも対象者から高い支持をえることに成功した。

では、なぜ江副の創り出した情報誌は、高い支持を集めることに成功したのか。

この世に情報誌がなかった時代は、企業側あるいは商品提供側が求職者、生活者よりも多くの場合、有利な位置にあった。たとえば、大学新卒採用を例にとれば、それまでの採用は企業が採用大学・学部・学科を狭く指定し（指定校制）、縁故採用が横行し、たいてい大学教授の推薦が必要とされた。学生は閉鎖的な採用制度の下での就職活動を強いられていた。そのうえ、各社の事業の状況や募集職種、給与待遇、教育研修、人事制度、福利厚生などについての詳しい情報が学生に提供されていなかった。そのために学生は、きわめて不自由な状況で乏しい情報をたよりに応募企業を選ばざるを得なかったのだ。企業側も自社の魅力を広くアピールし、優秀な人材を獲得する手段を持たなかった。このように、従来の採用と就職の仕組みは一部の大企業と学生のみにしか機能せず、大多数の企業と学生の双方にとって、不自由極まりない状況が長く続いていた。

ところが、経済の成長と採用数の増加を背景に、江副が作り出した新しい採用・就職のメディアである就職情報誌が、こうした状況を一挙に変えていく。「企業への招待」とその後身の「リクルートブック」の出現は、指定校制、縁故採用、教授推薦を形骸化に向かわせ、開かれた採用をもたらした。その結果、企業は就職情報誌の活用によって広範な学生に情報提供し、多数の応募者を集めることが可能になった。一方、学生は多くの企業の詳しい企業情報と就職情報を入手し、業務内容や採用条件などを比較検討することで自分にふさわしい企業を選ぶことができるよう変わった。採用人数が増えるにしたがって企業間における優秀な人材採用への競争は激化し、給与待遇や教育制度などの改善が進んだのも就職情報誌の功績と言えるだろう。加えて、江副が開発した能力テスト、性格テストがそれまでの閉じられた選考方法に代わって、公平で科学的な人物本位の採用選考を促進する役割を果たした。

生活情報誌においても同様であった。住宅、車、結婚式場、海外・国内旅行などの高額商品市場はこれまで閉鎖的であったために、消費者は限られた狭い候補物件の中から乏しい情報をもとに選択をしなければならなかった。多くの候補のなかから選ぼうとすれば、多大の時間とエネルギーを要した。企業側は消費者に広く告知しようにも、効率が悪く、効果測定ができない広告メディアしか利用できなかった。ところが、企業と消費者を結ぶ情報誌はこれらの問題を一挙に解決し、両者の間の効率的なコミュニケーションを実現した。

もう一つの情報誌の果たした役割は、企業側に真摯な競争を促進したことである。同一誌面に価格、品質、サービスについての各社・各商品の情報が並んで掲載されることで、読者は、自分の希望に応じて、多くの選択肢から自由な選択が可能になった。同時に企業側は、情報誌の誌面上で他社と比べられることで品質、価格、サービスの競争を迫られることになる。各社の対応は、商品の値下げや、品質・サービスの向上となり、やがて消費者にとってメリットとして還ってくる。情報誌が促進した競争は消費を刺激し、市場の拡大と経済の活性化をもたらす。情報誌がネットにとって代わられても、江副が創出した、その本質と提供するメリットは変わらない。江副は、八〇年代初頭からすでにネット社会の到来を予測し、準備を開始していたからだ。

同時に、情報誌はリクルートに高い利益をもたらした。従来の広告媒体の取り扱いなら代理店の収益は、広告掲載料の何パーセントと定められ、薄利を余儀なくされる。ところが情報誌の収益モデルは、売上高が固定費を超えれば、上回った売り上げはほとんどが粗利となり高い利益率を確保できる。結果、リクルートの経年の営業利益率が十パーセントを割ることはほとんどなかった。利益率が高ければ、社員の給与を高く設定でき、優秀な人材を確保しやすくなり、その結果社員の労働意欲もつねに高く維持できる。高収益の情報誌によってリクルートの経営にとって、望ましい成長サイクルが形成された。

江副は創業の早い時期から、リクルートは情報サービス業であると認識していた。そして、読者本位の情報誌の発行を主眼とし、編集方針をただ一つだけ定めた。

「情報の送り手ではなく、情報の受け手である読者の意見を大切にした、本創り。わが社には顧客が二人いる。広告主と読者である。どちらか一方を選ばなければならぬときがある。その場合は、後者を選ぶ。第一の顧客は、学生であり読者である。したがって、読者にとって好ま

しくない企業との取引は、たとえ商道徳に反すると批判されたとしても行わないことにしている」（創業二十周年記念誌）

読者にとって有益で使いやすい情報誌にするために、江副は多大なエネルギーを注いだ。たとえば、掲載が望ましくない企業の排除。情報誌ごとに掲載審査基準を定め、基準から外れる企業の掲載は禁止した。多大な広告収入が期待できる見込み客が現われても、基準に満たない企業は掲載を断った。誌面に載せるべき情報項目は詳細に規定した。読者の知りたい情報を網羅し、読者が比較検討しやすくするためだ。読者の「もっと知りたい」との欲求を満たすためにフィードバック機能を付けた。問い合わせはがきや資料請求はがきの戻り枚数が広告効果の指標となり、企業と読者の双方向のコミュニケーションを促進した。読者がめざす情報に容易にたどり着けるように検索機能を充実した。制作工程、印刷工程を絶えず見直し、短縮をはかることで、鮮度の高い情報を読者に一刻も速く届けようとした。各情報誌が読者のニーズに応えているかを定期的に測定し、誌面のリニューアルを不断に実施していった。読者本位の編集と精力的な広告営業による掲載社数の最大化で読者の満足度は上がり、リクルートの情報誌は独走を続けた。就職、進学、住宅、中古車、旅行、ブライダルなどなど。どの分野でも競合誌が出現してきたがリクルートの優位を崩すことはできなかった。

こうした読者本位の情報誌づくりで蓄えられた編集力と技術力が、紙からネットへの転換を容易にした。読者にとって役立つならば、その媒体は情報誌でなくてもいい。むしろ、情報誌よりもネットのほうが、制作における情報処理が容易であり、読者にとって使い易い、新しい情報を提供できる。かねてそう認識していたリクルートは、ネットの普及状況をにらみながら、情報誌からネットへの転換を、順次進め、その流れを加速させた。

一九六二年、米国留学中の芝祐順から届けられた「キャリア」誌をひと目見て江副の頭に「これだ」とひらめいて生まれた、創業の商品「企業への招待」から五十五年。情報誌モデルはいまもリクルートの二兆円に迫る売上高の多くを稼ぎ出すとともに、日本の社会の生活情報インフラとして欠かせない役割を果たす。いやむしろ、江副の唱えた読者本位の思想は、メディアが紙からネットに変わることで紙の制約が取り去られ、さらに大きく開花したと言える。

成長する企業の思想と仕組み

江副のもう一つの功績は、経営者が変わっても発展し続ける企業を創ったことだ。偉大な創業者が退いた後も発展を続ける企業は意外に多くない。江副が尊敬してやまなかった中内㓛のダイエー、ライバルと見なしていた堤清二のセゾングループは創業者を失った後、間もなく姿を消した。「会社の寿命三十年説」に従えば、創業者から次の世代への継承にこそ困難がともなう。

しかし、リクルートは江副を失っても、相次いで襲った二つの経営危機、つまり企業イメージの失墜と巨額負債、を脱し生き残った。ダイエー傘下に入ってもわずか八年で独立を回復し、巨額の有利子負債を完済し、見事に再生を果たした。しかも、この間に情報誌からネットへの転換という事業の構造変革を同時に実現している。江副が採用し育てた人材である後継社長の位田尚隆、河野栄子、柏木斉が、優れたリーダーシップを発揮したことが大きいが、それに応えた社員の力こそ無視できない。

しかし、創業者なき後のリクルートの再生と成長の理由は個人の資質ではなく、リクルート経営の思想と仕組みに求めるべきだろう。江副は成長の思想と仕組みをリクルートの根幹に植えつけ、社員に浸透させて去った。その思想の中身は極めて単純だ。

「優秀な人材を採用し、その能力を全開させること」

創業四年目に新卒採用を開始した。初任給を他社の五割増しに決め、「学歴、男女、国籍、差別なし」と大学、高校に求人票を送ったら二千名の応募があったという。

自社で開発した能力テストと適性テストを使って選考をした。自社の採用のために能力、適性テストを開発した例は稀であろう。働く意欲と能力の高い人材が採用できた。

六八年には、中途採用のために日本で最初の全面求人広告を日経新聞に出稿した。八百万円かけて一名しか採用できなかった。結果、その年の利益が減少したが、江副は後悔しなかった。それからも江副は「われわれよりも優秀な人材を採る」と終始言い続け、採用には可能な限りの費用と手間をかける。「社員全員リクルーター」と言って、江副自らが多大な時間を採用活動に割き、社員にも同じことを命じた。年間の採用費が数十億円にのぼった年は珍しくない。結果、リクルートの企業規模では考えられないような優秀人材を、人気企業と争って、早くから獲得し続けた。

そうして採った人材を、江副は鍛えに鍛えた。どんどん仕事を与え、結果を出させ、短時間で力をつけさせた。若い会社で先例も実績もないものだから、社員に自由にやらせた。新人に手をとって教える人もいなければ、そんな技法も時間もなかったのが実情だ。だから失敗しても咎めなかった。ただ、社員には全力であたることだけを求めた。目標はつねに高く設定された。目標を達成する、あるいは成果を上げるのは当然で、そのスピードを競った。創業から数年経つと、そうした職場のあり方が、風土となって定着してきた。

ならば、個人だけでなく組織も能力全開でなければならない。生き生きとして風通しのよい、行動力のある組織づくりをめざした。それを「組織の活性化」と呼んで促進した。個人の輝きが組織の成果をさらに大きくする。職場には目標達成者を祝する垂れ幕が下がり、社内放送が流れる。会社見学に訪れた他社の幹部社員が「おたくは毎日が運動会ですね」と言った逸話が残る。上から強制されて言われたまま動くのではなく、自分で目標を定め、自分のやりかたで達成することが奨励された。そして、そのための制度や施策が次々に開発されていった。

自己申告制度、ステップ休暇、海外遊学制度、社内懸賞論文、ファーム研修、組織活性化研修、イノベーション・コンテスト、社内公募、各種の社内報発行、プロフィット制度、インセンティブ制度などなど。個人が輝き、伸び伸びと力を発揮する。この思想をすべての職場と社員に浸透させることを江副はめざした。それがリクルートの成長の源泉だと信じて。江副が師と仰ぐドラッカーもまた言う。

「凡人に非凡なことをさせるのが組織の目的である」

ならば、優秀な人材がその能力をフルに発揮すれば、かなりのことができる。では、社員全員をそう仕向けるにはどうすればいいか。組織のために働くのではなく、自分のために働く。これが個人を成長させる近道だ。そして、成長し続ける個人が集まる組織は強い。それなら、そのための制約は少ないほうがいい。社員が可能なかぎり自由に働ける制度と風土づくりをめざした。

江副のこの信念は、江副以後もリクルートの経営の基本的な命題であり続けた。その力がリクルートの再生と成長を導き、東証一部上場へと押し上げたと言える。

同時に江副は意識して組織の若返りを図り続けた。社員持株会への加入を意図的に進め、「社員皆経営主義」を貫くと同時に、起業精神を育てた。三十五歳定年特別制度など、一般企業では考えられない、早期退職制度を早くから設け、「卒業」と称して、社員の自立を促し、退職の日には、割増退職金と社員持株会の株式の売却で、起業資金の確保を助けた。

結果、多くの卒業生がリクルートを孵化器にして、この五十年、日本の隅々に、いや世界の果てまでも巣立っていった。さまざまな仕事の場で柔軟な思考の人間に出会い、聞いてみると、リクルート卒業生であることがめずらしくない。初対面の名刺交換の場で、同じリクルート卒であることを確認すると、瞬く間に仕事がスムーズに進むことは日常茶飯事だ。

江副が関わったリクルート時代に、そしてそこを離れた三十年後にも、延々として引き継がれたリクルートイズムを伝承し、進化し、拡散させたリクルート卒業生が今日も日本の新しいビジネスを推し進める。

リクルート出身の経営者の多くは、自らが学んだリクルートイズムをその経営でまた実践する。従業員四千人を抱える不動産管理会社・株式会社ザイマックスの代表取締役島田雅文は語る。

「経営手法は、江副さんのやりかたをまねしています。社員を大切にして、社員にこの会社を好きになってもらう。会社が好きで仲間といっしょに働きたい。その気持ちの総量を大きくしないといけない、といつも思っています」

「そのために社内報に力を入れています。情報共有を社内で徹底したい。毎朝、パソコンを開くと最新の情報が全社員に届くようにしています」

「リクルートのファーム研修もまねています。いま山梨にザイマックス・ビレッジと呼ぶ農場があるのですが、毎回全国から社員が二十〜三十名集まって、農耕作業を体験しています。夜はみんなで飲み明かすのですよ。一体感が高まりますね」

教育研修を事業とする株式会社リンクアンドモチベーションの代表取締役会長小笹芳央もまた同じだ。彼は内定者の時に社内でアルバイトとして働いていて、この会社は心理学を応用している、と気づき、リクルートのモチベーション管理に注目し、それを学び、我が物にして、やがて独立起業した。

「リクルートは、個を活かす経営だったと思います。リクルートに十四年間いて、個人の持つエネルギーを最大限に開放するような組織作りが必要なのだと学びました。人を奮い立たせる仕掛けですね。日本の企業は、従来の組織優先の考え方から、個を活かす経営へ変わらないといけない。それで、社員のモチベーションを活かすような事業をしたい。それが私の起業の思いです。当社の扱うサービスはモチベーションで括れる領域に集中しています。そして、江副さんを反面教師にして、それ以外の分野には手を出さない。不動産も株もやらないと決めています」

島田雅文、小笹芳央だけでなく、江副から学んだやり方を踏襲して、事業を展開する経営者が日本に多数存在する。彼らの多くはいまも、自らの信条をかつてのリクルートの社訓であった、このフレーズで表現する。

「自ら機会を創り出し、機会によって自らを変えよ」

江副が生みだし蒔いた種は広がり、芽を出し、根を張って新たな花を咲かせようとしている。このフレーズに象徴される、江副がリクルートの創業期に確立した思想と経営の仕組みは、リクルート出身者を通して業界を越えて伝播していく。

創業期に組織力では勝負ができないリクルートは、個人の力をフルに発揮させることで活路を開こうとした。当時は、リクルート固有の方法と思われた手法が、いまやすべての企業にあてはまる普遍的かつ合理的な経営手法であると認められつつあるのだ。

あとがき

あとがき一　　土屋洋

二〇一二年一月、東京駅中央コンコース。ここでお見かけしたのが最後になった。雑踏の中をスーツ姿で紙袋を下げて歩く男性の後ろ姿は、まぎれもなく江副さんだった。挨拶しようと声を出しかけ、思わずそれを飲み込んだ。足元はよろよろと頼りなく、後ろ姿があまりに弱々しい。孤独が背中に張り付いているかのようだった。その変わり果てた姿を目の当たりにして、その場に私は立ちつくしてしまったのである。

リクルートに新卒で入社した私は、気が付いたら定年を迎えていた。途中、別の道に歩み出す機会は何度もあったが、結局リクルートにとどまることを選んだ。その選択に悔いはない。いまここにある私は、これまでに出会った人と出来事の総和である。出会ったすべての人に感謝したい。だが、その中にあって、私にひときわ大きな影響を与えた人物は、江副浩正にほかならない。私の企業人としての人生は江副さんに導かれ、教えられ、励まされた日々であった。仕事で行き詰まったときには、「江副さんなら、どう考えるだろう」と思案することがしばしばだった。

江副さんを見送ったあの冬の日から一年ののちに、同じ東京駅の構内で江副さんは倒れた。その偶然を知って、私はぼうぜんとした。あのとき、私は江副さんに声をかけて、感謝の言葉を口にすべきであった。それを後で幾度も悔いたのだが、過ぎ去った時刻が戻ることはない。江副さんから受けた恩義に、私はどのように報いればいいのだろうか。思案の末にたどり着いたのが江副浩正伝の執筆であった。

多くの人達が、江副浩正と聞けばリクルート事件を真っ先に思い出すことだろう。ひょっとしたら、それしか思い出せないかもしれない。それは残念なことだと私は思う。リクルート事件によって江副浩正の実像が見えにくくなっている。そのリクルート事件も三十年が経って、歴史のなかに埋もれつつあり、江副さんが日本の経済社会に果たした功績は忘れ去られようとしている。その功績を整理し、再評価して、後世に残したい。江副浩正という稀代の起業家がいかにして創られたかを、関係者が存命のうちに明らかにしておきたい。それによって恩義に報いたい。

日本が戦後のまだ貧しかった時代に、学生でありながら、無一文から、たった一人で、大企業への就職を蹴って、先の見えない事業を始めた男がいた。彼が作った一冊の本が、後の情報誌の原点となって、就職、進学、住宅、旅行、自動車、結婚、等々の情報インフラとして機能し、やがてネット社会にいっそう花開いた。

本書では、江副浩正の変容の過程を、順を追って描いていく。おそらく、江副さんは一つの事業に取り掛かるごとに、自らを変えて、成長していったのだろう。それは、ちょうどピカソが女性を変えるたびに画風を変え一時代を成したように、一つの事業を立ち上げるたびに、逆境に追い込まれるたびに、自らをバージョンアップしていったのだろう。

自ら機会を創り出し、機会によって自らを変えよ。

リクルート創業期に自らが作り出したこのフレーズを、生涯にわたって実践して見せたのが江副浩正、その人であった。それを、今ごろになって私は理解した。

起業家江副浩正はいかにして作られたのか。執筆にあたっての私と共著者馬場マコトの最大の関心ごとであった。江副浩正の行動の後を追うだけでなく、彼のエネルギーの根源や原体験を知りたい、江副浩正の核の部分を知りたいと願った。最後までその部分にこだわり、取材した方々の協力を得て、かなりは解明できたと思う。

記憶のなかの江副さんはいつもにこやかに笑っている。私の入社の面接試験で見せたはにかんだ表情。社員の一人ひとりに気をつかう慈父の顔。「よくやったね」と破顔で握手してくれた江副さん。不意の電話で異動を命じられたが、声に優しさがあった。それがある時から、強引で、冷酷な、過信に陥った独裁者の顔を見せるようになった。合議で決まった結論を独断でひっくり返す振る舞いを耳にした。そんなころにリクルート事件が起こり、バブル崩壊後の九二年、ダイエーへの株売却で江副さんはリクルートに別れを告げた。その時から江副さんは、私の視界から消えてしまった。

多くの証言を聞き、膨大な資料や、江副さんが遺した手紙やメモを読み、江副浩正の像がゆっくり立ち上がった。私が知るのとは違う江副さんの顔が浮かび上がったのである。その顔は時代とともに変わっていった。当然ながら負の部分も、暗い部分もある。陽の当たる輝かしい部分だけではなかったのだ。当初から「江副礼賛本にはするまい」と決めていた。人に迷惑の掛からない限り、ありのままを本書に書いた。しかし、どれだけ江副さんの負の部分を知っても、私の江副さんへの敬意と感謝はいささかも揺るがなかった。そのことが無性にうれしい。

生涯にわたって、事業を興し続けた男、未来を先取りし、時代の先頭を走った男、どのような場面でも人材を発掘し、育てることを優先した男、全身をかけて時代に対峙した男。起業家江副浩正の実像を知って欲しくて、私たちは書いた。若い人は、江副浩正の思考と軌跡を知って、刺激を受けて、野心を燃やして欲しい。同時に、江副が犯した過誤からも学んで、同じ轍を踏まないでもらいたいと願っている。いまの閉塞感ただよう日本には、社会を変えようと挑む起業家、すなわち第二、第三の江副浩正が何人も必要なのだ。

最後に。七〇年リクルート同期入社の畏友・馬場マコトとの共著で江副浩正伝を世に出せることが、私はことのほかうれしい。長年の友情を誇りに思う。

本書を故江副浩正氏に捧げる。

あとがき二　　馬場マコト

一九六九年初夏。私の下宿先に一冊の入社案内が送られてきた。聞いたこともないカタカナの会社名が記されていた。すでに就職が決まっていた私は、開封もせず、捨て去ろうとゴミ箱に手を伸ばした。そのとき、社名の上のメッセージが気になった。

「私たちと一緒に仕事をしませんか。これから創りあげていく会社です。企業と人を結ぶ情報処理の専門会社をめざして」

封を開けた。会社の事業内容は、いっこうにわからない。が、そこには不思議な熱気が溢れていた。会社のことではなく、そこに働く個人の思いや、悩みが書かれていた。

「この会社には、『なにか』があるかもしれない」

慎太郎刈りにした社長の顔写真は若く、私の心をつかんだ。私は面接試験にでかけた。

「君、なんでこんなに優の数が多いの」

慎太郎刈りがしきりに感心顔で聞いてきた。

「大学闘争のおかげで、試験といえば、論文提出ばかりだったからだと思います」

「へぇ論文が得意なんだ。こりゃいいや。僕なんか原稿書くのが一番苦手なんだ」

私はその柔らかい磁力に引きつけられた。すかさず慎太郎刈りが言う。

「で、いつから来られる。僕らと一緒に働こうよ」

「明日からでも来たいと思います」

会社の名前を日本リクルートセンター、慎太郎刈りの社長の名を江副浩正といった。

入社案内に記された以上の熱気が渦巻く社内は、日々やけどしそうに熱かった。

私はなにを書いてもいいという内定者報に「柔らかい磁石、伝播する熱狂について」という、新しいヒーローのあり方を、断片的に書いた。

強い磁力で人を引きつけたそれまでの人気者に対し、いつの間にか人の心根の奥深くに忍び込む、ジョン・F・ケネディやザ・ビートルズなど新しいヒーローたちの、柔らかい磁力が及ぼす長い影響力について述べたものだった。それは江副さんという人の存在を十分に意識して書いた、ヒーロー論でもあった。

働きだしてしばらくしてから、階段でばったり、江副さんとすれ違った。

「君、あのヒーロー論面白いね」

まさか内定者が適当に書き飛ばす原稿を、忙しい江副さんが読んでいるはずがないと思っていたから驚く。同時に、私をしっかり見ている事実は、私の心をわしづかみにする。

「君、コピーライターになるといい。来春からはコピーを書いてもらうから、いいね」

七〇年四月、創立十周年を迎えた日本リクルートセンターに、同期生百人とともに入社。江副さんの直感に導かれるようにして、私は、企画制作の道に入り込んだ。

そして次の日から、狂ったように入社案内の原稿を書き始めた。取材と百枚を超える長文を書く日々で、あっという間に二年間が過ぎた。私が書いた入社案内で、人生を決めてしまう人たちがいることに、言いしれぬ恐怖と不安を抱くようになっていた。私は商品広告の世界に移ることにした。

「僕は辞めていくみんなにその理由を聞くことにしているんだ。そこには、会社をよくするヒントがあるからね。で、どうして辞めるの。正直な気持ちを聞かせてほしいな」

「百円の商品広告ならそれがおいしくない場合、百円の被害で留められます。でも、求人広告は人の人生を触ってしまう。同じ詐欺罪なら軽いほうを選ぼうと決めました」

「たしかに僕らの作る広告は、その会社の働く理想像かもしれない。だけど広告を出した以上、その理想に近づこうと各社がしたら、社会はもっとよくなると思うんだ。情報を提供することはだれでもできる。でも、企業を育てることは、だれにでもできるわけじゃない。学生と企業の間にたつ以上、そこまでしたいと思い、今日までやってきたが、君に辞められるということは、まだまだ力不足ということだね」

江副さんは、立ち上がり際に、つけくわえた。

「今のうちはとても広告を出すような会社じゃないけれど、いつかは広告活動をしてみたいと思っている。そのときは君にも頼むから、それまで力をつけておいてください」

ギフトボックスと封筒を手渡された。家に帰りリボンを解くと、モンブランの万年筆とボールペンのセットが現われた。封筒には三十万円の現金が入っていた。給与三万円の若造が、わずか二年勤めた退職金としては、多すぎる金額にとまどった。

リクルートを辞して十年余、私は外資系広告代理店から、とある国内広告代理店に移籍。電電公社の民営化のキャンペーン担当になった。

ＮＴＴが民営化し、次々に企業ＣＭを作っているころ、営業推進部の見知らぬ男が制作局に入ってきて、私を探した。手を挙げると、横に来て座った。

リクルートが企業ＣＭを初めて全国展開することになり、四社競合コンペを催す。それまで取引のない私が属する広告代理店も、競合に招かれた。ただし条件があった。

「企画者として、あんたをご指名だ」

江副さんは、私の転職先を探り出し、退社の日の約束を守った。震えた。

競合企画説明会では、明確で刺激的な企画指示が二点あった。一つはリクルートの新たな企業スローガン「情報は人間を熱くする」を具現化すること。二点目は、その情報とは、加工することのない編集技術と端的に理解できること、という指示だった。

この十年、作りすぎる映像に飽きていた私は、企画説明書の余白に走り書きする。

「ノンフィクション・コマーシャル」

私はケネディの遊説シーンと、人々が吸い寄せられるように、握手の手を差し伸べる映像を中心に、その演説シーンに聞き入る人々の表情を、次々に挿入したＪＦＫ篇を企画、編集し、江副さんを思いながらコピーを書いた。

「その人には磁力があるのかもしれない。
そこに存在するだけで　人々は引かれ酔う
その人は柔らかい磁石なのだ。
引きつける力　切り開くエネルギー。
いつの時代も情報が人間を熱くしてきたと思う。
人と人の間にネットワーキング、リクルート」

ＢＧＭになにがいいか悩んだ。戦前から連綿と継承され、戦後も堅強に守り抜かれた日本の経済界にとって、江副さんはならず者に見えただろう。私はイーグルスの「デスペラード＝ならず者」を選曲して、企画説明会に臨んだ。そしてそのＪＦＫ篇が採用され制作に入った。

編集の最終段階で、このキャンペーンの責任者、亀倉雄策さんがスタジオに現われた。七十一歳になる現役制作者に、私は敬意をこめて話しかけた。

「実は私もＮＴＴの民営化キャンペーンに、ここ二年近く携わってきました。もっとも先生とのＮＴＴのロゴマーク、ダイナミックループの競合には完敗しましたが」

亀倉さんは、同じ得意先を担当する偶然に驚きながら、タイトルロールに細かい手を入れた。そして、私の企画したノンフィクション・コマーシャルはようやく完成した。

その企業ＣＭが放映されて一週間後。朝日新聞を開いて驚いた。未公開株にからむ江副さんへの疑惑が書かれていた。報道の底流にあるもののすべては、私に手渡されたモンブランのセットと三十万円の入った封筒と同じだ。それは江副さんの、贈り相手に対する、昔からの不器用な思いの表現のすべてだ。事件性はないと、私は信じた。

しかし疑惑は政財界、なかでもＮＴＴを巻き込んで肥大化していった。

私の企画制作したリクルートの企業ＣＭは、すぐに放映中止になった。

ＮＴＴではリクルートスキャンダルに巻き込まれた汚名を雪《そそ》ぐように、新たな企業広告の六社競合があった。折しもその年は電話開設百年にあたった。私は「伝統」「保安」「デジタル」の三部構成からなる「電話百年」企画を提案し、それが採用された。

三部構成の企業ＣＭのそれぞれの最後に、亀倉さんの青い「ダイナミックループ」が回転し収束する、ロゴマークを入れた。

ＮＴＴの企業ＣＭの放映と同時に、今度はリクルートの「Ｂ-ｉｎｇ」の競合企画が始まる。

連日の報道にもかかわらず、情報誌の広告出稿にはいっこうの衰えがないという。

「リクルート自身がこのスキャンダルをバネに飛び出すのだ」

そんな願いを込めて、私はカール・ルイス、マット・ビヨンディーなど陸上、水泳選手のスタート寸前の緊張の表情と、スタートの瞬間を描くノンフィクション・コマーシャルを編集し、江副さんの再起を願いながら、コピーを添えた。

「チャレンジすることは、自分を信じることだと思う。可能性にかけることだと思う。チャンスをつかむ転職情報誌、B-ing」

しかし江副さんは逮捕され、リクルートを去った。

NTTの企業CM三部作は、その年のコマーシャル業界の賞を、私にたくさんもたらしてくれた。同時に、リクルートの企業広告で学んだノンフィクション・コマーシャルは、私の一つの代表的な企画手法となった。私はその手法で国内外の広告賞を、その後数多く取り、私自身の貴重なキャリアとなった。

一週間しか放映されなかった企業CMは、その後も、次の言葉を添えられて、毎年リクルートの入社式で、長く流し続けられたと聞く。

「これがわれわれの考える情報の原点です」

広告企画者はリールと呼ばれる、営業を目的とした、自分の代表作を集めたコマーシャル作品集をだれもがもつ。九九年、私は広告代理店を辞し、リクルートＪＦＫ篇から始まるリールを携えて、広告企画会社を興した。江副さんの直感に導かれるようにして就いた企画制作の仕事も、まもなく五十年目を迎えようとしている。

江副さんが種を蒔き、苗を育て、大樹にしたリクルートイズムは、枝を伸ばし、種を飛ばし、さまざまな大地で根を張り、また種を飛ばした。

この江副浩正伝も、その小さな種の一つになれば、幸いである。

この閉塞感ただよう「沈みゆく日本」は、社会を変えようとする第二、第三の江副浩正を、いま何人も必要としている。

いでよ、新たなる江副浩正。江副さんの犯した轍を踏まずに、この困難な時代を、リクルートイズムで生き延びるのだ。

執筆にあたり、たくさんの方々の取材協力、資料提供があって、この江副浩正伝は、初めて成立しました。

江副敬子《たかね》氏ならびに、青野史寛、甘粕潔、石田典義、石原修、上野陽一、大迫修三、岡本翔平、小川朝子、小笹芳央、小野塚満郎、木村真理、黒田達也、小早川勝登、坂本健、佐々木覚美、佐々木文裕、佐野利加、重田里志、島田雅文、清水園江、代田耕一、菅原茂世、鈴木正英、

高橋厚人、武岡吾郎、竹原啓二、田中克郎、田辺敏彦、玉越賢治、東田健一、中尾隆一郎、並木徹、橋本朋子、花田幸弘、平田朗子、廣田光次、松岡治彦、水谷文彦、宗像紀夫、柳本信一、山本徹、山本美江、渡邉嘉子の各氏と、匿名での取材に応じていただいた、大勢の方々に心より御礼申し上げます。

裁判時の上申書の公開に同意いただいた、板垣和敏、大前研一、孫正義、日引俊の各氏に、厚く御礼申し上げます。

また過去のリクルート社内報、映像ＤＶＤ、図版、写真など資料提供をいただいた、朝日新聞社、小野塚満郎氏、共同通信社、甲南学園、Takane.E.Office、東京大学情報公開室、東京大学新聞社、宗像紀夫氏、リクルートホールディングスに御礼申し上げます。

今回もまた『朱の記憶 亀倉雄策伝』に引き続き、日経ＢＰ社の仲森智博氏に、編集のお手を煩わせました。ともするとリクルート事件に行きがちの筆者の目を、的確な指示とアドバイスで、江副浩正伝に導いていただきました。また一目見て「唯一の正伝」観の趣きさえ醸し出す、風格あふれる堂々の装丁を創出いただいた奥村靫正氏に御礼申し上げます。

江副浩正生誕八十年、リクルート事件勃発三十周年の今年。薫陶を受けた江副さんの功績と足跡を、七〇年日本リクルートセンター同期入社の土屋洋と残したいとの願いから、本著は著された。

ふたりで江副さんの遺した数多くの原稿、手紙やメモを読み、社内報をめくり、往時の出版物に目を通し、数多くの方々のもとを訪れた結果が、本著である。物語としての読みやすさを優先し、本文中の細目の注釈は省いているが、すべては「事実」で構成されている。だが捨てた「事実」も多々ある。別の視点から「捨てられた事実」をつづれば、おのずとまた異相の江副浩正像が浮かび上がるであろうことをお断りして、筆を擱《お》く。

なお、共書ではあるが、書かれた内容に対し、負うべき責任のすべては、馬場マコトにある。

参考文献

「ＡＥＲＡ」　１９８８年7月23日号「リクルートスキャンダル　江副前会長沈黙を破る」　朝日新聞社　１９８８
朝日ジャーナル編　『リクルートゲートの核心』　すずさわ書店　１９８９
朝日ジャーナル編　『続・リクルートゲートの核心』　すずさわ書店　１９８９
朝日新聞経済部　『五〇〇兆円の奢り　素顔の兜町』　朝日新聞社　１９８９
朝日新聞社会部　『ドキュメント リクルート報道』　朝日新聞社　１９８９
朝日新聞政治部　『竹下政権の崩壊　リクルート事件と政治改革』　朝日新聞社　１９８９
朝日新聞横浜支局　『追跡リクルート疑惑』　朝日新聞社　１９８８
天野勝文　リクルートが生まれた場所　東大新聞オンライン　http://www.todaishimbun.org/amano1102/
「ＷｉＬＬ」　１９８３年9月号「特集　ニューメディア燃ゆ」　ウイック出版　１９８３
「ＷｉＬＬ」　１９８８年9月号「リクルート位田尚隆社長『苦衷』を語る」　ウイック出版　１９８８
江副浩正　『かもめが翔んだ日』　朝日新聞社　２００３
江副浩正　『リクルートのＤＮＡ　起業家精神とは何か』　角川書店　２００７
江副浩正　『不動産は値下がりする！「見極める目」が求められる時代』　中央公論新社　２００７
江副浩正　『リクルート事件・江副浩正の真実』　中央公論新社　２００９
江副浩正他　『取り調べの「全面可視化」をめざして　リクルート事件元被告・弁護団の提言』　中央公論新社　２００９
江副浩正編　『亀倉雄策追悼集』　私家版　１９９８
江副浩正追悼委員会　『江副さんありがとう@ＡＴＬＡＳ』　江副浩正追悼委員会　２０１５
旺文社編　『全国主要大学入試問題正解　昭和30年度』　旺文社　１９５５
大沢武志　『心理学的経営　個をあるがままに生かす』　ＰＨＰ研究所　１９９３
大沢武志　『経営者の条件』　岩波書店　２００４
大下英治　『リクルートの深層』　イースト・プレス　１９８９
「家庭科学」　１９８４年12月号「式場英　ニューメディアの開花が人間と家庭生活をどう変えるか」　日本女子社会教育会　１９８４
「ＣＲＥＡＴＩＯＮ」　21号「亀倉雄策追悼特別号」　リクルート　１９９８
クリエイションギャラリーＧ８　「亀倉雄策没後十年記念展ＩＮ安比　知られざる亀倉雄策晩年の大作」　亀倉雄策没後10周年展委員会　２００７
「月刊かもめ」　創業10周年記念誌復刻版「リクルートと私」　リクルート　１９７７
「月刊かもめ」　創業15周年記念誌「明日にはばたく」　リクルート　１９７５
「月刊かもめ」　創業20周年記念誌「明日へはばたく」　リクルート　１９８０
「月刊かもめ」　創業25周年記念誌「リクルート25ｔｈ」　リクルート　１９８５

「月刊かもめ」 創業45周年記念誌「ルート」 リクルート 2005
「月刊かもめ」 創業50周年記念誌「時代と、人と、情報。」 リクルート 2010
「月刊かもめ」「リクルートコスモス株式譲渡問題特別号」 リクルート 1988
「月刊かもめ」「ダイエーの資本参加特別号」 リクルート 1992
「月刊かもめ」「江副さん追悼特別編集号」 リクルート 2013
「現代の眼」 1982年5月号「公文俊平・牛尾治朗・江副浩正 追跡・税制改革」 現代の眼 1982
甲南学園編 甲南高等学校第五回卒業アルバム 甲南学園 1955
甲南学園編『平生釟三郎』 甲南学園 2016
故江副良之先生を偲ぶ会編『不逆不流 江副良之先生の思い出』 故江副良之先生を偲ぶ会 1982
児玉博『幻想曲 孫正義とソフトバンクの過去・今・未来』 日経BP社 2005
小沼啓二『森ビル・森トラスト 連戦連勝の経営』 東洋経済新報社 2002
「財界」 1988年4月5日号「情報産業から農場経営まで手がけるリクルートの発想」 財界研究所 1988
佐野眞一『あぶく銭師たちよ!』 筑摩書房 1999
佐野眞一『完本カリスマ 中内㓛とダイエーの「戦後」』上・下 筑摩書房 2009
式場英『情報ネットワークが会社を変える』 有斐閣 1988
下田博次『電電公社総裁室』 日本経済新聞社 1984
下田博次『リクルート新集団主義の研究』 毎日新聞社 1989
「週刊朝日」 2007年6月15日号「マリコのゲストコレクション 江副浩正リクルート創業者」 朝日新聞社 2007
「週刊エコノミスト」 2014年10月14日号「名門高校の校風と人脈 甲南高校(兵庫)」 毎日新聞社 2014
「週刊現代」 1984年8月4日号「急成長江副リクルート商法に騙されるな」 講談社 1984
「週刊現代」 2010年2月20日号「特捜秘録 第1回 リクルート事件 前編 真藤恒が落ちた日」 講談社 2010
「週刊現代」 2010年2月27日号「特捜秘録 第2回 リクルート事件 後編 政界捜査」 講談社 2010
「週刊東洋経済」 2009年6月13日号「電通vs.リクルートvs.ヤフー 大激震! 広告サバイバル」 東洋経済新報社 2009
「週刊東洋経済」 2012年8月25日号「リクルートの正体 上場で試される成長遺伝子」 東洋経済新報社 2012
「週刊文春」 2013年2月21日号「リクルート江副浩正 復活を夢見た『ドバイ不動産開発』」 文藝春秋 2013
「週刊ポスト」 1985年11月8日号「リクルート江副浩正社長に急成長体質を質す」 小学館 1985
「新聞研究」 1995年3月号「宗像紀夫 特捜事件捜査とマスコミ報道」 日本新聞協会 1995
ダイヤモンド社編『ドラッカー経営名言集』 ダイヤモンド社 1967

立花隆『素手でのし上った男たち』番町書房　１９６９
田原総一朗『正義の罠』小学館　２００７
「中央公論」２００１年２月号「河野栄子　らしさと暴走のバランス経営」中央公論社　２００１
「中央ロー・ジャーナル」２０１１年12月号「宗像紀夫　特捜検察の光と影　36年間の検察官生活を回顧する」中央大学　２０１１
「調査月報」２０１４年第３期「宗像紀夫　リクルート事件の実像とその時代の空気」ＴＢＳメディア総合研究所　２０１４
東京大学新聞社『東京大学新聞　縮刷版』不二出版　１９８５
東京大学新聞社編『東大は主張する』シーズ・プランニング　２００６
東京大学情報公開室　昭和30年度入試問題　東京大学　１９５５
永野健二『バブル　日本迷走の原点』新潮社　２０１６
「日経ビジネス」１９８５年10月14日号「リクルート　寿命に挑む大胆な借金経営」日経ＢＰ社　１９８５
「日経ビジネス」１９９７年７月14日号「挑む　河野栄子氏『理想の上司』男社会を駆け上がる」日経ＢＰ社　１９９７
「日経ビジネス」２００６年６月５号「限界破壊企業　リクルート　創意無限が生む利益率30％」日経ＢＰ社　２００６
「日経ビジネス」２０１７年10月16号「リクルートホールディングス　創造への破壊は続く」日経ＢＰ社　２０１７
日本経済研究センター50年史編集委員会編『エコノミストの戦後史　日本経済50年の歩みを振り返る』日本経済新聞出版社　２０１３
日本経済新聞社編『リクルート　挑戦する遺伝子』日本経済新聞出版社　２０１５
長谷工コーポレーション『長谷工コーポレーション70年史』長谷工コーポレーション　２００７
馬場マコト『朱の記憶　亀倉雄策伝』日経ＢＰ社　２０１５
半藤一利『昭和史　１９２６－１９４５』平凡社　２００９
半藤一利『昭和史　１９４５－１９８９』平凡社　２００９
ピーター・ドラッカー『現代の経営』ダイヤモンド社　１９６５
ピーター・ドラッカー『経営者の条件』ダイヤモンド社　１９６６
「フォーカス」１９８５年10月25号「女連れ新財界人たちの沖縄旅行」新潮社　１９８５
藤原和博『リクルートという奇跡』文藝春秋　２００２
平凡社編『昭和・平成史年表』平凡社　１９９７
「ＢＯＳＳ」２００８年２月号「針木ノート　私が見た昭和・平成の名経営者たち　第８回江副浩正」経営塾　２００８
「ＢＯＳＳ」２００８年２月号「経営戦記　柏木斉リクルート社長」経営塾　２００８
「ＢＯＳＳ」２００８年３月号「針木ノート　私が見た昭和・平成の名経営者たち　第９回江副浩正」経営塾　２００８
堀江貴文・藤原和博「リクルートとは何か」http://horiemon.com/news/2016/04/04/46341/

堀江貴文・東正任「リクルートとは何か」http://horiemon.com/news/2016/06/08/48927/
森稔『ヒルズ　挑戦する都市』朝日新聞出版　2009
由井常彦編『セゾンの歴史　変革のダイナミズム』リブロポート　1991
横尾宣政『野村證券第2事業法人部』講談社　2017
ラ・ヴォーチェ編　ラ・ヴォーチェ主催公演カタログ　ラ・ヴォーチェ
リクルート「1970年第10期営業報告書」～「2000年第40期事業報告書」リクルート
リクルートスカラシップ事務局編「軽気球　リクルートスカラシップ25周年記念号」リクルート　1997
「労働時報」1980年9月号「坂口義弘　江副浩正・就職を産業にしたアイデアマン」厚生労働省広報室　1980

※リクルート社内報「月刊かもめ」「週刊リクルート」の創刊以来の記事並びに、「AERA」「朝日ジャーナル」「朝日新聞」「財界」「文藝春秋」「日経ビジネス」「日本経済新聞」「毎日新聞」「読売新聞」各紙誌のリクルート関連記事を参照した。

著者略歴

馬場マコト（ばば　まこと）

一九四七年石川県金沢市生まれ。一九七〇年早稲田大学教育学部卒業。日本リクルートセンター、マッキャン・エリクソン、東急エージェンシー制作局長を経て、一九九九年より広告企画会社を主宰。JAAA第四回クリエイティブ・オブ・ザ・イヤー特別賞のほか、日本新聞協会賞、ACC話題賞、ロンドン国際広告賞ほか、国内外広告賞を多数受賞。第六回潮ノンフィクション賞優秀作、第五〇回小説現代新人賞、受賞。著書に『戦争と広告』（白水社）、『花森安治の青春』（潮文庫）、『朱の記憶　亀倉雄策伝』（日経BP社）ほか多数。

土屋　洋（つちや　ひろし）

一九四六年大阪府豊中市生まれ。大阪大学文学部卒。一九七〇年日本リクルートセンター（現リクルートホールディングス）入社後、採用広告事業、デジタル通信事業、教育研修事業に従事後リクルートスタッフィング監査役、二〇〇七年リクルート定年退職。株式会社メンバーズ入社後監査役（二〇〇七〜二〇一七）。著書：「採用の実務」（日経新聞社）、「新卒採用の実際」（日経新聞社）、「人材採用成功実例集」（アーバンプロデュース）、「eラーニング導入ガイド」（共著、東京電機大学出版局）。

江副浩正

2017年12月25日　1版1刷
2018年2月15日　同4刷
著　者　馬場マコト・土屋 洋
発行者　仲森智博
発　行　日経BP社
発　売　日経BPマーケティング
〒105-8308 東京都港区虎ノ門4-3-12
装　丁　奥村靫正（TSTJ Inc.）
制　作　日経BPコンサルティング
印刷・製本　図書印刷

本書籍に関するお問い合せ、ご連絡は右記にて承ります。　http://nkbp.jp/bookQA

ISBN978-4-8222-5868-9
Printed in Japan